ANKERHERZ

Stefan Krücken · Achim Multhaupt

WELLEN BRECHER

aufgeschrieben von
Stefan Krücken

fotografiert von
Achim Multhaupt

illustriert von
Sandro Pezzella

WELLEN BRECHER

Kapitäne erzählen ihre besten Geschichten

ANKERHERZ VERLAG

WELLENBRECHER
Kapitäne erzählen ihre besten Geschichten

Originalausgabe

Lektorat: Olaf Kanter, Hamburg
Korrektorat: Elke Wolf, Mechernich; Ute Wendt, Köln
Gestaltung: Sandro Pezzella, Hamburg

Historische Fotografien: Privatarchive
Titelfoto: Privatarchiv, Ferdinand Körner, Kiel
Satz: Silke Pezzella, Hamburg
Druck und Bindung: CPI – Clausen & Bosse, Leck
Printed in Germany

Bibliografische Informationen der Deutschen Nationalbibliothek:
Die Deutsche Nationalbibliothek verzeichnet diese Publikation
in der Deutschen Nationalbibliografie; detaillierte bibliografische
Daten sind im Internet unter http://dnb.d-nb.de abrufbar.

Ankerherz Verlag, Julia Krücken, Appel
info@ankerherz.de
www.ankerherz.de

ISBN 978-3-940138-03-3

Sonnenblum und Löwenzahn hab ich lang nicht gesehen.
Nur die Wellen des Ozeans und so viel ist geschehen.
Wie viele Himmel und wie viele Länder ist es wohl her,
seit wir draußen sind auf dem Meer?

Rio Reiser · *Übers Meer*

SCHULSCHIFF DEUTSCHLAND
OLDENBURG

INHALT

PROLOG
VON LEISEN HELDEN ... Stefan Krücken ... 13

GLAUBE
27 ... Klaus Gerber ... 19
BLITZEINSCHLAG ... Nickels Peter Hinrichsen ... 27
GEBURTSTAGSANKER ... Rudolf Speer ... 33
TAIFUN ... Niels Callsen ... 39
TSUNAMI ... Klaus D. Weinack ... 45
KRAKENKAMPF ... Jens Weber ... 55
RAKETE! ... Robert Maringer ... 59
ALGENBART ... Helmut Schulz ... 65
MS PANOPTIKUM ... Hans Erich Bradhering ... 73

LIEBE
STANGENTANZ UND TERRORANGST ... Elias Hanna Saliba ... 83
DER ENGEL VON BUENAVENTURA ... Gerhard Lickfett ... 89
HEIN ... Ferdinand Körner ... 97
SONNENRETTER ... Martin Kull ... 103
WELLENBRECHER ... August Jakobs ... 111
FEUER IM HAFEN EDEN ... Siegfried Ottinger ... 123
KREUZFAHRT IN DIE UDSSR ... Heinz Aye ... 131
RHEINLIEBE ... Peter Zöller ... 139
DOCKERSTOLZ ... Gottfried Hilgerdenaar ... 145

HOFFNUNG
MONSUN ... Hans Rudolf Müller ... 157
KOLLISIONSKURS FLUGZEUGTRÄGER ... Peter Fox ... 171
MÖWENANGRIFF ... Richard Neu ... 177
KUCKUCK AN BORD ... Franz Wegener ... 189
JÄGER ... Hermann Gerdau ... 195
AUF GRUND ... Siegfried Brockmann ... 209
HURRIKAN ... Irenäus Kraenz ... 217
ELBSTURM ... Henry Keller ... 223
HELD IN DER BRANDUNG ... Niels Held ... 231

ANHANG
Glossar ... 239

Nordamerika
Südamerika
Pazifischer Ozean
Atlantischer Ozean
Eur
MÖWENANGRIFF 177
27 19
WELLENBRECHER 1
DOCKERSTOLZ 145
MS PANOPTIKUM 73
HEIN 97
STANGENTANZ UND TERRORANGST 83
GEBURTSTAGSANKER 33
BLITZEINSCHLAG 27
HELD IN DER BRANDUNG 231
KOLLISIONSKURS FLUGZEUGTRÄGER 171
KRAKENKAMPF 55
HURRIKAN 217
FEUER IM HAFEN EDEN 123
DER ENGEL VON BUENAVENTURA 89
JÄGER 195
160
140
120
100
80
60
40
20
0

KREUZFAHRT IN DIE UDSSR 131
STURM 223
ALGENBART 65
KUCKUCK AN BORD 189
HEINLIEBE 139
GRUND 209
Asien
RAKETE! 59
SONNENRETTER 103
Afrika
Pazifischer Ozean
TSUNAMI 45
Indischer Ozean
TAIFUN 39
MONSUN 157
Australien

VON LEISEN HELDEN

Von der Terrasse der Landkneipe »Zur Schleuse«, die neben einem kleinen Leuchtturm liegt, kann man beobachten, wie sich Schiffe die Elbe hinaufschieben. Schafe grasen am Rande des Dorfes Altenburg und die Sonne scheint aus einem tiefen Himmel, als wir den Kapitän treffen. Was Klaus Gerber erzählt, passt überhaupt nicht zur Idylle am Deich. 45 Jahre zuvor, im Juni 1963, hat er den Untergang des Trawlers *München* überlebt, bei dem viele Fischer im Atlantik vor Grönland starben. Dem Kapitän – der damals noch ein Matrose war – stockt immer wieder die Stimme, als er sich erinnert. Wenn ihm Tränen in die Augen steigen, nimmt er einen Schluck aus der Kaffeemug. Nach vier Jahrzehnten ist es das erste Mal, dass er über die Katastrophe spricht.

»Seeleute reden nicht gerne«, sagt Gerber, »und noch weniger reden sie davon, was sie empfinden.«

27 Geschichten haben wir in dieser Anthologie zusammengetragen: traurige, haarsträubende, aber auch heitere. Wie im ersten Band »Orkanfahrt« sammeln wir in »Wellenbrecher« Abenteuer, die echt sind und wahr. »Unsere« Kapitäne kamen durch einen Hurrikan und überlebten einen Tsunami, wurden von einem amerikanischen Flugzeugträger gerammt, von einer iranischen Rakete getroffen und von der norwegischen Küstenwache gejagt. Sie »entführten« ein Kreuzfahrtschiff in die UdSSR, erlebten, wie ein DDR-Staatsratsvorsitzender beim Kombinatsbesuch mit skandalösen Algen konfrontiert wurde, kämpften gegen Piraten und gegen Riesenkraken oder verteidigten einen afrikanischen Hafen gegen Bösewichte. Sie ließen wegen schöner Frauen ihren Frachter fahren, berichten von Stasi-Spitzeln, die auf

Trawlern ihr Unwesen trieben, und schwärmen davon, wie stolz die Docker von London einst waren.

Nach jedem Interview – das in manchen Fällen einige Tage dauerte – schrieb ich die Geschichte auf und legte sie dem Kapitän vor. Jedes Wort in diesem Buch gehört dem Seemann. Was mich immer wieder faszinierte, war die Bescheidenheit, mit der die Männer selbst über unglaubliche Rettungsaktionen sprachen. Ein Kapitän, der ausgerechnet Niels Held heißt, riskierte Dutzende Male alles, um Schiffbrüchige aus einer tosenden Brandung zu retten. Danach befragt, zeigte er sich irritiert: »Was ist so besonders daran? Das hätten Sie doch auch so gemacht!«

Aus beinahe jedem Gespräch war herauszuhören, wie sich der Beruf mit einer besseren Technik, mit Satellitenortung und Containerfahrplan und einem Bordalltag in Vollautomatik veränderte. »Heutzutage würde ich nicht zur See fahren«, sagten die meisten Kapitäne, »die Romantik gibt es nicht mehr.« Kaum einer, der nicht eine Episode vom legendären Geiz der Reeder erzählte oder von Respektlosigkeiten wusste. Mit einem Tsunami musste Kapitän Weinack selbst fertig werden; als er aber sein Schiff stoppte, um frischen Fisch an Bord zu nehmen, meldete sich sofort jemand aus der Zentrale, der die Kursänderung auf dem Computer angezeigt bekommen hatte: »Was ist denn los, Kapitän?«

Für die Recherchen reisten der Fotograf Achim Multhaupt und ich von der Insel Amrum bis in die Hügel des Taunus und von der Einsamkeit Ostfrieslands bis an die Ostsee nahe Rostock. Auf Föhr (die man die »Insel der Kapitäne« nennt) besuchten wir den Seefahrerfriedhof des Dorfes Süderende, auf dem Grabsteine die Lebensläufe der Walfänger und Segelschiffkapitäne erzählen und Kreuze, Herzen und Anker überall präsent sind. Da wussten wir, wie wir die Kapitel von »Wellenbrecher« nennen wollten: »Glaube«, »Liebe« und »Hoffnung«, nach Kreuz, Herz und Anker, den alten Symbolen der christlichen Seefahrt. »Die Kapitäne sind Haudegen«, schrieb der »Spiegel« in einer Rezension von »Orkanfahrt«. In »Wellenbrecher« sind sie manchmal auch Helden. Leise Helden, die Boatpeople aufnahmen, Befehle missachteten, um Kriegsgefangene zu befreien, die bereit waren, alles für andere Seeleute in Not zu riskieren. Und die für ihren Mut nicht in den Schlagzeilen standen und die dafür nicht in den Schlagzeilen stehen wollen. Sie taten, was sie für richtig hielten, und sie rühmen sich nicht dafür.

Anker auf!

Stefan Krücken
Insel Juist, im Mai 2009

GL

AUBE

27

Niemand kann die Katastrophe aufhalten, als Wasser in den Trawler *München* eindringt. Das Schiff sinkt. In Rettungsinseln kämpfen die Fischer auf dem eiskalten Atlantik vor Grönland um ihr Leben – und viele werden es nicht schaffen. KLAUS GERBER erinnert sich an seine ertrunkenen Kameraden.

Ich spüre keine Furcht, als mich ein anderer Matrose wach rüttelt und ruft: »Wir nehmen Wasser!« Ich habe keine Furcht, als wir eine Eimerkette bilden und sich unsere *München* stark zur Seite neigt. Selbst, als wir in einer Rettungsinsel treiben und das kalte Wasser des Nordatlantiks mit unseren Seestiefeln nach außen schöpfen, steigt keine Panik in mir auf. Ich erlebe die Katastrophe, als sehe ich sie durch die Augen eines anderen, und komme erst in der Turnhalle von Faeringehavn wieder zu mir, als ich meine Kameraden identifizieren muss.

27 Seeleute sind tot. Drei von ihnen gibt das Meer nicht mehr heraus. Die Männer tragen Kleidung, nur die Schuhe fehlen, es sieht aus, als ob sie schlafen. Aber sie tragen nun gelbe Zettel an den Zehen, längliche gelbe Zettel, auf die man ihre Namen schreibt. Einer meiner Freunde, er heißt Gustav, hält noch seine Pfeife im Mundwinkel. Ich werde den Anblick nie vergessen.

Dies ist das erste Mal, dass ich darüber reden kann, was an jenem Morgen geschah.

25. Juni 1963, vor Westgrönland: Vier Wochen sind wir nun auf See, wollen einen letzten Hol machen und die Laderäume mit Kabeljau füllen, fünf Tonnen noch, bevor es zurück nach Cuxhaven geht. Wir kommen aus dem Fjord von Faeringehavn, einer Fischersiedlung, etwa 50 Kilometer südlich der Hauptstadt Nuuk, wo wir Gasöl bunkerten, und gehen Kurs auf die Nordostecke der Fiskenäsbank. Das

Wetter ist nicht gut, aber auch nicht schlecht, typisches Grönlandwetter; ein Tiefdruckgebiet zieht mit einem südöstlichen Wind der Stär-

ke sieben und Regenschauern von der Hudsonstraße ostwärts.

Um kurz nach sieben schüttelt mich Rolf Zander, mit dem ich eine Zweimannkabine teile, wach: »Klaus, steh auf! Wir nehmen Wasser!« Ich ziehe mich an und gehe in die Messe der Mannschaft, um mir einen Kaffee zu holen. Dass wir in Gefahr schweben, sogar in lebensbedrohlicher Gefahr, kommt mir nicht in den Sinn. ›Wir können nicht untergehen‹, denke ich, ›das Problem haben wir bald im Griff.‹ Die *München* gilt als das modernste Schiff der Reederei, als der Stolz der Flotte. 64 Meter lang, elf Meter breit, ausgerüstet mit Technologie, die sonst nur auf Passagierschiffen zum Einsatz kommt. Was soll schon passieren?

Wasser steht auf dem Arbeitsdeck, immer mehr Wasser läuft hinein und die *München* legt sich immer weiter nach Steuerbord, obwohl alle Lenzpumpen arbeiten und Kapitän Erwin Trodler den Treibstoff in die Tanks auf Backbordseite pumpen lässt. Trodler führt das Schiff, weil der Stammkapitän der *München*, Peter Herbst, seinen verdienten Urlaub nimmt. Obwohl wir nichts gerammt haben, läuft das Schiff voll. Ein Versuch, den Wind auszunutzen, um die *München* zu stabilisieren, scheitert. Die *München* reagiert nicht mehr.

Wir bilden eine Eimerkette und pützen das Wasser aus dem Arbeitsdeck in den Lebervorratsbunker und dann ans Oberdeck. Für jeden Eimer Wasser, den wir herausschaffen, scheinen fünf hineinzuströmen. Ein Maschinenassistent versucht, mit einem Schweißbrenner ein Loch in die Wand des Leberbunkers zu schneiden, doch der Brenner erreicht nicht die nötige Hitze. Als Kapitän Trodler das Schiff in einem Notmanöver drehen will, um zurück nach Faeringehavn zu laufen, droht die *München* zu kentern. An Bord gibt es inzwischen den Verdacht, dass das Wasser durch Speigatten an Steuerbord eindringt. Durch die Öffnungen fließt sonst das Wasser ab, das benötigt wird, um den gefangenen Fisch zu verarbeiten; die Speigatten sind durch Rückschlagklappen gesichert. Steuermann Beckmann eilt nach unten und versucht, an das Abflussloch heranzutauchen. Das Wasser steht inzwischen 1,50 Meter hoch. Er kommt nicht gegen die Strömung an.

Kapitän Trodler, der es wenig später versucht, scheitert ebenfalls. Das Schiff legt sich nun mit mehr als 60 Grad nach Steuerbord. Kapitän Trodler ruft über die Sprechfunkkanäle acht und 16 um Hilfe und gibt dem Funker Anweisung, nach anderen Schiffen in der Gegend zu suchen. Etwa 90 Minuten, nachdem einem Offizier auffiel, dass mit der *München* etwas nicht stimmt, kommt der Befehl, die Rettungsinseln klarzumachen und Schwimmwesten anzulegen. Ich gehe noch einmal nach unten in meine Kabine, um eine Schachtel Zigaretten und eine Dose Würstchen einzustecken. Schon seltsam, woran man in extremen Situationen denkt. Es ist kurz vor acht Uhr.

Auf der Brücke des Schwesterschiffs *Bremerhaven* geht zur gleichen Zeit eine Meldung ein, die im Funktagebuch notiert wird:

»07.55 Uhr GMT: Auf 3363 kHz Dringlichkeitszeichen an alle. Liegen seit einiger Zeit mit schwerer Schlagseite, machen Wasser, zwei Stunden südlich Südsektor Faeringehavn.«

Minuten später hört man das letzte Signal unseres Funkers Joachim Geißler: »Komme kaum noch an die Geräte heran«, gibt er durch. Alle Trawler und Fabrikschiffe an der Westküste Grönlands, 27 sind es insgesamt, machen sich auf den Weg in unseren Sektor, außerdem ein Küstenwachboot der dänischen Marine, ein dänischer Frachter und einige grönländische Fischer.

Dass wir untergehen werden, scheint nun unausweichlich. Kapitän Trodler versucht, die *München* näher unter Land zu bringen, während wir auf dem Vordeck damit beginnen, in die Rettungsinseln einzusteigen. Der Himmel ist von einem schweren Grau, der Wind pfeift und die Wellen schlagen hoch. Die erste Insel, die zu Wasser gebracht wird, kippt um, mit einem Matrosen an Bord. Zwei Männer springen hinterher, um sie wieder aufzurichten, sie zerren an den Gurten, doch sie schaffen es nicht. Vermutlich, weil der Matrose im Inneren bereits tot ist. Drei Grad kalt ist die Luft, etwa ein Grad hat das Wasser.

In die nächste Insel steigen 13 Männer ein und treiben langsam davon. Ich habe meine Stiefel ausgezogen und überlege, was ich tun soll. »Klaus, spring! Spring! Komm schon, Klaus!«, rufen die Männer von der Insel, doch ich wage es nicht. Sollte ich das Gummiviereck verfehlen und ins Wasser stürzen, wäre alles vorbei, sagt mir mein

Unterbewusstsein. Etwas in mir weigert sich, die *München* zu verlassen. Was noch niemand wissen kann: Als die Insel entlang der Bordwand schrammte, riss der Boden auf. In den nächsten Stunden sitzen die Männer im eiskalten Wasser; Stunden später können nur drei von 13 lebend geborgen werden. Während ich auf Strümpfen Richtung Brücke balanciere – die Seestiefel hatte ich ausgezogen, um besseren Halt zu bekommen –, kommt es auf einem Schlauchboot zu einem Drama, als einer der Matrosen ins Wasser stürzt und die anderen versuchen, ihn an Bord zu ziehen. Sie verlieren das Gleichgewicht und das kleine Boot kentert. Niemand überlebt.

Auf allen vieren krabbele ich über die *München*, die nun ganz auf der Seite treibt. Weiter oben muss sich noch eine Rettungsinsel befinden, die wir in Bremerhaven aufnahmen. Es sind nur noch wenige Männer an Bord, darunter Kapitän Trodler und zwei Offiziere. Die Insel ist für zehn Schiffbrüchige geeignet. Elf Männer steigen ein. Eine große Welle trägt uns fort.

Wir beobachten eine schreckliche Szene: Joachim Geißler, der Funker, ist noch an Bord, weil er bis zur letzten Sekunde versuchte, Hilfe herbeizurufen. Am Ende muss er brusthoch im Wasser gestanden haben. Er trägt seine Rettungsweste in der Hand, er hatte keine Zeit, sie anzulegen, als er ins Wasser stürzte. Wir versuchen, zu ihm hinzurudern, doch die Insel dreht sich im Kreis und bewegt sich keinen Meter. Geißler, 40, ein freundlicher, humorvoller Mann aus Cuxhaven, Vater von fünf Kindern, wird nicht gefunden. Sein jüngster Sohn wird zehn Tage nach seinem Tod zur Welt kommen. Niemand spricht, niemand sagt ein Wort.

Dann bemerken wir, dass Wasser in die Rettungsinsel eindringt. Ein Leck! Kapitän Trodler gibt Anweisungen: Die einen beginnen, in die Ventile zu blasen, die anderen schöpfen das Wasser mit ihren Seestiefeln hinaus. Wir versuchen, die Insel schwimmfähig zu halten und damit unsere Leben zu retten. Um kurz nach neun versinkt die *München* mit einem zischenden Geräusch im Meer. Ein beklemmender Anblick für jeden Seemann; es ist ein Gefühl, als ob das eigene Wohnzimmer untergeht. Wir machen uns gegenseitig Mut, so gut es geht: »Kann nicht mehr lange dauern, bis andere Trawler der Fangflotte eintreffen«, sagt jemand. Die Frage ist nur: Wie lange noch? Die Zeit scheint nicht zu vergehen, wir pusten unaufhörlich in die Ventile und schütten Wasser außenbords und haben innerlich abgeschlossen. Alle verhalten sich ruhig und unser Steuermann versucht, sich eine Zigarette anzustecken, was nicht gelingt, weil die Zündhölzer feucht geworden sind. Der Wind von Westen weht immer stärker und treibt uns mit der Strömung auf eine Klippenlandschaft zu. Ein schwacher Trost, denn von den Felsen wird man uns nicht bergen können.

Dann ein Schrei: »Schiff! Da kommt ein Schiff!« Es ist die *Augsburg*, es muss kurz vor halb zwölf sein. Wir treiben mit der Insel längsseits und bewegen uns vorsichtig, um nicht zu kentern. Nacheinander klettern wir die ausgebrachte Strickleiter hinauf. Jede Sprosse fällt einem schwer, denn unsere Körper sind kalt und unser Kreislauf steht kurz vor dem Kollaps. Als man die Insel an Deck hievt, fällt sie in sich zusammen. In der Außenhülle erkennt man einen zehn Zentimeter langen Riss. Die zweite Hülle hat uns gerettet.

Matrosen verteilen trockene Kleidung und warme Decken. »Kein Alkohol!«, befiehlt der Kapitän der *Augsburg*, was eine kluge Entscheidung ist, denn mancher Gerettete kam zu jener Zeit durch einen starken Grog oder eine heiße Dusche ums Leben. Wir ruhen uns aus, die meisten starren apathisch vor sich hin. 15 Männer haben überlebt. Man kann zunächst nicht begreifen, was geschehen ist, die wahre Erkenntnis kommt einige Stunden oder Tage später und trifft einen mit der Wucht eines Brechers.

Die *Augsburg* steuert den Fischereihafen Faeringehavn an, wo man uns im »Livd«, dem »Bunker«, wie man das Seemannsheim nennt, einquartiert. Die Toten werden in einer Turnhalle aufgebahrt, damit wir sie identifizieren. Am Abend gedenkt man der Verstorbenen im Missionshaus mit einer Trauerfeier, zu der alle Einwohner der Hafensiedlung und die Besatzungen der Trawler *Augsburg* und *Berlin* zusammenkommen. Ich gehe nicht hin, ich kann nicht, denn mir ist nicht nach Gesellschaft zumute. Ich möchte alleine sein und außerdem, das mag banal klingen, ist die Hose, die man mir an Bord der *Augsburg* gab, viel zu groß. So kann ich nicht zur Trauerfeier meiner Kameraden gehen.

Seeleute und Fischer aus dem Ort tragen die Särge im Schein des Leuchtturms zur langen Holzpier, wo die *Berlin* festliegt, die ablegt und Kurs Cuxhaven nimmt. Drei Tage bleiben wir noch in der Siedlung und erhalten Beistand von einem dänischen Missionar. Dann landet ein Wasserflugzeug, das uns zur nächsten längeren Landebahn nach Kangerlussuaq bringen soll. Die Kabine hat ein Leck, Wasser tröpfelt hinein und der Pilot kommt nach hinten, um den Schaden zu begutachten. Er löst das Problem, indem er eine Kotztüte aufschlägt und sie unter die Tropfen stellt. Er unterhält sich mit zwei Matrosen, bis einer fragt:

»Sagen Sie, wer fliegt eigentlich? Ich habe gar keinen Kopiloten gesehen.«

»Ach was, das regelt schon der Automat«, entgegnet der Flieger, was ein Feuerwerk von Verwünschungen und Flüchen auslöst. In Kangerlussuaq steigen wir in einen Jet, der uns nach Kopenhagen bringt. Zu den seltsamen Ereignissen dieser Reise gehört, dass wir in Dänemark aus dem startbereiten Flieger aussteigen müssen, weil der Pilot einen Turbinenschaden feststellt. Es ist, als liege ein Fluch auf dieser Reise. Am Nachmittag des 28. Juni sind wir zurück in Cuxhaven. Kapitän Trodler und der Steuermann sind traumatisiert und verfolgen regungslos eine Pressekonferenz. In den Medien, vor allem in denen der Boulevardpresse, erscheinen sagenhafte Vermutungen zur Unglücksursache.

Ein Woche später, am 5. Juli, läuft Trawler *Berlin* um drei Uhr morgens in den Fischereihafen von Cuxhaven ein, mit den Särgen an Bord. Ein Rettungsring der *München*, der geborgen werden konnte, steht in der St.-Petri-Kirche. Ich spüre schwere Trauer in mir, aber auch eine Wut: auf manche Journalisten, die uns ohne Anstand und Pietät belagern, und auf die Witwe eines Kameraden, die ich vor der Trauerfeier lachend in den Armen eines anderen sehe. Als sie nach dem Gottesdienst zu ihrem Auto zurückkommt, wird sie feststellen, dass alle vier Reifen platt sind.

Drei Monate Sonderurlaub gewährt die Reederei allen Geretteten, doch ich will wieder auf See, weil ich spüre, dass es mir helfen wird, die Erlebnisse zu verarbeiten. Drei andere Fischer geben ihren Beruf auf. Die nächste Fangreise führt mich wieder nach Grönland, diesmal an die Südspitze der Insel. Vor Kap Farewell geraten wir in einen heftigen Sturm. Ein Brecher reißt einen Deckel des Kabelgatts weg, das Schiff nimmt viel Wasser. Ich gehöre zu den Freiwilligen, die an Deck gehen, um ein Ochsenfell als Ersatz für den Deckel zu spannen.

›Bitte nicht schon wieder‹, denke ich, als die Stahltür aufschwingt und ich hinaus in den Sturm trete.

Kapitän Klaus Gerber, Jahrgang 1942, wurde in Berlin geboren, Stadtteil Neukölln. Seine Mutter starb bei der Geburt, er wuchs bei seiner Tante auf und überlebte einen Bombenangriff, bei dem sie drei Tage lang unter den Trümmern verschüttet waren. Als Jugendlicher lernte er Elektriker, entschied sich aber anders, als er seine erste Abrechnung mit einem Stundenlohn von 1,71 Mark erhielt. Inspiriert von einem Groschenroman, heuerte er auf einem Trawler an. Gerber machte 1971 sein Kapitänspatent und fuhr bis zu seiner Pensionierung hauptsächlich für die Reederei Nordsee. Er ist verwitwet und Vater von zwei Kindern. Gerber lebt in einem Dorf unweit von Cuxhaven.

Der Untergang der *München* gilt als eine der größten Katastrophen in der Geschichte der deutschen Hochseefischerei. Eine Untersuchung des Hamburger Seeamtes stellte fest, dass Kapitän und Offiziere keinerlei Schuld traf; als Ursache sehen Experten einen Defekt an der Rückschlagklappe einer der beiden Speigatten, durch die das Wasser ins Schiffsinnere strömen konnte. Zu Ehren des Funkers Joachim Geißler, der heldenhaft bis zum letzten Moment SOS gab, brachte man am Funkerehrenmal im Battery Park von New York eine Bronzetafel an. Der Schiffsname *München* scheint Unglück anzuziehen: Im Dezember 1978 sinkt ein hochmoderner Lash-Carrier der Reederei Hapag-Lloyd auf der Reise von Bremerhaven nach Savannah in einem Sturm. Eine Katastrophe, die bis heute nicht endgültig geklärt werden konnte. 28 Seeleute sterben.

27 Seeleute verloren am Morgen des 25. Juni 1963 vor der Küste Westgrönlands ihr Leben: Claus-Wilhelm von Bargen, Fischwerkermeister; Otto Bender, Maschinist; Lothar Bork, Koch; Felix Fürst, Matrose; Joachim Geißler, Funker; Gustav Henning, Netzmacher; Kurt Hinz, III. Maschinist; Günther Hoffmann, Matrose; Christian Hübinger, Matrose; Siegfried Hübner, Matrose; Manuel Iglesias-Docampo, Matrose; Robert Jahr, Maschinist; Paul-Gerhard Koch, Matrose; Willy Kowalski, Matrose; Ewald Lühr, Matrose; Hermann Friedrich Meyer, Fischwerkermeister; Manfred Morgenroth, III. Steuermann; Friedhelm Mutter, Leichtmatrose; José Nouvas-Soutino, Matrose; Hans Prange, Matrose; Kurt Rathjen, Maschinenassistent; Franz Rimkus, Matrose; Manuel Rodriguez-Conde, Matrose; Harald Rudnik, Matrose; Peter Schenk, Matrose; Juan Valino-Fresco, Matrose; Rolf Zander, Matrose

BLITZEINSCHLAG

Gerade ist der Kommandant aufgewacht und zur Brücke geeilt, als das Inferno losbricht. Ein schwerer Gewittersturm schüttelt das Segelschulschiff *Gorch Fock*. Ein Krachen ist zu hören, dann regnen Funken vom Großmast. Wie groß ist der Schaden? Kommandant NICKELS PETER HINRICHSEN erlebt bange Momente vor der Chesapeake Bay.

Diverse Lieder und Gedichte sind über die *Gorch Fock* geschrieben worden, zu Ehren des »Weißen Schwans«, der auf Gedenkmünzen, auf Briefmarken und auf vielen Millionen 10-Mark-Scheinen segelte. Ich war der siebte Kommandant in der Geschichte des berühmtesten deutschen Schiffs, aber zu meiner Art gehört es nicht, blumige Worte zu finden. Ich bin ein sachlicher Seemann, wie die meisten Kollegen. Oft werde ich gefragt: Waren die vier Jahre auf der *Gorch Fock* die Erfüllung eines Traums? Ich kann mit Begriffen wie »Traum« wenig anfangen, aber doch: Es war eine schöne und eine aufregende Zeit.

Wie viele Länder ich bereist habe, vermag ich nicht zu sagen. Es waren viele. Meine Lieblingsreise? Auf der Route des Christopher Kolumbus über den Atlantik zu segeln. Ich mochte auch die Insel Antigua, ein karibisches Paradies, in dem die Frau des Staatschefs im Garten hinter dem Amtssitz Gemüse anbaute. Etwas Besonderes war es, mit dem Schiff direkt vor meine Heimatinsel Föhr zu manövrieren, durch die flachen, engen Priele des Wattenmeers. Zwei Jahre lang untersuchten wir dafür mögliche Veränderungen des Wasserstandes; es gab nur eine Fahrrinne, die beim Rütergat nur bei voller Tide zu befahren war. Das kritische Manöver gelang und mehr als 100 Segler, Fischkutter und Yachten begleiteten uns auf dem letzten Abschnitt. Eine Seemeile vor dem Hafen von Wyk ließen wir den Anker fallen, was Tausende Schaulustige an der Uferpromenade feierten. Manchem auf der Insel gilt die Reise als »Jahrhundertereignis«.

Die *Gorch Fock* ist mehr als ein Schiff. Sie ist eine Art diplomatische Vertretung unter Segeln, eine Botschaft mit drei Masten. Zu den Aufgaben eines Kommandanten gehört neben der Ausbildung junger Offiziersanwärter auch, Deutschland zu repräsentieren. Ich möchte nicht behaupten, dass es nach Dutzenden Empfängen und Dinners zur Normalität gehörte, den Bundespräsidenten an Bord begrüßen zu dürfen, aber nach seinem dritten Besuch stellte sich eine gewisse Routine ein. Zur 300-Jahr-Feier deutscher Einwanderung in Philadelphia schritt Karl Carstens früher als geplant über die Gangway und aufgeregte Rekruten klopften an meine Tür. Ich war noch damit beschäftigt, mir die Krawatte zu richten, aber das Staatsoberhaupt schien die kurze Wartezeit in meiner Kabine nicht zu stören. Der Bordbesuch des amerikanischen Präsidenten Ronald Reagan wurde kurzfristig abgesagt, weil die Agenten des Secret Service die Pier als unsicher einstuften.

Als Kommandant der *Gorch Fock* genoss man einige Freiheiten, auch im Gefüge der Bundesmarine. Als wir während einer Heimreise im Englischen Kanal einmal starken Ostwind bekamen und mit der nur 850 PS starken Maschine auf der Stelle standen, teilte ich der Marine mit, dass ich den Einsatzbefehl (der vor jeder Fahrt ausgearbeitet wurde) änderte und um Schottland herum nach Hamburg segelte. Wohlgemerkt: Ich fragte nicht, ich teilte mit.

Eine gewisse Strenge gehört dazu, ein Ausbildungsschiff zu kommandieren, in dessen Alltag von einer Seefahrtromantik, die man Großseglern gerne andichtet, nicht viel übrig bleibt. Kartoffelschälen oder Reinigen der Kombüse behagt nicht jedem angehenden Offizier, ebenso wenig wie die engen Massenunterkünfte, in denen die Mannschaften in Hängematten schlafen. Der Frischwasservorrat ist begrenzt. Tägliches Duschen? Unmöglich. Bis zu 269 Besatzungsmitglieder (darunter ein Frisör, ein Meteorologe, ein Schuster und ein Schlachter) leben auf einem 90 Meter langen und zwölf Meter breiten Schiff zusammen, was wenig Raum für Privatsphäre lässt – und kein Terrain sein kann für Eigenbrötler. Harte körperliche Arbeiten wie das Drehen des Ankerspills oder das Bergen von Segeln, 45 Meter über Deck im Rigg, gelingen nur, wenn der Teamgeist stimmt.

Ich war ein ruhiger Kommandant. Ich mag es nicht, wenn Leute schreien, man soll seinen Kopf gebrauchen, nicht seine Stimmbänder. An Bord aber darf nur einer das Kommando haben. Man kann das Schiff nicht an die Pier diskutieren. Von einem Spitznamen, den die Mannschaft mir gab, ist mir nichts bekannt, aber eine Eigenheit habe ich gepflegt. Um meinen geliebten Tee, feinen Darjeeling, in gewohnter Qualität kochen zu können, führte ich auf jeder Reise vier Kanister mit Föhrer Wasser mit.

Schweres Wetter bedeutet für ein Segelschiff eine größere Herausforderung als für einen dieselbetriebenen Frachter. Was wir in einem Unwetter vor der Ostküste der USA erlebten, in einem Sturm vor der Chesapeake Bay, einer gewaltigen Flussmündung zwischen Virginia und Maryland, möchte ich so beschreiben: Die Hölle stelle ich mir ähnlich vor.

Es war eine Reise mit einigen Problemen gewesen. In der Biskaya hatten wir eines Nachts mit einem Schwelbrand und starker Rauchentwicklung zu kämpfen. Weil der Brandherd zunächst nicht zu lokalisieren war und die Gefahr bestand, dass sich das Feuer ausbreitete, galt es, möglichst wenig Luftzug im Schiff entstehen zu lassen – was in der notorisch windigen Biskaya eine schwierige Mission ist. Ich entschied, die *Gorch Fock* vor dem Wind segeln zu lassen – und so brausten wir mit einer Geschwindigkeit von 15 Knoten und einem stark qualmenden Vorschiff durch die Nacht. Weil der Brand gelöscht und der Schaden aus eigener Kraft repariert werden konnte, setzten wir unsere Reise über den Atlantik fort.

Wir passieren das Bermuda-Dreieck und segeln vor der Chesapeake Bay, als mir ein finsterer, bedrohlich aussehender Streifen am Horizont auffällt. Ich lasse noch in der Dämmerung die Obersegel bergen und festmachen. Trotzdem laufen wir mit mehr als zehn Knoten, denn der Wind frischt immer weiter auf. Gegen drei Uhr morgens werde ich wach, mit dem Gefühl, dass etwas nicht stimmt, und eile auf die Brücke. Heftige Regenschauer gehen auf uns nieder, Böen schütteln das Schiff. Das Wetter verschlechtert sich in einem

Tempo, als schiebe jemand einen Regler von »Schlecht« auf »Inferno«. Es blitzt so heftig, wie ich es noch nie zuvor erlebt habe, wie bei einem Silvesterfeuerwerk, wenn der Pyrotechniker übertreibt. Der Himmel brennt, das Meer scheint in gleißendem Licht, alles ist hell, heller noch als an manchen Tagen. Kein Donner ist zu hören, nur das Heulen des Sturms.

Dann: ein Krachen! Funken sprühen vom Großmast herunter, ein Lichtbogen ist in der Höhe zu sehen. Ein Blitz ist in den Großmast eingeschlagen. Man hört, dass einige an Deck vor Schreck rufen, deutlich ist Unruhe auf der Brücke zu spüren. Eine Lampe oben auf dem Mast, die in Dunkelheit den Kommandowimpel anstrahlt (mit dem man die Windrichtung erkennen kann), erlischt mit einem Schlag. Gibt es größere Schäden? Ich mag nicht verantworten, jemanden in diesem Wetter im Rigg nachsehen zu lassen. Mit Taschenlampen untersuchen wir den Mast von Deck aus, doch nichts ist zu erkennen. Das Blitzlichtspektakel lässt nach. Wer sich unmittelbar am Großmast bewegt, soll besonders vorsichtig sein, für den Fall, dass eine der Rahen auf Deck stürzt.

Eine halbe Stunde später ist die Zelle des Gewitters vorübergezogen, auch der Wind lässt nach. Als der neue Tag anbricht, gegen halb sechs, sehen wir nach, was der Blitzeinschlag angerichtet hat. Und wir staunen: Die Signallampe ist verschwunden. Vom Stahlkäfig, der sie umgab, vom Glas, von der Kabelführung ist nichts übrig. Der Blitz hat die Lampe vom Mast gebrannt, er hat sie pulverisiert und in Funken geschlagen. Sonst aber ist alles intakt, es gibt keine weiteren Schäden. Wir versegeln auf einen Ankerplatz, etwa zehn Seemeilen östlich der Ansteuerungstonne, die den Eingang der Chesapeake Bay markiert.

Die Schreckensnacht ist manchem jungen Offiziersanwärter noch anzumerken, aber ich bin zufrieden, mit welcher Ruhe und Souveränität sie die kritische Situation bewältigt haben. Am nächsten Morgen lasse ich die Mannschaft nach dem Ankerbergen antreten und halte eine kurze Ansprache. »Ich gehöre nicht zu den Skeptikern, die mit der ›Jugend von heute‹ nichts im Sinn haben«, sage ich, »ganz im Gegenteil. Wissen Sie was: Ich fahre richtig gerne mit Ihnen.«

Kapitän Nickels Peter Hinrichsen, Jahrgang 1939, kam in Oldsum auf Föhr zur Welt. »Wie ehemals alle Männer im Westen der Insel« fuhr auch Hinrichsen früh zur See. Im Alter von 16 Jahren begann seine Laufbahn auf dem Segelschulschiff *Passat*; 1964 machte er sein Patent zum Kapitän auf großer Fahrt und diente als Erster Offizier auf einem Supertanker, bevor er als Oberleutnant zur See in die Bundesmarine eintrat. Nach Stationen auf Versorgern, Fregatten und Zerstörern fand er 1979 Verwendung auf der *Gorch Fock*, als Erster Offizier. Im April 1982 wurde er zum Kommandanten der *Gorch Fock* berufen, die er vier Jahre lang befehligte. 1990 ging er in den Ruhestand. Der Familienvater (vier Kinder) lebt in Wyk auf Föhr.

+++ 39° 08' N, 74° 12' W
+++ VOR DER OSTKÜSTE DER USA
+++ FISCHEREISCHIFF »LUDWIG RENN«, ROS 337
+++ 10. MAI 1986

GEBURTSTAGSANKER

Ein amerikanischer Aufseher wacht an Bord, als auf dem DDR-Trawler vor der Ostküste der USA ein Malheur geschieht: Der Anker rauscht samt Kette in die Tiefe. Für den Kapitän kann das teuer und unangenehm werden – oder gibt es eine andere Lösung? RUDOLF SPEER beweist, dass mancher Fischer auch ein guter Angler ist.

»Nu isser weg«, sagt der Technische Inspektor, der während unseres Gesprächs an der Fensterfront der Brücke steht, es klingt ruhig, etwas selbstvergessen, aber es klingt auch nach einem Unheil. Wegen des Sturms haben wir die Arbeiten eingestellt und liegen mit dem Fischtrawler *Ludwig Renn*, Kennung ROS 337, einige Seemeilen vor der amerikanischen Küste.

»Wer bitte ist weg?«, frage ich.

»Unser Anker!«, ruft er, nun aufgeregt. »Unser Anker ist weg!«

Kurz zuvor war der Bootsmann zu mir gekommen, mit einer Bitte: In der Ankerkette hatte er einen »Törn« entdeckt, eine Art Knoten, der uns Probleme bereiten könnte. Ich willigte ein, die witterungsbedingte Pause zu nutzen, um die gesamte Kette abzufieren, 220 Meter lang und etwa sechs Tonnen schwer. Eigentlich sollten wir längst Frostfisch an einen polnischen Transporter übergeben, doch weil noch ein pralles Netz an Deck gelegen hatte, verarbeiteten wir erst den frischen Fang. Dann hatte sich das Wetter rapide verschlechtert, was bedeutete, dass wir die Übergabe nach einigen Stunden unterbrechen mussten. Es ist der 10. Mai, mein 41. Geburtstag, aber die Dinge laufen nicht, wie sie an einem Freudentag laufen sollten.

›Oh nein‹, denke ich und sehe nach vorne auf die Back, wo ein perplexer Bootsmann aufs Wasser starrt. Wie sich später herausstellt, hat der Sliphaken im Kettenkasten offen gestanden und nicht gehalten. Der Anker liegt nun in 48 Meter Tiefe, wie mein Erster Offizier mit einem geistesgegenwärtigen Blick auf die Instrumente feststellt; er notiert auch die genaue Position im Schiffstagebuch und dazu noch die Windstärke, acht Beaufort aus 70 Grad, wofür ich ihm noch dankbar sein werde. Ich gehe zum Funker, um ein Telegramm an die Fangdirektion in Rostock abzusetzen. Der Verlust eines Ankers mitsamt Kette ist ärgerlich, aber wir haben Ersatz an Bord. Doch nun beginnt Ärger, ein wirklich großer Ärger.

Nahe der amerikanischen Küste weilt stets ein Beobachter der US-Behörden an Bord, der genau überprüft, was wir treiben. Meist handelt es sich um ehemalige Fischer, mit denen wir gut auskommen; einige freuen sich über die gute medizinische Versorgung auf unseren DDR-Schiffen und lassen sich von unserem Zahnarzt behandeln, weil ihnen dazu an Land das Geld fehlt. Diesmal ist ein älterer Observer zu Gast, McGraw heißt er, ein Kerl mit einem von Sonne und Wind zerfurchten Gesicht, der immerzu eine alte Baseballkappe trägt.

McGraw sieht etwas mitleidig aus, als er mir mitteilt: »Käpten, ich muss der Coast Guard Meldung machen. Ohne einen zweiten Anker dürfen Sie nicht weiterfischen, das verstößt gegen die Sicherheitsbestimmungen.«

»Was soll ich tun?«, frage ich.

»Sie müssen einen Hafen anlaufen, um einen neuen Anker samt Kette zu kaufen. Und außerdem werden wir den Anker vom Grund bergen, damit keine anderen Trawler damit Probleme bekommen. Auf Ihre Kosten, versteht sich«, entgegnet McGraw und hebt die Schultern. »Sorry, aber so lauten die Vorschriften.«

Ich merke, wie mir abwechselnd warm und kalt wird beim Gedanken an die Menge von Devisen, die dieser Verlust bedeutet. Die Finanzlage der DDR war, wie man weiß, nie besonders goldig, schon gar nicht Ende der 1980er Jahre. Eine erfolgreiche Fangreise mangels Ersatzanker vorzeitig abzubrechen kommt nicht in Frage. Es geht um einige zehntausend Dollar, aber auch um meine Berufsehre. Ich überlege.

»McGraw, warten Sie zwei Tage mit Ihrer Meldung«, bitte ich, »wir werden den Anker selbst bergen.«

Der Observer sieht mich an, als habe ich ihm gerade vorgeschlagen, doch das Ankerchen zu vergessen und als Dankeschön seinen Pick-up-Truck gegen meinen Trabant zu tauschen.

»Was wollen Sie?«, fragt er belustigt. »Das schaffen Sie nie!«

Immerhin willigt er ein, die Meldung zu verschieben, und wir nehmen, weil sich das Wetter nicht bessert, wieder den Fangbetrieb auf. Wir fischen bis zur vollen Orkanstärke, wie es Hochseefischer eben tun. Neben der Beschäftigung mit Makrelen bleibt ein wenig Zeit, die Bergungsarbeiten vorzubereiten: Dem Zweiten Offizier gebe ich Order, eine maßstabsgetreue Karte mit allen Angaben zur Bergungsstelle zu zeichnen. Unser Deckschlosser beginnt damit, aus den Stangen von Tuckgewichten einen Draggen, eine Art großen Pflug, zu schweißen. Der Sturm lässt nach und nach knapp 48 Stunden steuern wir die Stelle an, wo der Anker in der Tiefe liegt.

Wir kennen die ungefähre Position, die Wassertiefe und die Richtung, in der die Kette gemäß der Windrichtung liegen muss. Ob wir die sechs Tonnen schwere Kette und den zwei Tonnen schweren Anker so einfach an Bord bekommen werden, darüber möchte ich mir erst Gedanken machen, wenn alles am Draggen hängt. Ein Problem nach dem anderen. Matrosen schäkeln den Draggen an eine Kurrleine, die wir 50 Meter fieren. Wir beginnen, auf eine ganz andere Art zu fischen: Auf der Brücke wacht der Zweite Offizier über seiner selbst gezeichneten Karte, während der Bootsmann und ich an Deck stehen und per Sprechfunk Kommandos geben. Alle Männer der Besatzung, 80 Fischer, sehen sich das Schauspiel an und ich kann mir denken, dass mancher murmelt: »Der Alte ist verrückt geworden.« Durch die Brückenfenster bemerke ich auch Observer McGraw, dessen Baseballkappe sich immer wieder bewegt, als er den Kopf schüttelt.

Mit langsamer Fahrt tuckern wir der Stelle entgegen, auf der Anker und Kette nach unseren Berechnungen liegen, in einem rechten Winkel steuern wir darauf zu, damit der Draggen greift. Durchs Funkgerät krächzt die Stimme des Zweiten Offiziers: »Noch 50 Meter.« »40 Meter.« »20 Meter.« »Achtung, zehn Meter bis zur Kette. Jetzt!« Wir fahren über die ominöse Stelle hinweg, doch nichts hängt am Draggen. Ein Raunen geht übers Deck und ich weiß, ohne mich umzudrehen, dass einige Matrosen schadenfroh grinsen. Auch den Blick Richtung Brücke und McGraw erspare ich mir. Ein heißer Trotz steigt in mir auf: Dieser Anker liegt dort unten. Wir müssen ihn heben. Punkt. »Noch mal das Ganze«, befehle ich, »und diesmal nehmen wir eine doppelt so lange Leine.«

Das Manöver wiederholt sich und mir ist klar, dass mein Ruf leidet, wenn wir wieder nur den Meeresboden umpflügen.

»40 Meter«, hallt es aus dem UKW-Gerät, »20 Meter.« »Zehn Meter, ja, jetzt!«, und tatsächlich: Die Leine spannt sich!

Ich fürchte, nach dem bisherigen Glück dieser Reise könnte eine internationale Telefonleitung oder ein alter Bus dranhängen, aber als der Draggen ganz langsam aus dem Wasser auftaucht, brandet Jubel auf: Es ist die Ankerkette. Zwei Stunden sind vergangen und es wird weitere drei Stunden dauern, bis das tonnenschwere Geschirr wieder an Deck liegt. Unser selbst geschweißter Draggen hält dem enormen Druck stand und auch die Leinen, die nicht für das Bergen von Ankern konstruiert sind. Mir zittern zwischenzeitlich die Knie vor Anspannung, das muss ich zugeben. Nicht auszudenken, was im Falle eines Leinenbruchs passieren kann; einige Jahre zuvor hat eine gebrochene Trosse einem Matrosen den Arm abgerissen.

Die Skepsis an Bord schlägt in Begeisterung, sogar in Stolz um. Fischereiaufseher McGraw schüttelt mir fulminant die Hand: »Das war eine Meisterleistung! Gratulation.« Ich lasse mir meinen Triumph nicht anmerken. Auch der Bootsmann und die Offiziere sehen zufrieden aus und ich schicke mit großer, aber heimlicher Freude ein Telegramm Richtung Rostock: »Anker aus eigener Kraft geborgen. Problem behoben.« Mit dieser Meldung ist mir das Hafengespräch der nächsten Tage gewiss. Als es Nacht wird, mixe ich mir vor dem Einschlafen in meiner Kammer einen guten Drink, einen Gin Tonic. Ich proste mir im Spiegel zu. Gibt also verspätet doch etwas zu feiern, nach meinem Geburtstag.

Kapitän Rudolf Speer, Jahrgang 1945, wuchs als achtes von elf Kindern in einem Dorf an der Grenze zur damaligen Tschechoslowakei auf. Als seine Mutter starb, war Speer acht Jahre alt. »Ohne die Bauern im Ort wären wir verhungert«, sagt er. 1961 bewarb sich Speer als Schiffsschlosser bei den Rostocker Werften, wurde aber abgelehnt. Er entschied sich, Fischer zu werden. Obwohl ihm der Aufstieg zum Kapitän einige Zeit vorenthalten wurde, weil einige Geschwister in der BRD und in der Schweiz lebten, wurde Speer einer der bekanntesten Kapitäne der DDR. Er befehligte Supertrawler auf Fangreisen in der Arktis, in der Karibik oder vor Afrika. Nach der Maueröffnung arbeitete er als Flottenmanager für die Treuhand und später bei der Nachfolgereederei bis 2005. Speer hat drei Kinder (zwei Söhne fahren zur See) und lebt in Kösterbeck, Mecklenburg-Vorpommern.

TAIFUN

Mit wachsender Verzweiflung sucht man an Bord des Frachters einen Seemann. Als das Schiff nach der Sturmreise in Sydney einläuft, erscheint ein Bruder des Vermissten – und äußert einen schlimmen Verdacht. NIELS CALLSEN gerät in polizeiliche Ermittlungen, die selbst im heimischen Buxtehude für Aufregung sorgen.

Ein Taifun zieht auf und ein Seemann ist verschwunden. Ich stehe auf der Brücke des Frachters *Columbus Virginia*, habe Generalalarm ausgelöst, den Ausguck mehrfach besetzen lassen und fahre einen Suchkurs. Der Wind und die Dünung, die Boten des Wirbelsturms, sie werden stärker, es regnet und die Sicht ist schlecht, aber wir werden ein Planquadrat, das ich anhand der letzten Positionen und der Windrichtung festgelegt habe, systematisch abfahren. Meine Hoffnung, den Seemann in der Weite des Pazifiks wiederzufinden, ist gering. In seiner Kammer haben wir ein Stück Papier gefunden, herausgerissen aus einem Schulheft, darauf einige krakelige Zeilen. Es ist eine Art Abschiedsbrief:

»Verzeih, aber ich möchte aus dem Leben scheiden. Übergebet meine Habseligkeiten meiner Mutter. Meine Gedanken sind bei Gott.«

Mit Containern an Bord befinden wir uns auf dem Weg von Long Beach in Kalifornien nach Australien, auf einer langen Reise quer über den Pazifik. Um die Monotonie des Alltags zu durchbrechen, erlaubte ich der Mannschaft, ein Grillfest auf dem Schwimmbaddeck zu feiern, im Stile eines argentinischen Asado. Christoph Müller, so heißt der Seemann, den wir nun mit zunehmender Hilflosigkeit suchen, übernahm die Rolle des Barkeepers. Er ist ein unauffälliger Mann, Ende 20, aus dem Allgäu, auf seiner zweiten Reise mit diesem Schiff, offiziell ein Decksmann, doch weil er fleißig und gut arbeitet, habe ich mit ihm vereinbart, dass er die Heuer eines Matrosen bekommt und nach seiner Rückkehr die Seemannsschule in Bremen besuchen wird.

Unsere Steakparty war unterbrochen worden, als die Seewache den Abschuss einer grünen Leuchtkugel beobachtete, offenbar handelte es sich um einen Notfall auf einem Fischdampfer. Für eine Stunde änderten wir den Kurs und beteiligten uns an einer Suchaktion, was die Stimmung drückte. Ich zog mich nach dem Essen früh in meine Kabine zurück und hatte mich bereits hingelegt, als es an der Tür klopfte: Müller fragte mich, ob er den Barbetrieb schließen könnte, was ich bejahte. Eine Viertelstunde später meldete er sich erneut, mit einer Art Kapitänsmütze auf dem Kopf, und wollte mir zwei Bücher bringen. »Kommen Sie morgen wieder, wenn es was zu besprechen gibt«, brummte ich, »ich will jetzt schlafen.«

Was danach geschah, erfahre ich aus Gesprächen mit anderen Matrosen, die ich auf die Brücke bestelle: Nachdem sie das Schwimmbaddeck aufgeräumt hatten, trafen sich Müller und vier andere in einer Matrosenkammer, tranken Bier und diskutierten über verschiedene Dinge. Als Müller in seine Kabine ging, um zwei christliche Bücher zu holen, und die Themen Religion und »lange Haare« aufkamen, gerieten die Seeleute miteinander in Streit. Alkohol spielte mit Sicherheit auch eine Rolle und als man um kurz vor vier Uhr auseinanderging, schien Müller ziemlich berauscht zu sein. Worüber sich aber niemand Gedanken machte, zumal er am nächsten Tag, einem Sonntag, frei hatte.

In den nächsten 24 Stunden wurde Müller nicht gesehen, was kaum erstaunlich war, denn das Schiff ist weitläufig, 156 Meter lang, ein moderner Frachter mit Einzelkabinen, auch für die Besatzung; wer frei hat, nimmt die Mahlzeiten nicht unbedingt mit den anderen in der Messe ein. Müllers Verschwinden bemerkte man erst am 25. März (wir übersprangen kalendarisch einen Tag, als wir die Datumsgrenze querten). Gegen halb vier Uhr sollte er zum Wachantritt geweckt werden, aber er war weder in seiner Kammer noch in den Messen zu finden. Am 25. März um 3.55 Uhr, auf Position

14° 43' Süd und 175° 32' Ost, gilt er offiziell als vermisst. Suchtrupps eilen vergeblich durchs Schiff.

Es ist bedrückend, aufs Meer zu starren in der Hoffnung, einen bunten Stofffetzen oder irgendetwas zu entdecken. Mit jeder Stunde, die vergeht, verschlechtern sich Müllers Überlebenschancen. Eine Rettungsweste fehlt in den Kisten, das hat die Suchaktion an Bord ergeben; die Lufttemperatur beträgt 28 Grad und das Wasser ist 30 Grad warm, was es ihm rechnerisch ermöglicht, knapp 50 Stunden zu überleben. Sofern ihn kein Hai entdeckt und sofern der Taifun nicht schneller auf uns zuzieht. 13 Seemeilen entfernt von der errechneten Position, auf der sich unser Frachter befand, als Müller zuletzt gesehen wurde, liegt ein kleines Eiland, das zu den Tuvalu-Inseln gehört. Könnte er es dorthin mit viel Glück schaffen? Aber solche Überlegungen sind eher Rettungsinseln für die eigene Hoffnung.

Das Schiff stampft stark in einer hohen Dünung; einige Windseen sind so hoch, dass sie über die Container und gegen die Aufbauten schlagen. Nachts schalten wir die Scheinwerfer in den Brückennocken ein und starren mit unseren Ferngläsern hinaus, suchen in der grauen Sturmwelt nach einem Lebenszeichen, immer auf der eingezeichneten Route, die mein Suchparallelogramm vorgibt. Am 26. März ziehe ich gegen acht Uhr den Ausguck vom Vordeck ab, weil es für den Mann zu gefährlich wird. Der Wind weht mit Stärke neun und mehr. Heftiger Regen prasselt gegen die Scheiben.

Um 14.43 Uhr meldet der Ausguck: »Da ist etwas! Steuerbord voraus!« Doch nach der nächsten Welle erkennen wir, dass es sich um die weißen und grünen Kugeln eines abgerissenen Fischernetzes handelt.

Draußen wird es dunkel und es hat keinen Sinn mehr, die Suche fortzusetzen. 62 Stunden sind seit seinem Verschwinden vergangen. Das Wetter verschlechtert sich weiter und wir sollten nun Abstand zum Taifun gewinnen. Wir gehen auf Kurs Sydney. Der Ausguck bleibt doppelt besetzt, für den Fall, dass ein Wunder geschieht. Mit Telegrammen informiere ich erneut die Reederei und die Behörden über den Abbruch der Suche und ziehe mich in meine Kabine zurück, um einen der schwierigsten Briefe meines Lebens zu schreiben. Ich drücke der Mutter des Vermissten im Namen der Mannschaft mein Beileid aus und kündige an, dass wir die Flagge in den nächsten Häfen auf halbmast setzen werden.

Kurz bevor wir am 31. März in Sydney einlaufen, erhalte ich ein Telegramm der Reederei aus Hamburg: Niemand darf die *Columbus Virginia* verlassen, bis Polizisten und Mitarbeiter des deutschen Generalkonsulats eintreffen. Neben den Beamten, einer trägt Uniform, drei sind in Zivil gekleidet, kommt ein junger Mann an Bord, der sich als Bruder des Verschollenen vorstellt. Er hatte sofort einen Flug nach Australien gebucht, als er vom Verschwinden seines Bruders erfuhr. Wir gehen in die Offiziersmesse, wo ich kondoliere und ihm den abgerissenen Zettel zeige, den wir in der Kabine fanden. Er betrachtet ihn lange, dann sagt er:

»Kapitän, das ist nicht die Schrift von Christoph.«

Er mag nicht glauben, dass sein Bruder Selbstmord beging. Als wir in Müllers Kammer kommen – die ich sofort nach der Vermisstenmeldung hatte versiegeln lassen –, finden wir kein Geld, sondern nur einige Münzen. Müllers Bruder ist nun überzeugt, dass sich ein Verbrechen ereignet hat. Ich versuche, dem aufgeregten Mann zu erklären, dass Geld an Bord eines Schiffes nicht nötig ist, weil man Zigaretten oder Schokolade in Listen anschreiben lässt, aber ich spüre, dass er meine Schilderung nicht annehmen will. ›Vielleicht ist es seine Art, mit dem Verlust fertig zu werden‹, denke ich. Die Polizisten beginnen mit der Spurensuche und vernehmen die Besatzung. Routine, nach solch einem Unglücksfall.

Einen Mann auf See zu verlieren, unter welchen Umständen auch immer, ist schwer für einen Kapitän. Doch ich weiß, dass ich die Ereignisse nicht verhindern oder beeinflussen konnte. Ein halbes Jahr später, als ich gerade daheim bei meiner Familie bin, kehrt die Erinnerung in einem amtlichen Schreiben zurück, das wir nach einem Ausflug im Briefkasten unseres Hauses finden.

»Herr Niels Callsen! Sie möchten sich bei der Kripo im Hamburger Hafen fernmündlich melden. Es ist sehr wichtig!«, schreibt mir ein Beamter des Reviers Buxtehude. Ich wundere mich, wähle die angegebene Rufnummer und erfahre, dass die Kripo neue Ermittlungen aufgenommen hat. Müllers Bruder hat Anzeige gegen Unbekannt erstattet wegen »des Verdachts eines nicht natürlichen Todes«.

Man holt mich ab, zu einer Vernehmung auf der Wache in Hamburg. Weil sich Polizeiwagen sonst selten in unser Viertel verirren, einer ruhigen Wohngegend am Rande der idyllischen Kleinstadt Buxtehude, freuen sich unsere Nachbarn über ein Tuschelthema. »Liegt gegen Ihren Mann etwas vor?«, erkundigt sich eine Dame aus unserer Straße bei meiner Frau und klingt ehrlich besorgt. Zu den heiteren Momenten gehört auch, als mein Sohn und andere Kinder aus der Nachbarschaft im Peterwagen Probe sitzen dürfen, aber angenehm ist mir der Polizeibesuch nicht. Nach knapp einem Jahr werden die Ermittlungen mangels jedes Hinweises auf ein Verbrechen eingestellt; das Hamburger Seeamt kommt zu dem Urteil, dass mir als Kapitän und der übrigen Besatzung kein Vorwurf zu machen ist. Meine Betroffenheit darüber, dass sich ein junger Matrose, dem viele Wege offenstanden, selbst das Leben nahm, diese Ratlosigkeit beschäftigt mich noch, als ich lange wieder auf See bin.

Kapitän Niels Callsen, 1941 in Hamburg geboren, kam durch die Erzählungen von »Tante Schlegelmilch« zur Seefahrt. Die Mutter der Thüringer Familie, in die man ihn als Jungen nach den Bombenangriffen auf die Hansestadt einquartiert hatte, erzählte ihm von Seereisen über den Atlantik. »Ich saß auf der Treppe und musste rudern«, erinnert sich Callsen. 1956 begann er die Seefahrt und heuerte ein Jahr später als Decksjunge auf dem Frachter *Ravensberg* an. 1975 übernahm er sein erstes Kommando als Kapitän. Callsen fuhr bis zu seiner Pensionierung fast 53 Jahre lang für die Reederei Hamburg-Süd zur See, so lange wie bisher kein anderer Seemann der Reedereigruppe. Der Familienvater, der 2004 seine Frau verlor, lebt mit seinen vier Söhnen (einer ist Seemann) in Buxtehude, Niedersachsen.

TSUNAMI

Auf dem Radargerät ist ein geheimnisvoller Strich zu sehen. Was kann das sein? Eine Gewitterfront in einer ruhigen Tropennacht? KLAUS D. WEINACK ist beunruhigt, greift zum Fernglas. Und sieht eine gewaltige Welle auf sein Schiff zurollen.

Um auf See zu überleben, bedarf es manchmal eines Instinkts. Eines besonderen Gespürs, das man nicht aus Büchern lernen kann, sondern das gewachsen ist, in vielen Jahren auf dem Meer. Dieser Sinn rettete 32 Männer und ein Schiff vor einer Katastrophe, die auf uns aus dem Nichts zurollte.

Mit schweren Bulldozern für die seinerzeit größte Goldmine der Welt, die sich unweit der Mündung des Fly River in Papua-Neuguinea befand, waren wir in Singapur ausgelaufen. Einige der gewaltigen Baumaschinen standen an Deck und ich hatte sie, damit Seeschlag sie nicht beschädigen konnte, mit den Schaufeln Richtung Bug aufstellen lassen. Nichts mehr als eine Vorsichtsmaßnahme, denn unsere Route führte durch die Java-See und die Torres-Straße nördlich von Australien, also durch ein Fahrtgebiet, das als ruhig gilt.

Tatsächlich erschien die See glatt wie ein großer Ententeich, als wir nach fünf Tagen auf See mit voller Fahrt, knapp 14 Knoten, zwischen den Inseln Wetar und Timor hindurchfuhren. Gegen zwei Uhr nachts ging ich auf die Brücke, weil ich nicht einschlafen konnte. Der Zweite Offizier meldete keine besonderen Vorkommnisse und ich trat hinaus auf die Nock der Brücke, um die laue Tropenluft zu genießen und in den Sternenhimmel zu sehen.

Ich wollte mich gerade in Richtung Koje verabschieden, als ich am Radargerät vorbeikam und im Augenwinkel etwas Merkwürdiges bemerkte. Was war das für ein Strich auf der Anzeige? Quer über den

Bildschirm zeigte das Gerät etwas an, das sich 20 Seemeilen vor uns befinden sollte. Der Zweite Offizier bekam das nicht mit. Er saß im Kapitänsstuhl und döste. Ich griff nach einem Fernglas, ging wieder hinaus auf die Nock und suchte den Horizont ab.

Es sah aus wie eine lang gezogene weiße Wolke.

Eine weiße Wolke, mitten in einer sternklaren tropischen Nacht? Das war unmöglich. Land konnte es auch nicht sein. Eine Gewitterfront? Ich fand keine plausible Erklärung, beobachtete das seltsame Gebilde weiter – und erschrak. Es war die Krone einer gewaltigen Welle, die auf uns zukam. Das war ein Tsunami!

Ich stürzte zurück auf die Brücke und löste »Crew-Alarm« aus, worauf ein schrilles Klingeln jeden an Bord weckte. Schlaftrunkene Offiziere und Matrosen eilten herbei, die meisten noch in Unterwäsche. Nun kam es auf jede Minute an. Ich gab Befehl, Türen und Bulleyes seefest zu verschließen, so viele, wie wir in der Kürze der Zeit schafften. Unsere Geschwindigkeit reduzierte ich auf langsame Fahrt und gab dem Rudergänger Order, den Kurs um 15 Grad zu ändern, um die Welle etwas seitlich anzulaufen.

Jetzt konnten wir deutlicher das Monstrum sehen, das auf uns zurollte. Nicht besonders schnell, etwa mit dem Tempo eines Rennradfahrers. Ich schätzte, dass die Welle mindestens 25 Meter hoch war. Niemand auf der Brücke sprach ein Wort.

Die Philippinos bekreuzigten sich.

Noch knapp 500 Meter bis zum Aufprall. Ich reduzierte beide Hauptmaschinen auf ganz langsame Fahrt. Als der Steven sich zu heben begann, drückte ich die Hebel der Maschinen auf volle Fahrt voraus. Dann brach die Welle über uns, man konnte nichts mehr sehen, für Sekunden befanden wir uns unter einem Vorhang. Das Schiff hob sich um 45 Grad, überall Wasser, auf Back und Vorschiff und bis hinauf zu beiden Brückennocken. Es wurde ganz still.

Wir glitten sanft hinab und das Schiff schüttelte sich regelrecht. Wie aus kleinen Wasserfällen strömte die See aus den Speigatten. Es war überstanden. Allmählich beruhigte sich mein rasendes Herz. Ich ließ nachsehen, welche Schäden der Tsunami verursacht hatte. An Steuerbordseite war eine Positionslampe zerschlagen worden, Stauhölzer und Bohlen hatte die Welle fortgespült. Ihre Wucht hatte einige der Bulldozer, jeder von ihnen 150 Tonnen schwer, verschoben wie Spielzeugbagger. Wir hatten Glück. Ohne weitere Vorkommnisse liefen wir 36 Stunden später in unserem Bestimmungshafen ein. Ich dachte noch lange über diese Nacht und jenen Moment nach, als ich im Vorbeischlendern den Strich auf dem Radargerät registrierte. Hätte ich ihn nicht bemerkt, wären wir mit voller Fahrt und frontal auf die Welle gelaufen – dann hätte man nie wieder etwas vom Schiff und seiner Besatzung gehört. So manches Gebet ging in dieser Nacht von Bord der *Starman Australia* gen Himmel.

Ich habe meinen Beruf geliebt, denn es war ein Leben voller Abenteuer, seit ich als Schiffsjunge auf der *Passat* nach Südamerika segelte. In der Lombokstraße war ich dabei, als wir einen Angriff von Piraten abwehrten. Ich fuhr durch tückisches Eis vor Neufundland, um Papier für die englische Zeitung Times zu holen, lernte die Stürme der Biskaya fürchten, transportierte Korbwaren aus Maos China, Kloschüsseln aus der DDR und Riesenschildkröten von den Galapagosinseln, lauschte den Papageien am Amazonas und beobachtete Krokodile in Australien.

In Kamerun organisierte ich als Kapitän eine kleine Expedition durch den Urwald, um ein Dorf von Buschmännern zu besuchen, wobei wir auf dem Rückweg zum Strand, wo eine Barkasse lag, in einen Sumpf gerieten. Unsere Beine waren anschließend mit Dutzenden schwarzen Blutegeln gespickt, aber die Stunden im Dschungel, in denen wir ein wenig lernten vom Leben der glücklichen Urwaldmenschen, waren jede Qual wert gewesen.

Als Erster Offizier taugte ich sogar als Vorlage für eine Romanfigur. In der Geschichte »Johnny Brooks und die verschwundene Million« bin ich gewissermaßen Johnny Brooks, der Rest der Geschichte aber ist etwas frisiert. Von Hamburg aus waren wir im Sommer 1980 mit einem Stückgutfrachter über Antwerpen und Monrovia den Zaire-Fluss hinauf in die heiße, stickige Flussstadt Matadi gefahren. Zur Ladung gehörten 100 Blechkisten, die in den Ladungspapieren als »Bankpapiere« gelistet waren. Matadi war ein finsteres, heruntergekommenes Loch, berüchtigt wegen Korruption und Kriminalität. Etwa zehn Prozent der Ladung wurden beim Löschen gestohlen und es war nicht klar, wie viele der Diebe in Polizeikleidung steckten. Einmal stahl man aus dem Laderaum mehrere schwere Ledersessel, ein anderes Mal einen Maserati, einen silbergrauen Sportwagen, der für einen Minister bestimmt war. Zumindest stand der Maserati hinterher als gestohlen in den Papieren für die Versicherung. Ich hatte aber gesehen, dass er mit einem Kran an die Pier gehievt und von Uniformierten abgeholt worden war.

Elektroartikel, Videorekorder, Fernseher galten als besonders beliebte Beute und es war nicht ratsam, sich mit den Kriminellen anzulegen. Besonders aggressiv war die Atmosphäre beim Löschen, wenn wir Bier aus Bremen geladen hatten. Die Hafenarbeiter rissen die Kartons auf, öffneten die Flaschen mit ihren Zähnen und betranken sich. Im Falle der geheimnisvollen 100 Blechkisten mit »Bankpapieren« aber blieb mir gar nichts anderes übrig, als schnellstmöglich die Behörden zu alarmieren.

Als ich in den Laderaum kam, wirbelten Geldscheine wie Konfetti durch die Luft. Es herrschte Tumult, Dutzende Männer schrien durcheinander. Die Hafenarbeiter waren aus Begeisterung über den plötzlichen Reichtum wie von Sinnen und stopften sich Banknoten in ihre Taschen. In den Kisten befanden sich Millionen Zaire, wie die Währung seinerzeit hieß, offenbar Nachschub für die Zentralbank des Landes. Dass die Scheine noch keine Seriennummer trugen und damit noch wertlos waren, fiel erst später auf, als der herbeigeeilte Stoßtrupp das Schiff wieder verlassen hatte. Eine Million war, anders als im Roman, jedenfalls nicht verschwunden.

Den ungewöhnlichsten Proviant lernte ich auf einer anderen Reise im Jahre 1983 kennen, einer faszinierenden Reise, die 3200 Kilometer weit den Amazonas hinaufführte, mit Bohrmaterial für eine Ölfirma in Iquitos, einer Stadt in Peru. Zwei Lotsen waren an Bord gekommen, Indios, die auf wundersame Weise den richtigen Weg in einem Flussbett fanden, das sich immer wieder veränderte. Sie hatten Leguane im Gepäck. Zwei Abende später lag über dem Deck ein Geruch nach Barbecue. Ich sah nach und bekam sogleich eine Einladung zum Dinner: Es gab Leguan am Spieß.

Seemann zu sein, das gab mir die Gelegenheit, wegen der langen Liegezeiten in den Häfen fremde Kulturen kennenzulernen. Ich genoss die Kameradschaft an Bord, die auch in schwierigen, in stürmischen Zeiten funktionierte. Ich spürte ein Gefühl von Eigenständigkeit und Freiheit auf See. Bis das Zeitalter der Containerschifffahrt und Ausflaggung begann und die deutschen Reeder im ständigen Streben, ihre Schiffe noch kostengünstiger fahren zu lassen, den Druck auf die Kapitäne und die Offiziere erhöhten. Mit der Freiheit war es nun vorbei. Mit der Eigenständigkeit sowieso.

Statt mit 40 ausgebildeten Seemännern dampfte man mit 20 Anfängern von den Philippinen oder aus anderen Billiglohnländern durch die Gegend, die in vielen Fällen, kurz bevor sie an Bord kamen, angelernt worden waren. Ich mache den Leuten keinen Vorwurf, sie taten ihr Bestes, aber sie waren eben Laien, deren Unwissenheit besonders den Chief in der Maschine vor Herausforderungen stellte. Wenn wir mit einer neuen Crew ausliefen, verbrachte er die ersten Tage ohne jede Pause unter Deck, bis zumindest die einfachsten Grundabläufe erklärt waren. Mit Seemannschaft hatte das nichts zu tun und man konnte nur hoffen, nicht in ernste Krisensituationen zu geraten.

Szenen wie in Wildwest-Filmen spielten sich bisweilen ab, wenn ich die Heuer ausgeteilt hatte. In bar, pro Mann knapp 1000 US-Dollar. Auf manchen Reisen deponierte ich im Safe meiner Kapitänskajüte mehr Bargeld als manche Dorfbank – manchmal sogar mehr als eine Viertelmillion Dollar. Was immer wieder Erfindungsreichtum erforderte, denn es hieß, den Schlüssel zum Safe zu verstecken, damit ihn der Steward nicht fand. Ich löste drei Schrauben einer Deckenlampe und legte den Schlüssel in den Hohlraum. Oder ich befestigte ihn mit einem Gummiband unter einer Schublade meiner Koje.

Regelmäßig kam es zu Gewaltakten, wenn ich den Lohn verteilt hatte. Jemand war bestohlen worden, es gab Verdächtigungen, Anschuldigungen, es folgten Beleidigungen und dann dauerte es nicht mehr lange, bis die Dinge eskalierten. Während wir vor Houston in

Texas auf Reede lagen und auf einen Lotsen warteten, attackierten sich mehrere Matrosen mit Messern. Ergebnis: sechs Verletzte und ein

mittelgroßer Polizeieinsatz.

Das Leben als Kapitän wurde immer einsamer. Wenn man einen Leitenden Ingenieur an Bord hatte, der sich lieber stundenlang selbst die Karten legte, als sich nach Feierabend zu unterhalten, gab es wochenlang keinen Gesprächspartner. Dann hockte man abends in seiner Kammer, dachte an seine Familie, an seine Frau und Kinder am anderen Ende des Meeres und versuchte, nicht unterzugehen.

Zu Beginn meiner Laufbahn waren Kapitäne Autoritätspersonen, die von ihren Reedern mit Respekt behandelt wurden. Am Ende meiner Laufbahn konnte es vorkommen, dass mich irgendein Praktikant über Satellitentelefon anrief, um irgendwelche Nichtigkeiten aus dem letzten Hafen zu klären. Dass es auf der Welt unterschiedliche Zeitzonen gibt und ich gerade in einer Tiefschlafphase unterwegs war, schien niemanden zu interessieren.

Hinzu kam das ungute Gefühl, ständig überwacht zu werden und auf einer Art »gläsernem Schiff« unterwegs zu sein. Einmal waren wir in indonesischen Gewässern an einem Fischerboot vorbeigekommen und ich hatte, weil wir bestens in der Zeit lagen und unseren Zielhafen früher als errechnet anlaufen konnten, die Maschine herunterfahren lassen, um frischen Fisch zu kaufen. Dabei trieb das Schiff etwas vom Kurs ab. Es vergingen wenige Minuten, bis auf der Brücke das Telefon klingelte. Jemand aus der Zentrale meldete sich und klang genervt, als er fragte: »Kapitän, Sie sind nicht auf Kurs. Was ist denn los?«

In einer anderen Angelegenheit hingegen hätte ich mir gewünscht, dass sich jemand von der Reederei für mich interessierte. Als ich nach einem tragischen Unfall verhaftet wurde und mich meine Firma im Stich ließ. Loyalität spielt eine wichtige Rolle für mich. Was im Januar 1986 geschah, ist für mich bis heute eine Enttäuschung. Wir hatten einen Kessel für eine Raffinerie geladen und waren unterwegs von Sulina im Schwarzen Meer nach Piräus. Der Kessel hatte gewaltige Ausmaße, selbst für unser Schwergutschiff. Einen Tag vor Ankunft in Piräus hatte ich achtern die Verschanzung entfernen und durch vier

Stahlseile ersetzen lassen, um im Hafen Zeit zu sparen; unsere Ladung sollte über das Heck abgerollt werden. Das war nichts Besonderes und jeder wusste, dass er an Deck Acht geben musste, weil wir oft mit übergroßen Gütern für Atomreaktoren oder Fabriken unterwegs waren.

Der Lotse kam an Bord, um uns durch das schwierige Fahrwasser zu dirigieren. An Deck liefen Routinearbeiten, das Schiff wurde vor dem Einlaufen klargemacht und die Festmacherleinen herausgeholt. Die Sonne ging gerade auf, es war ein kalter, ziemlich windiger Morgen über der Ägäis und wir passierten in unruhiger See eine enge Stelle zwischen zwei Inseln.

»Mann über Bord! Achtung! Mann über Bord!«, hallte es aus dem Sprechfunkgerät, das auf der Brücke lag.

Ich wollte sofort Befehl geben, die Maschine zu stoppen, aber der Lotse unterbrach mich. »Kapitän, das ist zu gefährlich! Es ist eng an dieser Stelle, der Wind weht stark. Alarmieren Sie lieber die Behörden!« Tatsächlich befanden sich auf einer der Inseln gleich mehrere Stationen der Marine, des Rettungsdienstes und der Lotsen, und mir leuchtete ein, dass die Retter mit ihren Booten viel schneller den Schiffbrüchigen bergen konnten als wir. Etwa zehn Minuten hätten wir benötigt, um ein Rettungsboot zu Wasser zu lassen.

Schon kurz nach Absetzen des Notrufs tauchte ein weißes Boot der griechischen Marine auf. Weniger als fünf Minuten dauerte es, bis sie den philippinischen Matrosen entdeckten und ihn bargen. Jeder auf der Brücke war erleichtert, weil wir davon ausgingen, dass das Unglück ein glimpfliches Ende genommen hatte.

Doch dann: Schockzustand. »Der Gerettete ist tot«, hörten wir über Funk. War er in die Propeller geraten? Oder hatte er einen Kreislaufzusammenbruch erlitten und war ertrunken? Entsetzen herrschte auf der Brücke, Fassungslosigkeit und Trauer. Wir liefen in Piräus ein. Der Verunglückte war knapp 40 Jahre alt gewesen, ein Matrose, ein unauffälliger Mann. Ich saß mit den Offizieren im Salon, es war kurz nach zwölf Uhr, und wartete auf Vertreter diverser Behörden, als Beamte der Hafenpolizei grußlos hereinkamen.

»Kapitän, Sie haben sich schuldhaft verhalten!«, sagte ein Uniformierter mit schneidender Stimme.

»Bitte, was meinen Sie?«, antwortete ich erschrocken.

»Wir haben von Mannschaftsmitgliedern erfahren, dass Sie die Maschine nicht gestoppt haben und dass Sie an der Stelle, wo der Verunglückte außenbords fiel, vorher die Verschanzung entfernen ließen. Unterschreiben Sie dies hier!«, zischte er und hielt mir ein vorbereitetes Protokoll hin. Es war auf Griechisch ausgefüllt.

»Ich werde das nicht unterschreiben«, antwortete ich, »ich weiß ja nicht mal, was da steht!«

»Dann bleibt mir keine andere Wahl«, entgegnete der Polizist und forderte mich auf, die Arme nach vorne auszustrecken. Er legte mir Handschellen an und führte mich über die Gangway von Bord.

In einem Polizeiwagen fuhr man mich in ein Gefängnis und sperrte mich in eine Zelle. Vier Meter im Quadrat, eine schmale Bank, ein Eimer als Toilette. Sechs andere Gefangene musterten mich. Ich trug eine Khakiuniform und ein weißes Hemd. Vermutlich hielten sie mich für einen Kapitän, der ein Verbrechen begangen hatte. Zu überraschen schien dies keinen meiner Zellengenossen.

Ich dachte nun, dass es nur eine Frage weniger Stunden sein könnte, bis meine Reederei einen Anwalt bestellte, ein Mitarbeiter der deutschen Botschaft vorbeikam oder ein Agent der Reederei die Kaution für mich hinterlegte. Doch nichts geschah. Der Nachmittag verstrich, auch der Abend. Es wurde Nacht. Noch immer tauchte keine Hilfe auf. Ich wurde unruhig und fand keinen Schlaf auf dem nackten Boden. Die Ereignisse drehten sich immer wieder in meinem Kopf, der Gedanke an das Unglück, das ich mir nicht erklären konnte. Und das Gefühl, von aller Welt verlassen zu sein.

Eigentlich war ich am Nachmittag des Unglückstages mit einem Bekannten verabredet gewesen, einem Seemannsdiakon namens Günther, den ich während einer meiner Reisen in Douala getroffen hatte und der seit kurzem in Athen lebte. Der Aufseher genehmigte mir nach einigen Bitten ein Telefonat, das ich nutzte, meinem Bekannten die unangenehme Lage zu schildern. Günther versprach, etwas zu unternehmen. Aus meiner Enttäuschung über die mangelnde Unterstützung der Reederei wurde Wut.

Am nächsten Tag bekam ich Hilfe durch einen Anwalt, den mein Helfer beauftragt hatte. Er erklärte mir, dass bereits für übermorgen eine Seeamtsverhandlung angesetzt war, in der die Schuldfrage geklärt werden sollte. Ich kam frei, fuhr zurück in den Hafen, ging aufs Schiff, um zu duschen und die Kleidung zu wechseln. Danach berieten wir, was zu tun war. Von der Mannschaft hatte ich einen Tipp bekommen, dass der Verunglückte alkoholkrank gewesen war und stark angetrunken den Dienst angetreten hatte.

Mein Anwalt beantragte sogleich eine Obduktion. Das Ergebnis der Leichenbeschau und einige Zeugenaussagen führten dazu, dass die Seeamtsverhandlung rasch beendet war: Der Matrose hatte zum Zeitpunkt des Unglücks eine Menge Alkohol im Blut. Obwohl an Bord striktes Trinkverbot herrschte, hatte er in der Nacht alleine eine Flasche Whiskey geleert. Auch die Ereignisse, die zum Unglück führten, konnten rekonstruiert werden: Dem Matrosen, etwas wackelig auf den Beinen, war bei Aufräumarbeiten eine schwere Leine ins Wasser gefallen. Beim Versuch, sie wieder an Bord zu ziehen, hatte er das Gleichgewicht verloren, war vom Gewicht der Leine ins Meer gezogen worden und im Schraubenwasser ertrunken.

Der Freispruch des Seegerichts erleichterte mich, doch die Gedanken an die vergangenen 72 Stunden gingen mir lange nicht aus dem Kopf. Viel Zeit blieb mir nicht für Emotionen, denn ich musste mich wieder Problemen im Bordalltag zuwenden. Die philippinische Besatzung drohte, in einen Streik zu treten, weil sie glaubte, dass nach dem Unglück böse Geister an Bord hausten. Ein Offizier kannte einen Priester, der sich mit Geistern bestens auskannte und Kokosmilch versprenkelte. Wir warfen die Leinen los.

Kapitän Klaus D. Weinack, Jahrgang 1935, geboren in Insterburg (Ostpreußen), wuchs nach der Vertreibung in Niendorf an der Ostsee auf. Beseelt vom Wunsch, Kapitän zu werden, besuchte er die Schiffsjungenschule auf dem Priwall bei Travemünde. Obwohl er während der ersten Reise unter starker Seekrankheit litt, verfolgte er seinen Traum und machte 1962 sein Kapitänspatent. Weinack ist verheiratet, hat eine Tochter und einen Sohn und lebt seit 1954 in Wedel, Schleswig-Holstein.

KRAKENKAMPF

Kein Liegeplatz ist frei und an Bord des kleinen Frachters, der vor dem Hafen von Algier auf Reede liegt, herrscht eine träge, schwüle Langeweile. Warum also nicht ein wenig angeln? Plötzlich zieht es am Tampen – und die Seeleute befördern ein wahres Seeungeheuer an Deck. JENS WEBER hat nun ein Problem mit langen Fangarmen.

Was sich vor dem Hafen von Algier ereignete, klingt nach dem Roman »20.000 Meilen unter dem Meer«, nach jener Passage, in der Professor Aronnax gegen einen Riesenkraken kämpft. Ich möchte nicht sagen, dass sich meine Geschichte mit dem Meisterwerk des Jules Verne vergleichen lässt, aber ein wenig erinnert sie an ein Abenteuer von Kapitän Nemo.

Unser Liegeplatz in der algerischen Hauptstadt war besetzt und so lag die *MS Espania*, ein kleiner Containerfrachter, der zwischen Antwerpen, dem englischen Ipswich, Tunis und Algier hin und her fuhr, auf Reede. Es war ein sonniger, heißer Tag ohne Wind und eine zähe Langeweile lag über dem Schiff. Bis mir ein Souvenir einfiel, das ich beim letzten Halt in Algier erworben hatte.

Einige Wochen zuvor war ich, damals der Zweite Offizier an Bord, der Bitte unseres Kochs nachgekommen, ihm in der Stadt zwei Kilo Hefe zu besorgen. Unser Koch war eigentlich kein Koch, sondern ein getarnter Bäcker, denn er stellte fast ausschließlich süßes Naschwerk und Kuchen her. Angesichts von 35 Grad Hitze nicht gerade eine erfrischende Diät, aber sie traf genau die Geschmacksnerven unserer türkischen Matrosen. Keine Chance also, den Speiseplan zu ändern.

Meine Kenntnisse des Französischen waren recht übersichtlich, doch es war mir gelungen, die Hefe auf einem Markt der Kasbah zu kaufen. Auf dem Rückweg zum Hafen hatte ich in einem kleinen Laden bunte Metallkörper entdeckt. Sie waren mit ganz dünnen, unterschiedlich langen Tampen umwickelt und am unteren Ende mit spitzen, gebogenen Nägeln gespickt. Ein Spezialgerät zum Fang von Tintenfischen, wie mir der Verkäufer erklärt hatte. Nach einem Mokka waren wir handelseinig geworden.

Nun also war es an der Zeit, das Mitbringsel in der Praxis zu testen. Ich wickelte es an einen Tampen und ließ es zu Wasser, das an dieser Stelle knapp 20 Meter tief war. Ein Matrose sah zu und erklärte, wie man das Fanggerät am besten einsetzt: Man hebt es immer wieder an und lässt es auf den Meeresboden plumpsen, um ein Klopfgeräusch zu erzeugen. Neugierige Kalamare greifen danach und verfangen sich in den gebogenen Nägeln. Ich begann also, auf den Grund des Mittelmeers zu klopfen. Nach einer Weile spürte ich, dass sich der Tampen nicht mehr nach oben ziehen ließ. Irgendetwas hatte angebissen! Was genau es war, konnte ich nicht sehen, dafür war das Wasser zu tief. Es war ziemlich schwer, ungefähr so schwer wie zwei Kästen Bier. Der Matrose und ich zogen nun gemeinsam.

Etwa fünf Meter vor der Wasseroberfläche konnten wir unsere Beute erkennen: einen grauen Sack mit Fangarmen, der das Wasser mit einer Wolke schwarzer Tinte verdunkelte. Aus Furcht, der Tampen könnte reißen, ließen wir einen zweiten Tampen mit einem Haken hinab, wonach der Krake sofort griff. Der Matrose und ich zogen ihn über die Reling und mit lautem Klatschen landete der Meeresbewohner auf Deck.

Mir stockte der Atem: Der Kopf des Kraken hatte den Umfang eines gewaltigen Kürbis. Jeder seiner acht Arme war mehr als einen Meter lang und übersät mit Saugnäpfen, groß wie Fünfmarkstücke. Er ruhte sich kurz aus, setzte dann seine Arme auf Deck und begann, sich vorwärtszubewegen. In Richtung eines Pollers, den er liebevoll umarmte – und nicht wieder losließ.

Jedes Mal, wenn sich jemand dem Ungetüm näherte, steckte es drohend einen Arm aus. Ziemlich Respekt einflößend sah das aus. Weil uns klar war, dass er in der Sonne nicht lange überleben konnte, schütteten wir eimerweise Wasser über ihn, sahen aber ansonsten etwas ratlos zu, wie er mit dem Poller schmuste. Tintenfischringe, gebacken oder frittiert, sind mein Lieblingsgericht, gerne serviert in Tomatensauce.

Ich ließ den Koch rufen, der zuerst den Kraken, dann mich aus schmalen Augen musterte und zischte: »Der kommt mir nicht in die Kombüse!« Ich überlegte noch, ob er mich meinte oder den Kopffüßler. Dann drehte sich der Koch um und ging beleidigt ab.

Und nun? Der Bootsmann wusste Rat: Mit einem gezielten Stich in den Kopf, so meinte er, könne man das Problem schnell und schmerzfrei lösen. Ein spitzer Malspieker, mit dem man Drähte spleißt, war schnell besorgt, doch als es um die Umsetzung des Plans ging, verließ den Bootsmann sein Elan.

Er drückte mir das Werkzeug in die Hand. »Ihr Fang, bitte sehr!«, sagte er. Ich seufzte.

Die Matrosen lenkten den Kraken ab und mit einem kühnen Sprung, auf den Musketier d'Artagnan stolz gewesen wäre, stach ich zu. Der Krake sah mich an und zuckte, dann war es vorbei. Nach einiger Zeit ließen sich die Saugnäpfe vom Poller abziehen und wir schleppten die Beute in die Kombüse. Der Koch schimpfte noch immer, fror den Meeresbewohner aber nach einigen Diskussionen ein. Ich hoffte nun täglich darauf, ihn auf einem Teller wiederzusehen, neben einer Portion Pommes frites. Zwei Wochen später liefen wir in Antwerpen ein, wo ich die *MS Espania* verließ. Ohne ein einziges Mal Calamari fritti gegessen zu haben.

Kapitän Jens Weber, Jahrgang 1957, stammt aus einer Seemannsfamilie. 1985 machte er sein Kapitänspatent. Weil ihm die Monotonie der modernen Containerschifffahrt nicht gefiel, ging er an Land und gehörte zur Mannschaft, die das Containerterminal in Hamburg-Altenwerder (CTA) konzipierte und baute. Seit 2005 fungiert Weber als Geschäftsführer der Betriebsgesellschaft, die das berühmte Museumsschiff *Cap San Diego* im Hamburger Hafen unterhält. Die *Cap San Diego*, 1961 gebaut und wegen ihrer Schönheit »Weißer Schwan« genannt, ist das größte fahrtüchtige Museumsfrachtschiff der Welt. Weber ist verheiratet und lebt in Hamburg.

RAKETE!

Zuerst ist ein Blinken zu erkennen, dann ein Feuerschweif und als man auf der Brücke des Schwergutschiffes weiß, was vor dem Bug durch die Nacht fliegt, ist der Schrecken groß: Eine Rakete rast auf das Schiff zu. Explosion! ROBERT »BOB« MARINGER ist mitten in den Ersten Golfkrieg hineingeraten.

Woher kommt dieses seltsame grünliche Blinken, 30 Grad voraus, an Steuerbordseite? Jens, unser Schiffsjunge, ein blonder Teenager, der während der Wache den Ausguck besetzt, hat es zuerst entdeckt. Ich denke an eine Navigationstonne, doch in der Seekarte ist kein Markierungspunkt eingetragen. Dann kann ich durch das Fernglas einen hellen Schein erkennen. Eine Art Lichtbogen, der sich etwa 100 Meter in den klaren Nachthimmel über den Persischen Golf erhebt. Was ist das? Der Bogen senkt sich nun. Beginnt zu sprühen. Hantiert jemand an Bord einer Dau mit Leuchtspurmunition?

23.31 Uhr zeigt die Uhr auf der Brücke der *Jolly Indaco*, einem zum Containerfrachter umfunktionierten Schwergutschiff. Eben sind wir an einem Leuchtfloß vorbeigekommen, was ich ins Schiffstagebuch eintrug. Wir befinden uns in einem gefährlichen Seegebiet, 1985, im fünften Jahr des Krieges zwischen dem Irak und dem Iran, einem furchtbaren Konflikt, der immer mehr in ein Gemetzel ausartet. Wir haben keine Waffen, sondern italienischen Marmor an Bord, doch auch Carbonatgestein kann, wenn Kuwait der Bestimmungshafen ist, eine heikle Ladung sein. In der Zone, die wir durchfahren, ist vor wenigen Wochen ein Bergungsschiff von der irakischen Luftwaffe versenkt worden.

Zur Mittagszeit, als wir auf der Brücke unsere genaue Position bestimmten, war ein Militärhubschrauber im Tiefflug über unser Schiff geknattert. Er zog einige enge Kreise und ich, eigentlich selbst ein erfahrener Kapitän, aber nach Insolvenz meines alten Arbeitgebers und wegen der allgemeinen Jobmisere als Zweiter Offizier an Bord, hatte den Schriftzug »Iranian Airforce« entziffern können. An Backbordseite passierten wir einige Ölfelder und Fördergebiete, die der Iran für sich beanspruchte. »Männer, die beobachten uns nur«, beschwichtigte der Kapitän, ein großer, robust gebauter Mann, zu dem ich ein distanziertes Verhältnis pflegte.

Ich muss kurz an den Hubschrauber denken, als ich den Lichtstreifen sehe, der nun rosafarben schimmert und sich rasch auf die *Jolly Indaco* zubewegt. Das Lichtband kommt direkt auf uns zu! Knapp einen Meter über dem Meer, auf einer geraden Bahn, wie an einem Seil gezogen, mit einem stärker werdenden Sprühen. Nun weiß ich, um welche Art Lichtstreifen es sich handelt.

»Das ist eine Rakete«, sage ich, ganz ruhig.

Ich bin viel zu erschrocken, um aufgeregt zu sein. In solch einem Moment schreit man sein Entsetzen nicht heraus, sondern ist starr vor Schreck. Ein Heulen ist zu hören, eine Art lautes Pfeifen und ich sehe ganz deutlich das Projektil, etwa vier Meter lang. »Die geht vorbei«, schreie ich, »die geht vorbei!«, doch dann ändert die Rakete ihren Kurs, zeichnet mit ihrem Feuerschweif eine Kurve in die Nacht und dreht auf uns zu.

Einschlag, kurz hinter der Brücke! Eine Explosion, eine dumpfe Erschütterung.

An Steuerbordseite wird es schlagartig hell, es sieht aus, als brenne eine gewaltige Wunderkerze ab, rötlicher Funkenflug, es riecht verbrannt, nach Schwefel und nach Chemikalien. Sofort bekommt das Schiff Schlagseite, mit einem Ruck etwa um 20 Grad legt sich die *Jolly Indaco* nach Backbord, dann um 30, schließlich um 40 Grad, es geht erschreckend schnell. Ich greife zum UKW-Gerät und setze auf Kanal 16 einen Notruf ab: »Mayday! Hier *Jolly Indaco*! Wir drohen nach Beschuss zu sinken! Mayday!«

Etwa zehn Sekunden vergehen, zehn Sekunden tiefer Stille, was als seltenes Erlebnis gilt in einem Seegebiet, in dem gelangweilte Nachtwachen pausenlos Fußballergebnisse austauschen oder den neuesten

Klatsch aus ihren Heimathäfen. Dann spricht eine tiefe Stimme zu mir:

»Hier meldet sich ein Kriegsschiff der Seestreitkräfte von Saudi-Arabien. Wir sehen Sie und wir sehen ein großes Loch. Gehen Sie besser in die Boote, denn ein zweiter Angriff ist nach unseren Erfahrungen nicht auszuschließen.« Wer hat uns angegriffen? Iranische Marine, die Iraker? Und warum befindet sich dieses saudische Kriegsschiff in Sichtweite? Meine Gedanken rasen, als jemand schnaufend die Treppe zur Brücke heraufstürmt: Der Kapitän, nur in Unterwäsche gekleidet – nebenbei bemerkt: kein Anblick, an den ich mich gerne erinnern werde –, stößt mit weit aufgerissenen Augen hervor:

»Maringer, verflucht noch mal, Sie haben einen Bohrturm gerammt!«

»Das war kein Bohrturm«, antworte ich, »das war eine Rakete!«

Nun stutzt er, scheint mit Verzögerung zu begreifen, was vor sich geht, murmelt »Der kentert uns weg«, und befiehlt dem Dritten Offizier, der inzwischen ebenfalls auf der Brücke erschienen ist, die Rettungsboote klarzumachen. 25 Mann Besatzung arbeiten auf der *Jolly Indaco* und nicht allen ist der Ernst der Lage bewusst. Einige wollen, wie ich später hören werde, ihre Stereoanlagen und eilig gepackte Koffer mit auf die Rettungsboote nehmen. Ich befinde mich auf Befehl des Kapitäns (»Maringer, Sie, der Chief und ein Matrose sehen sich den Schaden an!«) tief unten im Schiff.

Was wir entdecken, erzeugt einen Schauer, denn es ist klar, wie knapp uns der Tod verfehlt hat; wir sehen ein gewaltiges Loch, groß wie die Fassade eines Einfamilienhauses, knapp oberhalb der Wasserlinie; die Rakete hat einen mit 400 Tonnen gefüllten Ballasttank durchschlagen, dessen Wasser nun in den Luken steht. Was erklärt, warum das Schiff nach dem Einschlag zur Seite kippte. Bis in einen Laderaum ist die Rakete eingedrungen, der seit dem letzten Hafen nahezu leer steht, zum Glück, denn das Feuer erlosch rasch. Es ist klar: Hätte die Rakete die Brücke direkt getroffen, wäre dies unsere letzte Reise gewesen. Experten haben mir später erklärt, dass uns vermutlich die Position eines fahrbaren Zwillingskrans rettete, der zum Löschen der Ladung achtern an Deck stand und nicht, wie sonst, unmittelbar hinter den Aufbauten. Die Rakete suchte sich jene Stelle, wo sie die stärkste metallische Anziehung fand; sie schlug nicht im Bereich der Brücke ein, sondern wurde durch die Masse des Krans nach hinten abgelenkt.

Durch die Druckwelle ist der Rumpf der *Jolly Indaco* einmal der Länge lang gerissen, Wasser dringt ein. »Kriegt ihr den Deckel auf?«, höre ich aus dem Walkie-Talkie und verstehe, worauf die Frage abzielt: Das Wasser kann durch die tischplattengroße Öffnung weiter nach unten ablaufen und von den starken Pumpen, die das Schwergutschiff mitführt, außenbords gelenzt werden. Es fällt schwer, die mächtigen Schrauben im knöcheltiefen Wasser zu lösen; der Deckel ist so gewichtig, dass wir ihn zu dritt kaum anheben können. Aber wir schaffen es. In Gefahr setzt man besondere Kräfte frei.

Zurück auf der Brücke, gibt mir der Käpten sofort die nächste Order: Ich gehe nach achtern, um den Schaden im Bereich eines Lastenfahrstuhls zu prüfen; die Druckwelle hat einen Deckel abgerissen und auch in diesen Teil des Schiffes strömt Wasser. Ich bin von den Ereignissen verstört und fühle mich erschöpft. Wie durcheinander ich bin, bemerke ich, als die *Jolly Indaco* auf einen anderen Kurs geht. Es ist eine klare Nacht, die Sterne leuchten und ich bin derart verunsichert, dass ich die helle Venus für ein heranschwirrendes Geschoss halte und rufe: »Achtung, die greifen wieder an!«

Indes hat sich die Lage entspannt, denn die leistungsstarken Pumpen arbeiten mit vollem Druck und bringen das Schiff wieder ins Gleichgewicht. Die Mannschaft ist von den Rettungsbooten zurück an Bord geklettert und wir laufen mit langsamer Fahrt auf einem südöstlichen Kurs in Richtung Bahrain. Über Norddeich Radio hat der Kapitän unseren Reeder in Kenntnis gesetzt und darum gebeten, die Formalitäten für Manama zu klären, wo das Schiff in einem gewaltigen Trockendock, das selbst für Supertanker geeignet ist, repariert werden kann. Ich hoffe, dass man auch unsere Familien informiert, was aber nicht geschieht.

Stattdessen läuft meine zwölfjährige Tochter um kurz vor sieben Uhr deutscher Zeit aufgeregt zu meiner Frau, die gerade die Pausenbrote in der Küche schmiert: »Mama, im Radio haben sie gerade gesagt, dass eine Rakete Papas Schiff getroffen hat!« Meine Familie bekommt einen furchtbaren Schreck – zum Glück melde ich mich wenige Minuten später über Norddeich Radio. Wie die Deutsche Welle an ihre Information kam, bleibt ein Rätsel.

Es gibt diverse Probleme zu lösen, bis das Schiff tatsächlich im Dock liegt – wegen meines Notrufs und der vorübergehenden Schlagseite fürchten die Behörden, dass wir beim Löschen der Container im Hafen sinken. Drei Tage verbringen wir auf Reede, an einem Ankerplatz mit flachem Wasser, bis wir einlaufen dürfen und die *Jolly Indaco* ins Dock kommt, wo sie neben anderen Schiffen liegt, die von Raketen und Granaten getroffen wurden. Eines weist einen glatten Durchschuss auf. Einige Ballistikexperten kommen an Bord, darunter zwei Engländer, vermutlich vom Geheimdienst, die alle Splitter der Rakete einsammeln und auf dem Deck auslegen. Einer von ihnen raunt mir zu, es handele sich um einen französischen Flugkörper, auf dem sie eine deutsche Seriennummer finden. Wer die Rakete abgefeuert hat, ist bis heute ungeklärt. Das Loch in der Außenwand misst 54 Quadratmeter; es dauert mehr als sechs Wochen, den Schaden zu reparieren, und kostet umgerechnet 1,5 Millionen Mark.

In den nächsten Monaten fahre ich immer wieder durch den Persischen Golf, unter anderem mit 17 Dieselloks für Kuwait. Nach dem Beschuss spüre ich in manchen Nächten ein mulmiges Gefühl, aber was bleibt mir übrig? Die Reederei zeigt sich trotz des Risikos kostenbewusst: Schiff und Ladung sind auf diesen Fahrten extra versichert.

Uns Seeleute versichert man nicht.

Kapitän Robert Maringer, Jahrgang 1936, kam in Dessau zur Welt, als Sohn eines Piloten der Junkers-Werke. Nachdem sich sein Traum, auch Flugkapitän zu werden, in den Nachkriegswirren zerschlagen hatte, stellte ihn der Vater vor die Wahl: Tankstelle oder Seefahrt? Maringer heuerte als Moses bei der Bremer Hansa-Linie an und durchlief eine Laufbahn bis zum Kapitän. Nach der Insolvenz der Traditionsreederei im Jahr 1980 hatte er es in einer Krise der Seeschifffahrt schwer, Arbeit zu finden, weshalb er wieder als Zweiter Offizier fahren musste. Maringer hat zwei Töchter und drei Enkel und lebt in Osnabrück.

+++ 54° 09' N, 12° 04' O
+++ FISCHKOMBINAT, HAFEN VON ROSTOCK
+++ FISCHEREI-SPEZIALZUBRINGER ROS 418 »RUDOLF SCHWARZ«
+++ IM FRÜHSOMMER 1971

ALGENBART

Im Rostocker Fischkombinat herrscht große Aufregung: Für den Besuch des DDR-Staatsratsvorsitzenden Walter Ulbricht muss alles herausgeputzt und sogar eine Straße frisch geteert werden. Die Stimmung der Fischer von ROS 418 *Rudolf Schwarz*, die gerade erst von einer Fangreise zurückkehrten, ist schlecht. Am Morgen des hohen Besuchs überschlagen sich die Ereignisse. HELMUT SCHULZ erlebt merkwürdige Momente im Zentrum der Macht.

Ich möchte die Politik aus meiner Geschichte heraushalten, denn Seeleute interessieren sich wenig für Politik und Fischer schon gar nicht. Andererseits erklärt der Besuch des Partei- und Staatsratsvorsitzenden Walter Ulbricht im Fischkombinat Rostock, wie seltsam der Alltag eines Spitzengenossen in der DDR ablief. Und mit welcher unfreiwilligen Komik, wenn man die Ereignisse aus heutiger Sicht betrachtet, aber beginnen wir diese Geschichte auf dem Meer.

Etwa 80 Tage waren wir mit unserem Trawler *Rudolf Schwarz* auf See gewesen, hatten auf dem USA-Shelf vor Boston und New York gefangen und befanden uns auf der Heimreise. Auf dem Atlantik fingen wir damit an, das Schiff für die Werft vorzubereiten, denn es war eine längere Liegezeit geplant. Für die Mannschaft bedeutete dies Mehrarbeit, denn das komplette Fanggeschirr, Netze, Bomber, Stander wurden in Bündeln an Deck verpackt. Weil sich alles an Deck stapelte, sah es etwas unordentlich aus; normalerweise läuft kein Kapitän so in einen Hafen.

Es war nicht mehr weit bis zur Ostsee, als ich ein dringendes Telegramm der Kombinatsleitung aus Rostock erhielt: »Kapitän, alles für den Empfang des Genossen Staatsratsvorsitzenden vorbereiten: ROS 418 soll einen einsatzbereiten Eindruck machen. Weitere Order abwarten.« Ein Fischereischiff ohne Netze und Fanggeschirr macht nun alles andere als einen einsatzbereiten Eindruck, was bedeutete, alle Aufräumarbeiten wieder rückgängig zu machen. Die Laune an Bord verbesserte sich durch die Order nicht unbedingt und wurde noch schlechter, als unmittelbar nach Einlaufen im Hafen von Rostock ein Vertreter der Fangleitung an Bord kam. »Kapitän, die Freizeit ist vorerst gestrichen«, teilte er mir mit, »begleiten Sie mich bitte ins Büro.«

Unsere Freizeit gestrichen, nach 80 Tagen harter Arbeit auf See? Einige der Frauen warteten an der Pier im Hafen, andere befanden sich bereits an Bord. Wie sollte ich das meinen Männern erklären? Im Büro des Werkdirektors, einem hellen, neu eingerichteten Raum, fünfter Stock des Verwaltungsgebäudes, empfing mich neben dem Betriebsleiter auch der Parteisekretär. Nachdem die Sekretärin Kaffee eingeschenkt und das Zimmer verlassen hatte, kamen die Herren zur Sache.

»Ihr Schiff und ROS 304 *Erich Weinert* sind ausgewählt worden, dem Partei- und Staatsratsvorsitzenden Ulbricht präsentiert zu werden«, teilte mir der Parteisekretär mit, ein mittelgroßer, schlanker Mann mit dunklen Haaren und einem freundlichen Gesicht. Ulbricht kam jeden Sommer für einige Stunden in den Betrieb, das war Tradition, wenn er zur Ostsee-Messe in der Stadt weilte. »Aber kein Wort zur anstehenden Werftzeit, Kapitän«, sagte der Parteisekretär. »Und lassen Sie das Schiff streichen. Wie sieht das denn sonst aus?«

Unsere Trawler waren allesamt in der Farbe Grau gehalten und weil wir im Flottenverband fischten – fünf bis acht Zubringer wie mein »Blacky« übergaben den Fang an die Flaggschiffe *Junge Welt* oder *Junge Garde* –, nannten uns die Kollegen aus dem Westen »Graue Wölfe« (wir tauften sie im Gegenzug »unsere Bundesgermanen«.) Spitznamen von See halten sich hartnäckig: Noch heute ruft man mich bei Kapitänstreffen »Blacky«, weil mein Schiff *Rudolf Schwarz* hieß.

Der Parteisekretär murmelte weitere Anweisungen und überreichte mir ein Blatt Papier: »Hier, Ihre Meldung, am besten lernen Sie das auswendig.« Fragen, das wusste ich bereits, waren nicht erlaubt, ebenso wenig allgemeine Kommentare, natürlich auch keine Beschwerden, etwa zum Zustand der technischen Ausrüstung. Auf dem Weg zurück an Bord überlegte ich eine Strategie, wie ich die Botschaft von der gestrichenen Freizeit erklären sollte. Mir fiel keine ein und weil es ohnehin schon dunkel geworden war und wir mit den Streicharbeiten mangels Ausrüstung und Farbe nicht beginnen konnten, gab ich der Mannschaft inoffiziell frei. Genau um acht Uhr am nächsten Morgen hatten sie aber wieder anzutreten.

Jeder meiner Männer hielt sich an die Anweisung und die Schönheitsarbeiten begannen. Ich beobachtete, dass die Haupteinfahrtstraße, die einen Trabant hoppeln ließ wie einen Papphasen, neu geteert wurde. Wenn der Staatsratsvorsitzende kam, reinigte man das Kombinat sehr gründlich; selbst auf dem Fassplatz, auf dem die Behälter für Heringe aufbewahrt wurden, stapelte man die Fässer ordentlich aufeinander. Im Betrieb hielt sich hartnäckig das Gerücht, dass es am Besuchstag angenehm nach Fichtennadeln roch. Ob das so war, daran kann ich mich nicht erinnern, doch Sinn hätte diese Duftnote gemacht. Eine Fischmehlanlage, in der auch Fischabfälle verarbeitet wurden, verbreitete ein herbes Aroma über dem Hafen.

Auf der *Erich Weinert* pinselten die Fischer jene Seite, die man von Land aus sehen konnte. Die Wasserseite schimmerte weiterhin in dunkelroten Oxidationstönen. Um Zeit zu sparen – Ulbricht sollte in weniger als 48 Stunden eintreffen –, strich man über den Rost, ohne ihn vorher abzuschlagen. Es war eine Verschwendung von Farbe, an der es der Flotte sonst mangelte. Was die anderen Schiffe im Sichtfeld betraf, ging die Kombinatsleitung sparsamer vor: Man versteckte die Trawler in anderen Teilen des Hafens.

Am Morgen des hohen Besuchs bekamen beide Besatzungen Order, ihre dunkelblauen Ausgehuniformen anzulegen. Um kurz nach acht Uhr war die Nervosität auf der Pier zu spüren; Kombinatsleitung, Generalsekretär, Betriebsleitung und Parteifunktionäre schritten zur Inspektion. Mit einem Mal hallte lautes Gebrüll durch den Hafen: Es war der Generaldirektor, außer sich vor Zorn, und die Wut verlieh ihm die Farbe eines Parteibuchs. Er war wie von Sinnen und zeigte auf den Steven der *Rudolf Schwarz*. Während der Liegezeit hatte die Hafenwache die Tanks im Vorschiff geleert, was dazu führte, dass sich

Ob der DDR-Staatsratsvorsitzende Walter Ulbricht an jenem Morgen 1971 wirklich zuhörte oder während der Meldungen über ganz andere Dinge nachdachte, vermag Kapitän Schulz (links) nicht zu sagen. Dank der geschickten Platzierung von Männern an der Pier konnte ein »Algen-Skandal« im Fischkombinat von Rostock verhindert werden. (Foto: privat)

»Blacky« aus dem Wasser gehoben hatte. Und damit den Blick freigab auf einen satten, dichten grünen Algenbart.

»Was ist das? Was soll das?«, schrie der Direktor. »Unverantwortlich! Wo ist der Kapitän?«

Er fuhr herum, bis er mich fand und aus schmalen Augen fixierte: »Ihre Schludrigkeit bringt alles durcheinander! Das Protokoll! Das wird noch Folgen haben, Schulz, hören Sie!« Ich erwiderte nichts, denn er war wirklich außer sich, doch ich konnte mit einem Blick entlang der Pier erkennen, dass auch *Erich Weinert* einen grünen Streifen präsentierte. Die Tanks wieder zu befüllen dauerte zu lange, denn die Delegation des Genossen Ulbricht konnte jeden Moment eintreffen. Was nun? Einem Mitarbeiter der Fangleitung kam eine Idee: Sämtliche Männer stellten sich im Spalier an der Wasserkante auf, als eine Art lebender Sichtschutz: Vor die Schiffe platzierte man die Seeleute und dazwischen jeden, der eine Uniform trug. Drei Besatzungen für zwei Schiffe.

Als die Staatsführung in dunklen Volvo-Limousinen über die frisch geteerte Straße rollte, geleitete man Ulbricht und eine Entourage von Männern mit dunklen Anzügen und dunklen Sonnenbrillen so geschickt auf uns zu, dass sie die Algenstreifen nicht sehen konnten. Auch Ulbrichts Frau, Genossin Lotte, war mitgekommen. Ich salutierte und machte meine Meldung. Vermutlich ging es darin um die Planerfüllung oder etwas in der Art, es war nicht besonders spannend und ich kann mich nicht mehr erinnern. Ulbricht wirkte ziemlich klein und mollig und hörte zu, ohne eine Frage zu stellen. Er nickte knapp, nuschelte »Gut gemacht«, und ging dann weiter zur *Erich Weinert*, um sich die nächste Meldung anzuhören. Entlang der Wasserkante tippelten stets Männer in Uniform und verstellten den Blick – die Algenbärte blieben ungesehen.

Zum gemeinsamen Fischessen, das der bekannte Fernsehkoch Rudolph Kroboth zubereitete, versammelte man sich anschließend in der Garküche; der Genosse Generaldirektor sprach über die zurückliegenden Erfolge und ein neu errichtetes Dosenblechwerk in der Nähe von Stralsund. Ulbricht saß mir schräg gegenüber, mit verschränkten Armen, gesenktem Kopf und geschlossenen Augen. Als ich schon vermutete, er sei eingenickt, zuckte er plötzlich zusammen: Der Generaldirektor hatte darauf hingewiesen, dass unser Kombinat für den Bau der Dosenfabrik keine Devisen in Anspruch genommen, sondern alles selbst erwirtschaftet hatte. Ulbricht raunte seinem Nebenmann, dem Wirtschaftssekretär im Zentralkomitee, zu: »Genosse Mittag, notieren Sie das!« Bald darauf rollte die Wagenkolonne vom Hafengelände und in Richtung der Messehallen davon und ich weiß noch, dass mir Ulbricht ein wenig leidtat. »Was machen die nur mit dem alten Mann?«, überlegte ich.

Nach der Veranstaltung nahm mich der Generaldirektor zur Seite. »Ist doch gut gelaufen«, raunte er und entschuldigte sich für seine verbale Entgleisung. Eine Anekdote kursierte hinterher im Kombinat: Einer der Fischer hatte mitgehört, wie Lotte Ulbricht dem Betriebsdirektor sagte: »Sie haben ja viele schmucke Kapitäne hier.« Der Betriebsdirektor nickte bloß, ohne sie aufzuklären. Als eine neue Uniformordnung festgelegt worden war, hatten die Verwaltungsangestellten in mittleren Funktionen dafür gestimmt, sich vier Streifen auf die Ärmel nähen zu dürfen. Vier Streifen, wie auf dem Ärmel eines Kapitäns. So kam es, dass es in unserem Kombinat ein sonderbares Überangebot an Kapitänen gab, von Leuten allerdings, die weit davon entfernt waren, jemals ein Kapitän zu sein.

Kapitän Helmut Schulz, Jahrgang 1938, kam durch die Geschichten seines Vaters, eines Marinesoldaten, zur Seefahrt. Als Schulz eine Lehre als Bäcker beginnen wollte, fragte sein Vater: »Jung, meinst du, das ist das Richtige für dich?« Schulz, der nach dem Krieg auf einem Bauernhof aufwuchs, hatte bis dahin noch nie das Meer gesehen. Er folgte dem Rat und heuerte im Fischkombinat Rostock an. Vom Matrosen durchlief er eine klassische Karriere und fuhr 25 Jahre lang als Kapitän, wobei er die größten Schiffe der DDR-Flotte befehligte. Nach der Maueröffnung fuhr er für eine Hamburger Reederei, ging dann an Land, um einen Bauhof zu leiten. Der Vater von drei Kindern und Großvater von acht Enkeln wohnt in Bützow, Mecklenburg-Vorpommern.

Leewer duad üüs Slaaw

MS PANOPTIKUM

Gebaut ist die kleine Autofähre für das Wattenmeer in Nordfriesland, doch als sie ein thailändischer Investor erwirbt, muss sie jemand durch die herbstliche Nordsee und die Biskaya bringen. Der Kapitän verliert im Sturm die Nerven, die Mannschaft jedes Vertrauen – und nachdem Wasser durchs Schiff schwappt und die Funkanlage ausfällt, taucht ein Hubschrauber der Küstenwache am Himmel auf. HANS ERICH BRADHERING, als Helfer an Bord, erlebt die schwierigsten Stunden seiner Laufbahn.

Diese Bemerkung über den Monsun, vor dem man sich im Indischen Ozean in Acht nehmen muss, diesen Hinweis hätte ich mir verkneifen sollen. Als mich im Besprechungszimmer der Reederei alle ansahen, wusste ich, wer die kleine Fähre von Wyk auf Föhr nach Ko Samui in Thailand überführen würde. Zumindest auf der gefährlichen Passage durch die Nordsee und die Biskaya, auf jenem Teil der Reise, der die meisten Sorgen bereitete. Die *Nordfriesland* war fürs friedliche, friesische Wattenmeer gebaut worden, nicht für den Atlantik im Winter.

›Toll gemacht, Bradhering‹, dachte ich, ›ganz toll.‹

Ein Hotelier aus Bangkok, Mr Adul Chayopas, hatte die *Nordfriesland* gekauft, worüber man in der Wyker Dampfschiffs-Reederei (W.D.R.) erleichtert war, denn der Erlös würde den Neubau einer Fähre finanzieren und Arbeitsplätze sichern. Monatelang hatte sich niemand auf die Offerte gemeldet, obwohl 200 Makler das Schiff weltweit anboten. Es gab eben nicht viele flache Fahrtgebiete, in denen man eine solche Spezialkonstruktion einsetzen konnte. Nun sollte sie nach Asien überführt werden und eine Klausel im Vertrag sah vor, dass ein nautischer und zwei technische Berater mitkamen. Ich war froh, die erfahrenen Maschinisten Gerd Höncher und Jens Moll an Bord zu wissen. Dass es keine Spazierfahrt werden würde, stand fest, aber ich freute mich auf das Abenteuer. Meine Familie fährt seit vielen Generationen zur See und als Sohn von Hallig Langeneß hatte ich schon früh gelernt, ein Boot zu steuern, mit einem Hocker unter den Füßen. Wenn Stürme aufzogen, waren das Festtage für uns Kinder auf der Hallig, denn wir pickten an der Wasserkante vorbeitreibendes Strandgut auf. Natürlich fuhr ich als junger Mann zur See, das war von der Natur für mich so vorgesehen. Nach Jahren auf großer Fahrt kehrte ich in meine Heimat zurück, nicht auf eine Hallig, sondern auf die Insel Föhr, weil ich dort einen sicheren Arbeitsplatz als Kapitän fand.

Die *Nordfriesland*, 65 Meter lang, elf Meter breit, eine Autofähre mit offenen Decks und wenig Tiefgang, wurde vor der Reise ans andere Ende der Welt in der Werft von Husum umgebaut. 54 Punkte war die Liste der Arbeiten lang, wobei das Hauptproblem nicht das Entfernen von Schildern wie »Möwen füttern verboten!« war, sondern die Frage, ob wir das Schiff dicht bekommen würden, um die Biskaya zu überstehen. Aus der *Nordfriesland* wurde die *Raja 1*, statt »Wyk« stand der neue Heimathafen »Song Khla« am Heck.

Am 1. März 1995 dockten wir das Schiff aus und ich begann damit, die thailändische Besatzung einzuweisen. Der Kapitän war ein schweigsamer, kleiner Mann, vielleicht 50 Jahre alt, der nervös wirkte; auch seine vier Offiziere, die vier Matrosen und der Koch schienen Angst zu haben. Während der ersten Übungsfahrten im Wattenmeer stellte sich heraus, dass ihre Furcht berechtigt war: Von Seefahrt hatten sie so wenig Ahnung, dass ich kurz überlegte, ob man vielleicht eine Belegschaft Busfahrer shanghait hatte. Mr Chayopas hatte es eilig, seine neue Fähre einsetzen zu können, aber ein Sturm tobte über dem Norden und ich konnte ihn überzeugen, dass wir besser nicht in Windstärke zehn auf die Nordsee hinausfuhren. Tagelang hielt uns der Orkan fest. Endlich, am Montag, den 6. März, schob sich die *Nordfriesland* um kurz nach Mitternacht aus dem Hafen von Wyk.

Der Wind blies noch immer mit mehr als sieben Beaufort und ich hatte geplant, bei einer weiteren Verschlechterung Helgoland anzulaufen. Ich staunte: Meine Anweisungen wurden umgesetzt, als sei ich nicht der Berater, sondern der Kapitän, während mein thailändischer Kollege schweigend und mit wenig Farbe im Gesicht neben mir stand. Sobald wir die offene See erreichten, stampfte das Schiff heftig und unappetitliche Geräusche waren zu hören: Die Seekrankheit machte den Männern zu schaffen. Auch der Kapitän wankte von der Brücke, gefolgt von seinem Ersten Offizier und als der Zweite zur Wache erschien, steuerte er mit weit aufgerissenen Augen die Dusche des Kapitäns an – aber nicht, um zu duschen. Ich war nun alleine und stellte erfreut fest, dass die *Raja 1* zwar heftig schaukelte, aber mit sechs Knoten vorankam und sogar ein Küstenmotorschiff überholte. ›Stark! Es gibt also Schiffe, die sind noch langsamer als wir‹, dachte ich. Humor hilft einem in vielen Momenten weiter.

6. März, kurz nach 15.00 Uhr: Der Zweite Offizier stürmte durch die Tür – diesmal nicht Richtung Dusche, wie ich erfreut feststellte – und rief: »Wasser! Wasser im Schiff!« Ich bat Ingenieur Moll, nachzusehen, was los war. Er kam mit alarmierenden Nachrichten zurück: Das Wasser hatte den Notausstiegsdeckel zum Mannschaftsraum niedergedrückt, bis die Dichtungen geborsten waren. Obendrein war im Betriebsgang eine Schweißnaht gerissen. Etwa kniehoch stand Wasser in den Räumen. Eine Reparatur? Schien nur über das Autodeck möglich, das jedoch von Brechern überspült wurde. Jede große Welle schwappte gewissermaßen durch unser kleines Schiff hindurch, ein Anblick, an den man sich erst gewöhnen muss. In der Reederei von Wyk konnten wir niemanden um Rat fragen: Die Funkanlage war ausgefallen. Zum Ernst der Lage passte, dass der Wind weiter zunahm und schwere Schauer mit Stärke neun aus West-Nordwest über uns niedergingen. Die Wellen kamen uns steil entgegen und waren vier Meter hoch. Sollten wir das englische Dover als Nothafen anlaufen? Der Kapitän drängte darauf, doch ich wollte abwarten: Vielleicht konnten wir das Wasser von Bord pumpen.

Nun begannen die schwierigsten Stunden in meiner Laufbahn als Seemann. Das Wetter verschlechterte sich weiter und die *Raja 1* richtete sich nur noch mühsam wieder auf, wenn eine Welle durchgelaufen war. Ich versuchte, die Seen abzureiten, soweit es mit der Maschine der *Raja 1* möglich war, nahm auf dem Wellenkamm Fahrt aus dem Schiff und gab im Wellental äußerste Kraft voraus. Gefährliche Kreuzseen besorgten mich und es war eine gewisse Nervenstärke gefragt, die Dinge alleine zu regeln, denn Offiziere und Matrosen verbrachten mehr Zeit auf der Toilette als auf der Brücke. Das Schiff rollte heftig, legte sich mit bis zu 20 Grad auf die Seite. ›Das ist jetzt ungefähr so, als fahre man mit einem gut ausgerüsteten Schlauchboot rüber nach New York‹, überlegte ich, behielt den Gedanken aber für mich. Der Kapitän sah ohnehin aus, als würde er jeden Moment über Bord springen.

Ich kann mich nicht an die Uhrzeit erinnern, als wir Ärger mit der niederländischen Küstenwache bekamen. Wir hatten einen Zwangsweg verletzt, aus der Not heraus. Hätten wir die Route genommen, die in der Seekarte vorgesehen war, wären wir quer zur See gekommen – was das Schiff wahrscheinlich nicht ausgehalten hätte. Es dauerte nur wenige Minuten, bis ein Hubschrauber der Koninklijke Marine über uns kreiste. Ich hätte gerne gehört, wie sie uns über Funk beschimpften, aber die Anlage funktionierte noch immer nicht. Vermutlich wunderten sich die Holländer, als sie die thailändische Flagge erkannten und den Namen des Heimathafens lasen. Sie drehten jedenfalls wieder ab. Von einer Strafe wurde mir nichts bekannt.

Dienstag, 7. März: Die Müdigkeit war nach vielen Stunden auf Wache kaum noch auszuhalten. Wir kämpften weiter mit dem Wetter und der See. Das Schiff stampfte und rollte, doch die Mannschaft schien der *Raja 1* nun zu vertrauen. Am Vormittag begannen der Funker und ich, die Anlage zu reparieren. Ich meldete mich über Norddeich Radio in der Reederei von Wyk, wo man erleichtert auf das Lebenszeichen reagierte. Wenig später hätte man uns als vermisst gemeldet. Der Kapitän kümmerte sich indes um ein drängendes Problem: Er fummelte am Rollo eines Brückenfensters herum, schon seit Stunden, er bewies wirklich Geduld, denn das Rollo ließ sich einfach nicht mehr herunterziehen. Auch er hatte sein Erfolgserlebnis: Ist es nicht wunderbar, wenn jeder sein Talent einbringt, um eine schwierige Reise zu meistern?

Was seemännische Aspekte betraf, wurde die Zusammenarbeit nicht einfacher. Ich kam nach einer kurzen Ruhepause gerade wieder auf die Brücke, als wir einen Wegepunkt passierten, ein Feuerschiff, wo wir nach Backbord abdrehen mussten. Was in der Karte stand und so eindeutig war, als habe man das Meer mit Leuchtbojen und Pfeilen versehen. Doch wir fuhren an dem Feuerschiff vorbei, ohne dass sich der Erste Offizier rührte. Ich nippte an meinem Kaffee und wartete noch einen Moment, um mich nicht aufzuregen, ich mochte mich nicht mehr aufregen, dann fragte ich, so höflich wie möglich:

»Verzeihung, warum ändern Sie nicht den Kurs?«

Er sah mich erstaunt an.

»Weil Sie nichts gesagt haben! Wieso sagen Sie denn nichts?«

In manchen Momenten erinnerte mich die *Raja 1* an ein schwimmendes Panoptikum. Was ich auf der Brücke an Sonderheiten erlebte, machten die Ingenieure Höncher und Moll auf ähnliche Weise in der Maschine mit: Der thailändische Maschinist, ein groß gewachsener, muskulöser Mann, erschien wegen seiner Alkoholprobleme unregelmäßig zur Arbeit. In der Kombüse produzierte der Koch Mahlzeiten, die mich von einer Sorge befreiten: Zunehmen würde ich auf dieser Reise nicht.

Als ich gegen Mitternacht in die Koje fiel, war ich erschöpft und müde, doch ich konnte nicht einschlafen. Nach vier Stunden gab ich auf und ging zurück auf die Brücke. Wir liefen an Dover vorbei, weil die Pumpen zuverlässig arbeiteten. Mit dem Morgengrauen setzte Schneetreiben ein und das Barometer fiel erneut. Kam der nächste Sturm auf uns zu?

Ich brach zu einem Inspektionsgang über das Schiff auf und stellte fest, dass Wasser auch in den Bugstrahlraum eingedrungen war. Als ich den Deckel vom Notausstieg hochnahm, konnte ich erkennen, dass alle vier Ecken der Dichtung offen waren. Sämtliche Ecken! Fluchend beseitigte ich diesen Missstand. Der Tag endete mit schlechten Neuigkeiten des Wetterdienstes: Für den Westausgang des Englischen Kanals und die Biskaya wurden Windstärken um die acht vorhergesagt. Die Achterbahnfahrt sollte weitergehen.

Donnerstag, 9. März: Die hohe Dünung des Atlantiks warf unsere kleine Fähre hin und her, es fühlte sich an wie auf einer Kirmesschaukel. Auf der Brücke herrschte keine Jahrmarktstimmung, denn der

Kapitän sorgte sich um die Brennstoffvorräte. Im Sturm verbrauchten wir täglich 8100 Liter Schiffsdiesel, nach seiner Berechnung viel zu viel, um über den Indischen Ozean zu kommen. ›Na und? Muss er eben irgendwo bunkern‹, dachte ich und kümmerte mich um akute Probleme, die auf uns zurollten. Gegen 17.20 Uhr schaukelten wir in meterhoher Dünung am Leuchtturm von Quessant vorbei, der letzten Landmarke der Bretagne. Jetzt wartete die berüchtigte Biskaya auf unser Ensemble.

Freitag, 10. März, 4.45 Uhr: Jemand schüttelte mich unsanft aus dem Schlaf: Die Treibstoffleitung war verstopft. Nach groben Berechnungen blieben noch drei Stunden, bis der Antrieb ausfiel. »Guten Morgen«, murmelte ich. Um im Notfall Zeit zu gewinnen, gab ich Order, Eimer bereitzustellen, damit wir Diesel per Hand transportieren konnten. Es gelang Höncher, Moll und mir, das Problem rechtzeitig zu lösen: Wir fanden die verstopften Stellen in den 30 Meter langen Leitungen und überbrückten sie, indem wir Schläuche anschlossen, mit denen normalerweise die Decks gewaschen werden. Vom thailändischen Maschinisten kamen keinerlei Ratschläge – er schlief mal wieder einen Rausch aus.

Ich inspizierte das Schiff und war zufrieden: In den nächsten Tagen waren lediglich kleinere Reparaturen zu erledigen; als das GPS-System aussetzte, kletterte ich auf den Mast, um eine Antenne zu begutachten. Die *Raja 1* stampfte immer weiter voran und passierte am Samstag, den 11. März, Kap Finisterre, das »Ende der Welt« an der Küste Galiziens. Am nächsten Morgen sahen wir zum ersten Mal auf unserer Reise die Sonne, was der Laune an Bord guttat.

Das Wetter besserte sich, so dass wir mit elf Knoten unter einem sternklaren Himmel vorankamen. Der nächste Kontrollgang durch das Schiff ergab, dass in Gibraltar, unserem nächsten Hafen, nur Routinearbeiten anstanden. Am 14. März, es war gegen neun Uhr vormittags, liefen wir in die Bucht unterhalb des großen Felsens ein und warteten auf den Lotsen. Um 16.50 Uhr machten wir im Hafen fest: geschafft! Ich informierte die Reederei in Wyk und baute ein neues GPS-Gerät ein. Während wir Föhrer arbeiteten, feierte der Rest der Besatzung eine »Bis-Gibraltar-haben-wir-überlebt«-Party. Der

Maschinist, der eigentlich die Filter reinigen sollte, torkelte mir volltrunken im Gang entgegen und auch die anderen hatten nach kurzer Zeit so viel Schlagseite wie die *Raja 1* in der Biskaya. Meine Geduld war nun am Ende. Nach einem heftigen Disput mit dem Kapitän, den die Disziplinlosigkeit nicht zu kümmern schien, sorgte ich durch einige Telefonate dafür, dass der Maschinist abgesetzt wurde. Als sich die Nachricht herumsprach, kam es noch zu unangenehmen Szenen. Der Geschasste stieß wüste Drohungen aus, wollte mich angeblich umbringen und wedelte mit dem Finger in der Luft herum. Immerhin: In ihm steckte doch Elan.

Ich fühlte eine tiefe Erleichterung, als ich ein Flugzeug Richtung Hamburg bestieg. Die Ingenieure durften einige Tage später in Suez wieder auf der *Raja 1* einsteigen und bis Thailand mitfahren, weil die Experten an Bord nicht mit der Bedienung der Maschine klarkamen. Dass es die kleine Fähre bis Thailand schaffte, las ich später im Inselboten, unserer Heimatzeitung auf Föhr. Eine Urlauberin hatte die ehemalige *Nordfriesland* erkannt und fotografiert. Meine Sehnsucht, die *Raja 1* wiederzusehen, hält sich in Grenzen. Auf Föhr ist es ohnehin schöner als auf Ko Samui.

Kapitän Hans Erich Bradhering, Jahrgang 1943, ist ein Sohn der Hallig Langeneß. Seit Generationen fährt seine Familie zur See und Bradhering erinnert sich, »mit einem Hocker unter den Füßen« das erste Schiff gesteuert zu haben. Mit 14 heuerte er in den Ferien als Moses auf dem Schiff seines Opas an und ging zwei Jahre später als Leichtmatrose auf große Fahrt. 1971 machte er sein Kapitänspatent, fuhr nach Westafrika und Amerika und wechselte schließlich zurück zur Wyker Dampfschiffs-Reederei (W.D.R.), für die er bis zu seiner Pensionierung 2003 auf der Brücke stand. Bradhering wohnt in Wrixum, einem Dorf auf der Nordseeinsel Föhr.

LETZTER

PELUNKE
BAR
ROTE LATERNE
EBE
P.

STANGENTANZ UND TERRORANGST

Als Botschafter der Liebe zieht der Matrose durch die Häfen Amerikas, doch als er sich in Milwaukee in eine Tänzerin verliebt, hat sein Erster Offizier genug. Der Rückflug nach Hamburg gerät zu einer Reise, die der junge Seemann ELIAS HANNA SALIBA niemals vergisst. Eine Polizeieinheit umstellt das Flugzeug: Saliba steht unter Terrorverdacht!

Mein Kindheitstraum war es, nur mit Hilfe der Sterne über den Atlantik zu reisen, über das große Meer, wie es meine Vorfahren, phönizische Händler von der Mittelmeerküste Syriens, schon vor Jahrhunderten taten. Ich liebte es, auf der Nock der Brücke zu stehen und in den Himmel zu sehen. Dann konnte man vergessen, an Bord eines modernen Frachters zu sein. Dass meine erste Reise über den Ozean nach einem Abstecher in eine Tabledance-Bar von Milwaukee in einem schwer bewachten Hotelzimmer von Amsterdam enden sollte, hätte ich allerdings nicht vermutet.

Mit 17 D-Mark in der Hosentasche war ich in Hamburg angekommen, damals, im Juni 1971. Die deutsche Seefahrt erlebte einen ungeheuren Aufschwung und Reeder suchten auch in meiner Heimat, der Region Latakia, nach jungen Schulabgängern, die eine Offizierslaufbahn einschlagen wollten. Durch das Goethe-Institut von Damaskus hatte ich von einem Stipendium in Bremervörde erfahren; für meinen Freund Jacques und mich stand fest: Wir wussten kein bisschen, wo dieses Bremervörde war, aber wir wollten hinaus aufs Meer. Drei Monate später, nach einer Grundausbildung an der Seemannsschule, kamen wir als Jungmänner auf die *Ede Wittorf*, einen Frachter von 6000 Bruttoregistertonnen. Die Reise ging von Antwerpen in die Karibik. Ich genoss die ruhige Passage. Auf Trinidad teilte man uns als Lukenwache ein, weil viel gestohlen wurde. Eine Kiste war ohnehin schon aufgebrochen worden und weil sich darin Bikinis befanden, steckten wir einige ein und verschenkten die Bademode zur Freude der Mädchen abends in einer Bar.

Sagen wir mal so: Ich habe besonders als junger Kerl das Leben als Seemann genossen, mit allem, was dazugehört. In jedem Hafen fanden mein Kumpel Jacques und ich schnell Kontakte zur Damenwelt und es dauerte nie lange, bis wir die beste Bar der Stadt entdeckten. Was uns manchmal auch in Schwierigkeiten brachte, wie im Hafen von Valparaiso. Ein Seemannspastor hatte uns von der *Ede Wittorf* abgeholt, die in der weiten Bucht auf Reede lag. Als er uns um Mitternacht wieder zurückbringen wollte, blieben wir lieber an Land, weil wir gerade Mädchen kennengelernt hatten, und ein Fischer versprach, uns im Morgengrauen aufs Schiff zu bringen.

In der Nacht aber zog ein Sturm auf. Unser Frachter »Ede« ging wie alle anderen Schiffe »Anker auf!« und verließ die Bucht. Wir standen ratlos an der verlassenen Pier und schlenderten zurück ins Freudenhaus, wo wir die nächsten drei Tage verbrachten, bis der Sturm vorüberzog und unser Schiff zurückkam. Ich brachte als Andenken aus Valparaiso einen hartnäckigen Tripper mit, aber darüber kann man offen sprechen, denn ich kenne keinen Seemann, der nicht irgendwann in seiner Laufbahn unter einer Geschlechtskrankheit litt.

Nach dem etwas unglücklichen Landgang mochte uns der Erste Offizier, ein verkniffener, pedantischer Typ, noch weniger leiden, was er uns bei jeder Gelegenheit spüren ließ, uns aber nicht sonderlich kümmerte. Wir freuten uns auf jeden Hafen an der Westküste Südamerikas; in Ecuador kaufte ich für einen Freund, der sich für Indianer und ihre Lebensweise interessierte, einen Bogen mit Pfeilen. Die *Ede Wittorf* durchquerte wieder den Panamakanal, nahm in Houston eine Ladung Kali und fuhr dann die Ostküste der USA hinauf, hinein in den St.-Lorenz-Strom und in den Lake Michigan, einen See, der so groß ist wie ein kleines Meer. In Milwaukee sollten wir das Kali löschen und Stückgut an Bord nehmen, weshalb die Luken ordentlich gereinigt werden mussten. Nun befahl der Erste Offizier, der nicht nur ein humorfreier, sondern leider auch etwas geistloser Zeitgenosse war, einen Schlauch zu nehmen und die Laderäume zu waschen. Das Resultat seiner Dummheit sollten Jacques und ich und die anderen Mitglieder der Mannschaft wegklopfen: Man beauftragte uns damit, die gipsähnlichen Brocken, die durch die Mischung von Kali und Wasser entstanden waren, aus den Luken zu hämmern. Mit Hammer und Meißel arbeiteten wir, auf Stellagen stehend, etwa acht Meter über dem Boden. Besonders Stellen in den Zwischendecks, unterhalb einiger Deckel, die sich nicht mehr schließen ließen, waren schwierig zu erreichen.

Am Abend zuvor hatten wir in einer Tabledance-Bar zwei Schönheiten kennengelernt und uns mit ihnen verabredet. Die Wahl zwischen Kaliklopfen und Tänzerinnenküssen fiel uns nicht schwer. Wir schlichen uns von Bord. Dass man uns deshalb entlassen konnte, war uns bewusst, aber auch ganz egal. Mit unseren Bekanntschaften – meine war, nebenbei bemerkt, eine sehr hübsche, zierliche Jüdin – bezogen wir zwei Zimmer in einem Motel unweit des Hafens.

Zurück auf dem Schiff wurden wir am nächsten Morgen von einem wütenden Ersten Offizier gefeuert. Wir »bekamen den Sack«, wie man in Seefahrerkreisen sagt. Ein schlecht gelaunter Agent der Reederei holte uns von der Pier ab und fuhr uns zum Flughafen. Von Milwaukee aus flogen wir über Chicago nach Amsterdam. Ich kaufte vor der Weiterreise nach Hamburg eine Zeitung und las vom Terroranschlag auf die israelische Delegation der Olympischen Spiele, von der gescheiterten Befreiungsaktion in München und von 17 Toten, die man nach dem Massaker betrauerte.

Das Flugzeug rollte auf der Landebahn in Fuhlsbüttel aus, als etwas Seltsames geschah. Eine Stewardess forderte Jacques und mich auf, bitte sitzen zu bleiben. Alle anderen Passagiere stiegen aus. Wir wunderten uns und staunten noch mehr, als Polizisten des Bundesgrenzschutzes in die Maschine kamen. Zwei unrasierte Matrosen mit syrischen Pässen und einem indianischen Flitzebogen im Handgepäck schien man als ernsthafte Bedrohung für die innere Sicherheit der Bundesrepublik Deutschland einzustufen.

Mehrfach versuchten wir, herauszufinden, welcher Straftat man uns verdächtigte und was eigentlich los war. Ob jemand vermutete, dass wir ein Terrorkommando mit Pfeil und Bogen waren? Wir erhielten keine Antwort. Die Beamten schienen auch nicht zu wissen, wie mit uns zu verfahren war; also blieben wir im Flugzeug hocken und hoben wieder ab, zurück nach Amsterdam, begleitet von zwei nervösen Polizisten. Die anderen Passagiere dieses Fluges schauten ängstlich zu uns herüber und als ich aufstand, um zur Toilette zu gehen, löste dies beinahe einen Tumult aus. Es wurde immer absurder.

Auch die niederländischen Behörden waren anscheinend in höchste Alarmstimmung versetzt worden. Beim Blick aus dem Fenster entdeckte ich vier (!) Panzerwagen auf dem Rollfeld; eine Spezialeinheit der Polizei umstellte die Maschine. Man legte uns Handschellen an, setzte uns in ein Polizeiauto und fuhr unter Blaulicht in ein Hotel unweit des Flughafens. Wir stellten keine Fragen mehr, denn Antworten bekamen wir ohnehin nicht. Man sperrte uns im Hotelzimmer ein. Immerhin gab es einen Fernseher und was uns der Roomservice brachte, schmeckte auch nicht so schlecht.

Ich werde leicht sarkastisch, wenn ich von dieser Erfahrung berichte, denn dies ist meine Art, mit dem Gefühl der Ohnmacht, das man in solchen Situationen spürt, klarzukommen. Als gebürtiger Syrer mit deutschem Pass möchte ich mich aber nicht beschweren: Hamburg, meine Stadt, die ich liebe wie keine andere, hat es immer gut mit mir gemeint, seit ich mit 17 Mark aus dem Zug stieg.

Zurück in die Hotelzimmerzelle nach Amsterdam: Nach drei Tagen erzählten uns Beamte, dass wir in Amsterdam nicht erwünscht seien und weiterfliegen sollten. Wohin? Sagte man uns nicht. Was man uns vorwarf? Schweigen. Auf welcher rechtlichen Grundlage man uns eigentlich durch die Gegend flog? Schweigen. In den Sitzen der KLM-Maschine hörten wir schließlich, wohin dieser Flug gehen sollte. Der Pilot begrüßte die Passagiere: »Willkommen auf unserem Flug nach Beirut.«

Nach der Landung nahmen wir ein Sammeltaxi in unsere Heimatstadt Latakia, wo sich unsere Familien über den Überraschungsbesuch freuten. Nicht mal eine Woche hielten wir es aus in der Stadt, die uns damals so eng erschien, bis wir auf einem griechischen Frachter anheuerten. Im deutschen Konsulat von Aleppo meldeten wir uns einige Wochen später, um Visa für die Reise nach Hamburg zu erhalten. Wir wollten uns von der seltsamen Episode nicht aufhalten lassen. Unsere nächste große Fahrt führte Jacques und mich auf die Philippinen, für ein halbes Jahr. Ich stand auf der Brückennock, atmete die warme Luft der Tropen, sah in die Sterne und fühlte mich wieder wie in einem Traum.

Kapitän Elias Hanna Saliba, Jahrgang 1950, stammt aus einer Seefahrerdynastie in Latakia, Syrien, deren Geschichte sich ins vierte Jahrhundert vor Christus zurückverfolgen lässt. 1978 machte er sein Patent zum Kapitän auf großer Fahrt, kehrte der Seefahrt aber 1983 den Rücken, um in Hamburg ein Restaurant für syrische Spezialitäten zu eröffnen. Zwischenzeitlich gehörten Saliba, der die deutsche Staatsbürgerschaft annahm, elf Restaurants; heute sind es zwei Restaurants, die zu den feinsten Adressen für orientalische Küche im Norden zählen. Saliba ist verheiratet, hat zwei Kinder und lebt in Hamburg.

SEA CLOUD

DER ENGEL VON BUENAVENTURA

Vor dem kolumbianischen Kaffeehafen herrscht erhöhte Wachsamkeit, weil Kriminelle schon manches Schiff überfallen haben. Frachter *Schwabenstein* hat gerade den Lotsen abgesetzt, als über Funk die Meldung kommt: »Achtung! Piraten klettern an Bord!« GERHARD LICKFETT gibt Generalalarm – und dann gehen die Seeleute zum Gegenangriff über.

Jeder Seemann weiß, dass Meerjungfrauen gerne bei Vollmond ums Klüvernetz herumschwimmen. Ich habe einmal eine schwedische Meerjungfrau aufgefischt, mitten auf dem Ozean, allerdings nicht bei Vollmond, sondern an einem sonnigen Morgen. Sie hieß Stina, kam aus Schweden und war ziemlich hungrig. Mit Knäckebrot haben wir sie wieder aufgepäppelt.

Auf dem Atlantik geschah es, auf der Reise von Gran Canaria in die Karibik, an Bord eines Großseglers, dessen Name nicht wichtig sein soll, weil ich nicht möchte, dass der Reeder unnötig Bluthochdruck bekommt. Ich muss erklären: In meiner Laufbahn war ich Kapitän einer Reihe berühmter Segelschiffe, darunter der *Royal Clipper* (das größte Segelschiff der Welt), der *Alexander von Humboldt* (das Schiff mit grünen Segeln aus der Reklame für ein Bremer Bier), der *Thor Heyerdahl* (ein renommiertes Schulschiff) oder von reinem Luxus unter Segeln, der den Namen *Sea Cloud* trägt.

Für meine Leidenschaft habe ich, so paradox das klingt, auf einige Annehmlichkeiten und einiges Honorar verzichtet, doch ich konnte nicht anders. Mit 15 sah ich im Pfarrhaus von Helmstedt den Film »Sturm im Atlantik« über das Leben der Fischer vor Island. Als das

Licht im Saal wieder anging, spürte ich ein tiefes Verlangen, zur See zu fahren. Ich hielt es nicht mehr aus in Helmstedt. Auf meiner ersten Reise ging es Monate später mit dem Bananendampfer *Perikles* von Hamburg aus nach Südamerika.

Im Ärmelkanal vor England liefen wir durch Nebel, als die Viermastbark *Pamir* zwischen den grauen Schwaden auftauchte. Obwohl die Segel nicht gesetzt waren, faszinierten mich ihre Anmut, ihre Schönheit, ihre majestätische Erscheinung. Mein Entschluss stand fest: Nach meiner Rückkehr heuerte ich als Moses auf der *Passat* an, dem Schwesterschiff der *Pamir*. Vor allem die Arbeit in der Takelage genoss ich, denn ich war schon immer ein guter Turner: Die Rahen und Wanten wurden mein Klettergarten. Doch dann sank die *Pamir* 1957 in einem Hurrikan und 80 Seeleute mit ihr. Die Katastrophe besiegelte das Ende für Fracht tragende Schulschiffe und bedeutete für mich, dass ich auf einen Stückgutfrachter zurückkehren musste.

Meine Liebe zu Großseglern erlosch jedoch nie – und als Ende der 1980er Jahre Kreuzfahrtschiffe unter Segeln gebaut wurden, konnte ich mir meinen Traum erfüllen. Ich kündigte meinen gut bezahlten Posten und wurde Kapitän eines Großseglers. Immer war ich darauf bedacht, meinen Passagieren etwas Besonderes zu bieten. Dazu gehörte zum Beispiel ein Bad im offenen Ozean, an Stellen, wo das Wasser sechs Kilometer tief ist. Ich ließ eine Badeplattform öffnen und legte das Schiff quer zum Wind, damit die Gäste gefahrlos schwimmen konnten. Wachen hielten Ausschau nach Haien und wir passten genau auf, dass keinem Schwimmer der Kreislauf versagte.

An jenem Morgen, als wir die Meerjungfrau auffischten, stiegen 22 Passagiere in den Atlantik. Eine halbe Stunde später kamen 23 heraus. 23? Wir zählten noch einmal nach. Eine Meerjungfrau befand sich darunter, sie war blond und jung und hübsch und sagte, sie komme aus Göteborg. Ich funkte die Reederei an und fragte, was zu tun sei. »Über Bord werfen«, hieß die Antwort, aber das kam für mich gar nicht in Frage.

Die Geschichte ist nicht ganz wahr: Schwedin Stina arbeitete als Segelmacherin auf einem anderen Schiff, das zufällig in der Nähe segelte, und kam zu uns an Bord, weil wir dringend Verstärkung benötigten. Ich hatte meine Meerjungfrau über Funk gerufen. Die Reederei war wenig begeistert vom neuen Besatzungsmitglied, man beschwerte sich über zusätzliche Kosten, aber an Bord entscheidet, so sehe ich das, manchmal noch der Kapitän.

Der Name des kolumbianischen Kaffeehafens Buenaventura mag wie eine schöne Melodie klingen oder wie der Titel eines Schlagers, aber die Wirklichkeit sah trostlos aus. Für mich war Buenaventura der hässlichste Hafen der Welt. Die Gebäude waren heruntergekommen, überall sah man zwischen den Ruinen Abfall und Verfall. Vor allem aber galt es, wegen der mörderischen Kriminalität vorsichtig zu sein. Wer am schnellsten schoss, der hatte Recht in Buenaventura. Sich auf den Boden zu werfen, wenn Kugeln flogen, gehörte beinahe zum Alltag.

Während eines Landgangs gerieten einige Offiziere und ich, im Dezember 1980 der Erste Offizier an Bord des Frachters *Schwabenstein*, in einen Raubüberfall auf ein Lohnbüro. Eine wilde Schießerei zwischen Gangstern und Soldaten begann. Ich lag im Staub der Straße und beobachtete, wie sich ein Uniformierter beim Hantieren mit seinem Gewehr in den Fuß schoss. Statt eines Krankenwagens kam ein Gabelstapler und fuhr den Verletzten ab.

Ein anderes Mal sprang ich in einer Kurve aus einem fahrenden Taxi, weil mir klar wurde, dass der Chauffeur mich in eine dunkle Gasse bringen wollte, wo seine Komplizen auf mich warteten. Buenaventura war ein wildes, kriminelles, verruchtes Loch. Unter den knapp 200.000 Einwohnern lebten wenige Europäer; einer davon war unser Agent, der nebenberuflich die »Bamboo Bar« betrieb, in der man nicht nur Salsa und Mambo lernen konnte. Mancher junge Seemann hat sich dort verliebt und an der Gangway sah ich Kadetten zum Abschied weinen.

Wir hatten auf dieser Reise der *Schwabenstein* Industriegüter gelöscht und legten an einem Samstag um sechs Uhr morgens ab, mit Kurs Valparaiso in Chile. Auf der Brücke galt erhöhte Wachsamkeit, denn das Seegebiet war wegen der Überfälle von Piraten gefürchtet. Erst einige Tage zuvor hatten Seeräuber einen japanischen Frachter im Hafen überfallen und die Besatzung gezwungen, ihnen Uhren und Ringe auszuhändigen, wobei sie ihre Drohung verstärkten, indem sie einem Offizier am Kopf vorbeischossen.

Piraten sind skrupellose Kriminelle, die nichts zu verlieren haben, weil sie der Hunger treibt. Wie gefährlich sie sind, habe ich auf See mehrfach erfahren. Bei meiner ersten Begegnung mit Seeräubern war ich 19 und Matrose auf dem Frachter *Dortmund*. Wir hatten Stückgut geladen – Tabak, Kautschuk, Kaffee, Gewürze – und lagen zwischen den indonesischen Inseln Java und Madura vor Anker. Ich hatte Wache in der schwülen Tropennacht, nippte an einem Kaffee und hielt ein Schwätzchen mit dem Maschinenassistenten, als ich einen nackten Fuß im Lichtkegel eines Scheinwerfers an Deck sah.

Ich flüsterte dem Maschinenassistenten zu: »Weck die Crew!«, und nahm die Verfolgung auf. Als ich um die Aufbauten mittschiffs herumkam, wurde mir schlagartig klar, dass dies keine kluge Idee gewesen war. Fünf Seeräuber kamen mir entgegen! Sie zogen Messer. Ich griff nach meinem Spleißer, einer Art angespitztem Schraubenzieher, den man auf Segelschiffen zur Arbeit an den Tauen verwendet.

Angst spürte ich nicht, vielleicht, weil alles so schnell ging. Ich sprang auf eine Luke vor mir, etwa 1,20 Meter hoch, lief sie entlang und kletterte über ein Geländer auf die Mittelschiffsaufbauten und von dort aus weiter Richtung Brücke. Damit hatten die Piraten nicht gerechnet. Sie gaben die Verfolgung auf, während ich laut um Hilfe schrie. Wir haben die Seeräuber, die es offenbar auf die wertvollen Schiffsleinen aus Sisal abgesehen hatten, dann von Bord gejagt.

Ich hatte also schon meine Erfahrungen, als wir durch den Pazifik vor Buenaventura liefen. Wir setzten den Lotsen ab, der uns durch die Sandbänke vor der Hafeneinfahrt manövriert hatte. Von der Brücke aus beobachtete ich eine Gruppe von kleinen Fischerbooten, die in der Fahrrinne trieben. Dann empfingen wir einen Funkspruch auf dem Notrufkanal. »*Schwabenstein,* Sie werden geentert!«, rief der Lotse. »Viele Gestalten sind an Deck!« Es war 7.33 Uhr.

Offenbar kletterten die Piraten an einer Stelle auf den Bug, die man wegen der Container von der Brücke aus nicht einsehen konnte. Ich gab sofort Generalalarm und befahl, die Frauen – unser Chief und der Zweite Offizier hatten auf dieser Reise Damenbegleitung – in ihre Kabinen zu bringen. Die Mannschaft, darunter viele Türken, unterbrach ihr Frühstück und kam an Deck. Wir bildeten zwei Stoßtrupps. Unser einfacher Plan: den Kriminellen mit Werkzeugen und kurdischem Kriegsgebrüll Angst einjagen und sie vertreiben.

Es mag nun Zeitgenossen geben, die einen solchen Angriff für töricht halten und die glauben, dass es besser sei, sich irgendwo an Bord einzuschließen. Aber zum einen ist ein Schiff für jeden Seemann eine Heimat, die er verteidigt, und zum anderen bleibt es eine Geschmacksfrage, ob es sicherer ist, sich vor einem Angreifer zu verstecken. Ein Seemann ist kein Hasenfuß.

Wir liefen die Gänge zwischen den Containern entlang und sahen, dass die Verbrecher einen Behälter für Olympia-Schreibmaschinen aufgebrochen hatten und damit beschäftigt waren, die Kisten aus Styropor über Bord zu werfen. Wegen der Verpackung schwammen sie wie Bojen und wurden von Komplizen in kleine Boote umgeladen. Als die Piraten unsere Schreie hörten, fuhren sie herum. Drei von ihnen hielten etwas in den Händen, etwas Metallisches. Womöglich Revolver? Ich warf einen Hammer, verfehlte jedoch mein Ziel und traf nur einen Eisenpfosten.

Dann peitschten Schüsse über Deck. Eine Kugel schlug Zentimeter neben dem Kopf des Bootsmanns in den Container ein. Wir gingen in Deckung, soweit das möglich war. Ich kauerte vor einer Stahlkonstruktion, die für eine Silbermine in Bolivien bestimmt und mit fünf Drähten gelascht war, damit sie bei Seegang nicht über Bord ging. Schüsse, wieder fielen Schüsse. Ich hörte ein Geräusch.

Ein lautes »Pling«.

Ich sah eine Kugel, eine zusammengedrückte Kugel, genau vor meinen Füßen auf dem Deck liegen. Offenbar war sie an einem daumendicken Draht abgeprallt, der quer vor meiner Brust lief. Der Draht hat mir das Leben gerettet. Welch ein Zufall, welch unglaubliches Glück. Ich bewahre die Kugel bis heute auf.

Die Verbrecher schossen weiter, bis ihre Magazine leer waren. Als wir merkten, dass ihnen die Munition ausging, griffen wir an, mit lautem Gebrüll. Verschreckt kletterten die Piraten über die Verschanzung und stiegen eine behelfsmäßige Leiter hinunter. In ihren Motorbooten luden sie die Pistolen nach und feuerten erneut, doch wegen des Seegangs und unserer Bugwelle kamen die Schüsse ungenau. Ich fürchtete, ein Querschläger könnte einen Behälter mit Blausäure treffen, den wir an Bord transportierten. Kurz darauf verschwanden die Boote aus unserem Blickfeld. Um 7.41 Uhr war der Überfall vorbei. Wir waren erschrocken, aber es gab keine Verletzten. Über Funk alarmierten wir die Sicherheitsbehörden in Buenaventura, aber das war, so wussten wir, nur fürs Protokoll und für die Akten der Versicherung.

Als ich abends in der Koje lag, als ich zur Ruhe kam und mir bewusst wurde, was geschehen war, habe ich geweint. Noch nie war ich dem Tode so nahe. In jenen acht Minuten vor Buenaventura hat ein Schutzengel auf mich aufgepasst.

Kapitän Gerhard Lickfett, 1937 in Danzig geboren, gilt weltweit als einer der erfahrensten Kapitäne von Großseglern. Vom Schiffsjungen durchlief er eine klassische Karriere zum Kapitän auf großer Fahrt. Der leidenschaftliche Sportler ging mit 69 Jahren in den Ruhestand. Heute berät er Reeder beim Bau von Segelschiffen. Lickfett lebt in Hamburg.

HEIN

Zunächst erlebt der junge Matrose eine unbeschwerte erste Reise, mit Albatrossen, Seelöwen und einer goldenen Sonne über San Francisco. Doch dann stirbt sein bester Freund an Bord. Als das Schiff wieder auf See ist, zieht ein Sturm auf. FERDINAND KÖRNER hört ein seltsames Schlagen in einer Luke. Was geschieht auf dem Unglücksfrachter?

Hein war tot und wir verzweifelten beinahe daran, denn Hein war 22 Jahre jung, ein fröhlicher blonder Matrose, mit dem ich eine Kammer teilte und mit dem ich in den Freiwachen an einem alten Röhrenradio herumbastelte. Nachdem wir den Hafen von Seattle erreichten, kurz vor dem Jahreswechsel 1957, klagte er über Übelkeit; eine Magenverstimmung, dachten wir, nichts Ernstes, doch dann sank Hein in der Mannschaftsmesse zu Boden, so leblos wie eine Puppe. Ein Krankenwagen raste unter Blaulicht heran, doch der Notarzt fühlte keinen Puls und konnte ihm nicht mehr helfen.

Es geschah während meiner ersten Reise als junger Matrose. Mit einigen hundert Volkswagen hatten wir mit der *Simon von Utrecht*, einem 130 Meter langen und knapp 20 Meter breiten Frachter, den Atlantik gequert. Nach dem Panamakanal fuhren wir die Westküste der USA hinauf, löschten die Autos, luden Dosenfrüchte und Schnittholz. Ich genoss es, auf See zu sein. Auf den Pazifik brannte die Sonne nieder und als wir die Aufbauten pinselten und ich oben im Mast auf einem Bootmannsstuhl hockte, segelten Albatrosse an mir vorbei. Der Ozean war so klar, dass ich Rochen und Schildkröten neben dem Frachter erkennen konnte.

Nördlich von San Francisco, wo wir im goldenen Morgenlicht an der Golden Gate Bridge vorbeiliefen, sahen wir Kolonien von Seelöwen. Plötzlich spritzten Fontänen hoch und ich schrie aufgeregt: »Alarm! Wir werden beschossen!«, was für große Heiterkeit sorgte und mir noch Wochen später Witzchen über feindliche Walattacken einbrachte. An die Kameradschaft der Matrosen erinnere ich mich gerne: »Der Dicke«, Egbert, Hein, Harry und ich liebten das Gefühl von Freiheit, ermöglicht durch die langen Liegezeiten in den Häfen. Wir besuchten Disneyland und Alligatorenfarmen, sahen uns die Studios von Hollywood an oder erkundeten die Häfen.

Heins Tod zerstörte alle Fröhlichkeit im Leben an Bord. Am 31. Dezember 1957, an einem grauen Tag, beerdigten wir ihn in Seattle. Es wurde das dunkelste Silvester, an das ich mich erinnern kann. Die *Simon von Utrecht* war ein trauerndes Schiff, als wir ausliefen, Kurs Portland und Hawaii. Plötzlich stoppte der Kapitän die Fahrt und manövrierte den Frachter in ein anderes Becken. Was war los? Offenbar sollten wir noch eine besonders eilige Ladung mitnehmen. Es dauerte ein wenig, bis »Walrösser« kamen, wie wir die amerikanischen Hafenschlepper wegen ihres Aussehens im Bordjargon nannten. Sie drückten uns mit ihren Bugen an die Kaimauer und wir sahen den Grund für die Verzögerung: Ein Generator stand auf der Pier, ein Brocken, groß wie ein Möbelwagen und zweieinhalb Tonnen schwer. Wir Matrosen fluchten.

In Luke fünf, genauer: im Zwischendeck, zimmerten wir aus Holz und Draht eine Art Aufbau mit einem Gitter, auf das man den »Collie« vorsichtig mit einem Kran hob. Es war eng im Laderaum. Trockenpflaumen hatten wir geladen, gewaltige Mengen Frucht, verpackt in Kartons, groß wie Bierkästen. Außerdem Honig in Behältern, die fünf Gallonen fassten, und Zitronensaft in Blechkanistern. Probleme bereitete es, den Generator sicher zu laschen. Die Offiziere waren besonders vorsichtig, denn es war schweres Wetter angesagt und die Ladung durfte nicht verrutschen. Der Bootsmann schweißte sogar Ösen in die Ladeluke, damit wir unser Sperrgepäck besser sichern konnten. Wir liefen hinaus auf den Ozean.

Der Sturm zog auf und die *Simon von Utrecht* rollte schwer in der langen Dünung des Pazifiks. Ich hatte Freiwache, lag in meiner Kammer und fühlte mich schlecht. Wenn Hein noch lebte, würden

1 

 2

1 Traumbild eines Seemanns: Körner in der Karibik, in den 1950er Jahren. **2** Bananendampfer *Brunswick* in schwerer See auf dem Atlantik. Ferdinand Körner und die anderen Offiziere fluchten, wenn sie in diesem Wellengang Zwischenräume der Ladedecks inspizieren mussten – es wimmelte von Spinnen. (Fotos: privat)

wir bestimmt plaudern oder am Radio herumschrauben, bis wir einen Sender, vielleicht die Deutsche Welle, hören konnten. Um mich abzulenken, fragte ich den Bootsmann nach Arbeit; er schickte mich nach achtern, um, bevor das Wetter noch schlechter wurde, die Vermessungsluke aufzuklaren, in der alles lagerte, was man für Arbeiten auf dem Achterdeck benötigte: die Festmacherleinen, Stellagen, die Reservepersenninge und Schalkkeile.

Um kurz nach 17 Uhr muss es gewesen sein, als ich ein leises, aber regelmäßiges Poltern vernahm. Es klang wie dumpfes Schlagen, als hämmere jemand gegen die Bordwand. Bums! Bums! Bums! Ich überlegte, was der Grund sein konnte: Hatten wir vergessen, ein Schott richtig zu schließen? Schlug das Eisen der Tür auf die Isolierung im Rahmen? Doch das Geräusch schien aus der Luke nebenan zu kommen. Seltsam war eben auch, dass das Geräusch mit jedem

Überholen des Schiffs zu hören war und immer bedrohlicher wurde. Etwas war unheimlich, etwas stimmte überhaupt nicht und ich suchte Walter, unseren Bootsmann. Er nickte besorgt, eilte dann zur Brücke und kam mit dem Ersten Offizier zurück. Die beiden beschlossen, sofort nachzusehen, was in der Luke los war.

Unser Kapitän drehte das Schiff in den Wind und verlangsamte die Fahrt. Es war ungemütlich an Deck, als wir die Persenninge lösten, die über die Pontonlukendeckel gespannt waren. Zumindest kam die Dünung hoch, aber lang und von vorne, so dass unser Frachter nicht allzu wild schaukelte, als wir einen Lukendeckel mit einem Ladebaum anhoben. In den Luken gab es kein Licht und es war bereits dunkel über dem Pazifik. Wir behalfen uns, indem wir einen Sonnenbrenner, eine große Lampe mit acht Birnen, an einem Tampen nach unten abseilten.

Im Lichtschein konnten wir erkennen, was die Schläge verursacht hatte: Der Generator hatte sich aus seiner Verankerung gerissen und war ins Rutschen geraten! Mit jeder Bewegung des Frachters schob er sich hin und her und machte mit seinem Gewicht alles zu Brei, was ihm im Weg stand. In der Luke stand ein Matsch aus Pflaumen, Pappe und Honig. Mein erster Gedanke war: Wie sollten wir den »Collie« wieder festmachen? Viel Zeit blieb uns nicht. Noch einen halben Meter, dann würde der Generator bis zur Bordwand durchrutschen und sie möglicherweise durchschlagen. Mit einem Loch dieser Größe wäre die *Simon von Utrecht* dem Untergang geweiht, das war allen klar.

»Holt Trossen, Taljen und Schäkel zum Laschen«, befahl der Bootsmann, »beeilt euch!«

Es galt nun, das schwere Material im Sturm über das gesamte Schiffsdeck von vorne nach achtern zu holen. In der Notbeleuchtung kletterten zwölf Männer hinunter in die Luke – und wir standen knietief in einem Cocktail aus Pflaumen und Honig. Der Unterboden war glitschig, wie eingeölt und beim Versuch, das mächtige Stückgut zu kontrollieren und im rollenden Schiff Halt zu finden, rutschten wir immer wieder aus und fielen in die klebrige Pampe. Eklig war das.

Zum Glück war der Generator zwar umgekippt, doch mit einer Öse nach oben liegengeblieben. Diese Öse nutzten wir, um ihn mit mehreren Drahttrossen an einen Stahlträger zu binden. Keine ungefährliche Arbeit, denn der Koloss bewegte sich noch und konnte einem die Knochen brechen, doch es gelang uns nach etwa einer Stunde, ihn zu sichern. Zwei Tagen später, als der Sturm abflaute, begann jener Teil der Arbeit, auf den sich niemand freute: Mit Eimern und Schaufeln machten wir »Klar Schiff« in der Luke und schippten die Honigpampe außenbords. Sechs Tage dauerte es, bis wir damit fertig waren, und nach Feierabend hatte jeder lange damit zu tun, getrockneten Honig aus seinen Haaren zu pulen. Weil einige Dosen Ananas beschädigt, aber nicht zerstört worden waren, änderte der Schiffskoch den Speiseplan. Ich habe seither ein gespaltenes Verhältnis zu Toast Hawaii.

In den Nächten nach der Beinahekatastrophe lag ich wach und dachte lange nach: Unter normalen Umständen hätten Hein und ich unsere Freizeit in der Kammer verbracht und bestimmt nicht die Vermessungsluke aufgeräumt. Unwahrscheinlich, dass dann jemand im Sturm das Schlagen des losgerissenen Generators gehört hätte. Eine Kette von Zufällen bewahrte uns vor einem Unglück. Hatte Heins Tod uns allen das Leben gerettet?

Kapitän Ferdinand Körner wurde 1937 in Sachsen geboren. Während des Krieges zog seine Familie nach Travemünde. Im Alter von drei Jahren stach Körner zum ersten Mal in See, mit seinem Onkel, einem Fischer. Nach einer Grundausbildung an der Schiffsjungenschule auf dem Priwall lernte er das Handwerk des Seemanns auf einem schwedischen Dreimastschoner namens *Hamlet*. 1964 machte Körner sein A6-Patent und fuhr unter anderem für die Horn-Linie, bevor er als Berufsoffizier zur Bundesmarine wechselte und zwei Schiffe als Kommandant führte. Körner fühlte, dass »die Handelsschifffahrt alter Schule durch den Container starb«. Der Pensionär und Großvater von sieben Enkeln, darunter »eine Ladung Drillinge« (Körner), lebt in Kiel.

+++ 13° 09' N, 4° 114' O
+++ VOR DER KÜSTE VIETNAMS, SÜDCHINESISCHES MEER
+++ FORSCHUNGSSCHIFF »SONNE«
+++ 21. AUGUST 1988

SONNENRETTER

Eine Untersuchung des Meeresbodens ist in vollem Gange, als man an Bord des Forschungsschiffs *Sonne* ein Fischerboot entdeckt, in dem Menschen verzweifelt winken. Sind es Boatpeople? Oder ist es eine Falle von Piraten? Die chinesischen Wissenschaftler protestieren, doch für MARTIN KULL gibt es kein Zögern: Er eilt zu Hilfe.

Dass man von Bord des kleinen Fischerboots nun einen Bambuskorb zu Wasser lässt, beobachte ich mit Sorge. *PK 1394 OCI*, so die Kennung an der Bordwand, scheint restlos überfüllt zu sein. Wie lange treiben die Flüchtlinge bereits in der schwülen Hitze auf dem Südchinesischen Meer? Ist eine Seuche ausgebrochen? Gibt es Tote an Bord? Oder handelt es sich um eine gemeine Falle von Piraten? Vier Männer steigen in den Bambuskorb und rudern auf uns zu. Wir müssen wachsam sein, doch als der Korb näher kommt, sehen wir ausgezehrte Gesichter: »Boatpeople«, wie die Zeitungen sie nennen. Sie klettern die Lotsentreppe der *Sonne* hinauf. Es ist 13.09 Uhr, am 21. August 1988.

Eben waren wir noch damit beschäftigt, den Meeresboden mit einem Fächerecholot zu vermessen, doch nun ist eingetreten, was wir vor jeder Reise ins Südchinesische Meer befürchtet hatten: Wir sind Teil eines großen Dramas, in dem Hunderttausende Menschen versuchen, auf kaum seetüchtigen Booten dem kommunistischen Regime in Vietnam zu entkommen.

Expedition SO-58 des Forschungsschiffs *Sonne* war in Hongkong gestartet und bislang nicht besonders gut verlaufen. Im Seegebiet der Maccles Field Bank verloren wir einen Seitensonar. Den sechs chinesischen Wissenschaftlern an Bord, Geologen aus Shanghai und Tsintao, gefällt nicht, dass ich wegen des Notfalls unseren Kurs ändere.

Sie befürchten, dass mir Menschenleben wichtiger sind als ihre Bodenuntersuchung. Und damit liegen sie richtig.

Die Chinesen protestieren beim wissenschaftlichen Fahrtleiter, der mit einer Beschwerde zu mir auf die Brücke eilt. Aber welche Alternative gibt es denn? Soll ich Dutzende Schiffbrüchige ihrem Schicksal überlassen? Soll ich sie treiben lassen in der erbarmungslosen Schwüle, mit dem Wissen, dass sie verhungern, dass sie verdursten oder Piraten in die Hände fallen?

»Kommt gar nicht in Frage«, antworte ich. »Schluss jetzt!«

24 Jahre lang fuhr ich auf Frachtern und Containerschiffen über die Weltmeere, bevor ich durch eine glückliche Fügung als Erster Offizier der *Polarstern* anheuerte und gleich zur Jungfernfahrt einstieg. Zu einer abenteuerlichen Reise in die Antarktis, wo wir die deutsche Forschungsstation Georg-von-Neumayer mit Ausrüstung, mit Lebensmitteln und Spezialdiesel versorgten und Müll abholten. Endlose sieben Kilometer lang war der Weg von der Eiskante zur Station auf dem Ekströmschelfeis.

Das Leben auf einem Forschungsschiff unterscheidet sich deutlich von der Bordroutine eines Frachters. Womit ich nicht nur den Empfang im Hafen meine, denn auf einem Frachter ist es mir nie passiert, dass mehr als 200 Schaulustige an der Pier von Kiel winkten, um das einlaufende Schiff zu begrüßen. Auf einem Forschungsschiff wie der *Polarstern* leben 41 Mann Besatzung und 65 Geologen, Biologen, Fischereiexperten zusammen. Man muss sich miteinander arrangieren, wenn ein Arbeitstag im Zielgebiet 24 Stunden lang ist und ohne Pause in die nächste Schicht übergeht. Zu den Arbeiten gehört es, Roboter auszusetzen oder Proben zu nehmen. Eine Zeitlang versuchten wir uns mit der *Polarstern* auch als Hochseefischer und holten Krill aus der Tiefsee der Antarktis. Als herauskam, dass ein Stoff in den Schalen der Tiere für den menschlichen Verzehr nicht geeignet war, gab man die Krillforschung schnell wieder auf.

Für unsere Matrosen heißt es im Alltag oft genug, nicht nur auf das Forschungsmaterial, sondern auch auf die Gelehrten aufzupassen. Darauf zu achten, dass die Forscher kein Kran trifft, sie nicht in eine Winde geraten oder von einer überkommenden See erwischt werden.

In einem schweren Sturm südlich von Spitzbergen hockten einmal alle Wissenschaftler zitternd und mit angelegten Rettungswesten auf dem Gang, weil sie fürchteten, die Proben vom Meeresboden persönlich nehmen zu müssen. Es schaukelte wirklich heftig auf dieser Orkanfahrt, doch es gelang mir, die Passagiere zu beruhigen und das Schiff unbeschadet durch den Sturm zu bekommen.

Als Besatzung eines Forschungsschiffs sind wir Dienstleister für die Wissenschaftler, aber nicht ihre Diener in einem schwimmenden Hotel Vier Jahreszeiten. Was ich einmal zwei Jungforschern klarmachte, die, nachdem wir sie von einer Station aufgenommen hatten, unsere Matrosen mit barschen Worten aufforderten, ihre Koffer in die Kabine zu tragen. Ein anderer Fahrtleiter bestand darauf, die Weihnachtsfeier trotz hervorragender Forschungsergebnisse zu verkürzen und um 0.01 Uhr den nächsten Einsatz zu beginnen. Solche Respektlosigkeiten blieben aber zum Glück Ausnahmen.

Ich erinnere viele schöne Episoden, wie zum Beispiel einen Badeausflug auf das Ringatoll Gardner Island in der Südsee. Weil alle Proben in bestmöglicher Qualität genommen worden waren und uns bis zum Anlaufen der Tuvalu-Insel Funafuti Zeit blieb, schlug ich dem Fahrtleiter vor, seinen Geburtstag am Strand zu verbringen. Er willigte ein. Wenig später badete die Mannschaft in einer Lagune, die aussah wie aus der Kokosriegelreklame.

Kompetenzen an Bord sind klar geregelt: Der Fahrtleiter legt fest, wohin die Reise geht und wie exakt das Programm aussieht. Als Kapitän bin ich für die Sicherheit von Schiff und Besatzung verantwortlich. Ich habe das letzte Wort, niemand sonst. Mit den schimpfenden Chinesen, die meine Rettungsaktion nicht akzeptieren wollen, möchte ich nicht diskutieren. Wie dramatisch die Situation auf dem Fischerboot ist, berichtet ein Sprecher der Flüchtlinge, ein junger Mann namens Vu Ngoc Van. Vor drei Tagen sind sie nahe der Küstenstadt Nha Trang in See gestochen und haben mangels Kompass die Orientierung verloren; an Bord gibt es kaum noch Trinkwasser; der Treibstoff ist aufgebraucht. Manila, der nächstgelegene Hafen, liegt mehr als 400 Seemeilen entfernt. Etwa 150 Menschen befinden sich an Bord, darunter 35 Frauen und 70 Kinder. Zwei Frauen sind hochschwanger, eine andere schwer krank, eine bewusstlos. Ich gebe Anweisung, das Fischerboot längsseits zu nehmen und unterhalb der

Lotsenleiter festzumachen; es ist 18 Meter lang und etwa sechs Meter breit, mit drei kleinen Luken unter Deck und einem Ruderhaus achtern. Kaum zu glauben, dass so viele Menschen darauf Platz fanden. Um 13.45 Uhr tragen unsere Matrosen die Bewusstlose an Deck und helfen Frauen und Kindern, an Bord der *Sonne* zu klettern. Es gibt keine Probleme.

Unser Schiffsarzt versorgt die Kranken im Schiffshospital. Jeder an Bord hilft, so gut es geht: Aus der Kombüse bringt man Tee, Mineralwasser und Malzbier; die Stewards organisieren Decken, alle spenden T-Shirts oder andere Kleidungsstücke und Matrosen richten mit Segeltüchern provisorische Duschen an Deck ein. Weil noch unklar ist, ob die Flüchtlinge an Krankheiten leiden, räumen die (nicht chinesischen) Forscher zwei Labors und schaffen ein Lager für Kinder und Frauen; die Männer werden in einem Gang auf Deck zwei untergebracht.

Ich kontaktiere unsere Agentur in Manila mit der Bitte, die deutsche Botschaft und das Flüchtlingshilfswerk der Vereinten Nationen (UNHCR) zu informieren. Matrosen der *Sonne* klettern auf das Fischerboot, um die Flutventile zu öffnen; das Boot soll sinken, damit es die Schifffahrt nicht gefährdet. Dann geht die *Sonne* auf Kurs Manila.

Erleichtert stellen wir fest, dass es der kranken Frau schon bald besser geht und sich alle Flüchtlinge in der Kühle der Klimaanlage und dank einer warmen Mahlzeit rasch von den Strapazen erholen. Vu Ngovc Van, ihr Sprecher, erzählt mir, wie erleichtert man auf dem Fischerboot war, als man die deutsche Fahne am Heck der *Sonne* entdeckte. Die Flüchtlinge fürchteten, von einem kommunistischen Schiff aufgegriffen zu werden, das sie zurück nach Vietnam brächte. Oder von Piraten entdeckt zu werden, die Frauen in Bordelle verschleppen und Männer beim kleinsten Versuch der Gegenwehr töten. Van erzählt mir seine Geschichte: Im Krieg kämpfte er auf Seiten der USA und war deshalb in Straflagern eingesperrt worden. Seine Familie, berichtet er, wird seit Jahren terrorisiert; das Fischerboot war seine einzige Chance auf ein neues Leben, eine Chance, für die er, wie alle an Bord, seine gesamten Habseligkeiten gab. Mehrere Frachter waren wenige Seemeilen entfernt vorbeigefahren, ohne auf die Hilferufe zu reagieren. In der Gegend operiert auch ein Forschungsschiff der UdSSR, das – zum Glück für die Flüchtlinge – seine Arbeit nicht unterbrach.

Auf der Brücke der *Sonne* trifft ein Telex ein, in dem steht, dass die philippinischen Behörden auf eine Erklärung der deutschen Regierung warten, die garantieren soll, alle Flüchtlinge zu übernehmen. Bis zum Einlaufen in Manila benötigen wir dafür eine lückenlose Liste aller Namen und Geburtsdaten, in 20-facher Ausfertigung. Keine leichte Aufgabe, denn es herrscht ein großes Durcheinander; wir bitten alle Flüchtlinge an Deck und gehen dann einzeln mit ihnen ins Innere der *Sonne*, um sie zu registrieren.

Um kurz nach vier klingelt das Telefon auf der Brücke. Ein Vertreter der deutschen Botschaft meldet sich mit einer guten Nachricht: Die Garantieerklärung der Bundesregierung liegt vor. Als unsere Passagiere davon erfahren, brandet lauter Jubel auf dem Schiff auf. Ein französischer Geologe erzählt mir von einem wunderbaren Zufall: Während er mit einer jungen Mutter plauderte, wunderte er sich über deren tadelloses Französisch. Wie sich herausstellte, betreibt ihre Schwester in Paris ein kleines vietnamesisches Restaurant – in der Nachbarschaft des Geologen. Es ist eines seiner Stammlokale.

Am Morgen des 23. August, um 7.48 Uhr, lassen wir auf dem Quarantäneplatz vor Manila den Anker fallen. Kurz darauf kommen Mitarbeiter der Gesundheitsbehörde an Bord, Beamte der Immigration und des Zolls, alles Routine. Wir verholen auf Liegeplatz vier, Pier 15. Einige Stunden vergehen, bis sich eine gewisse Frau Isidra P. Enriquez vom Intergovernmental Committee for Migration vorstellt, um die Flüchtlinge abzuholen. Weil ich weder Frau Isidra P. Enriquez kenne noch vom Intergovernmental Committee for Migration jemals etwas gehört habe, warte ich auf einen Vertreter der deutschen Botschaft und die offizielle Note. Ich möchte, dass die Flüchtlinge, die Qualen durchlitten haben, in sichere Obhut kommen und nicht in irgendein Dschungellager.

Am Nachmittag überbringt mir ein Mitarbeiter der deutschen Botschaft das amtliche Schreiben. 159 Flüchtlinge verlassen die *Sonne* und steigen in drei Reisebusse, die an der Pier warten. Ergreifende Szenen spielen sich ab, Umarmungen, einige Retter und Gerettete weinen. Van und ich versprechen uns, dass wir uns wiedersehen. Ein Jahr wird es dauern, bis die Vietnamesen das Lager auf den Philippinen verlassen dürfen und in Deutschland eintreffen. Van predigt heute als Pfarrer einer deutsch-vietnamesischen Gemeinde im Raum Stuttgart, ist verheiratet und hat zwei Töchter, die beide studieren. Mit jenem Tag, als die *Sonne* zur Rettung kam, sind wir Freunde geworden.

Kapitän Martin Kull, 1941 in Danzig geboren, wuchs nach der Flucht im oberpfälzischen Waldau auf. Als 16-Jähriger fuhr der Sohn eines Landwirts mit dem Rad nach Hamburg, um seinen Onkel zu besuchen, einen Seemann. Kull bewarb sich auf dem Schulschiff *Deutschland* und durchlief eine Karriere bis zum Abschluss des A6-Examens im Jahre 1967. 24 Jahre lang fuhr er in der Handelsmarine, bevor er als Kapitän auf ein Forschungsschiff wechselte. 24 Jahre lang befehligte er insgesamt sieben Forschungsschiffe, bis zu seiner Pensionierung im November 2006 die legendäre *Meteor*. Er lebt mit seiner Frau im niedersächsischen Stuhr.

Nach Ende des Vietnam-Krieges 1975 kam es zu einem humanitären Drama im Südchinesischen Meer. Mehr als 1,6 Millionen Vietnamesen versuchten dem kommunistischen Regime über das Meer zu entkommen. Häufig in überladenen, baufälligen Booten, auf denen Krankheiten ausbrachen. Mehr als eine Viertelmillion »Boatpeople« verdursteten, verhungerten oder ertranken. Tausende wurden von Piraten verschleppt.

WELLENBRECHER

In dieser Nacht tobt die größte Sturmflut seit einem Jahrhundert. Auf der Fähre, die vor Hallig Langeneß den Orkan abwettert, fürchtet man das Schlimmste. Als sich der Sturm legt, geht der Überlebenskampf auf den Halligen weiter: Inmitten der Wasserwüste drohen die Eingeschlossenen zu verdursten. Die Fähre von AUGUST JAKOBS wird zum Rettungsboot.

Einen Fensterrahmen erkenne ich im Licht des Scheinwerfers, dann eine Tür, auch ein Schrank treibt an unserer Fähre *Amrum* vorbei. Ich mache mir Sorgen: Wenn die See sogar Türen abgerissen hat, sind die Bewohner der Halligen in Lebensgefahr. Das Meer hat die Warften überspült, künstlich aufgeworfene Hügel, auf denen Häuser und Ställe zum Schutz vor Hochwasser stehen. Ich beobachte die See durch mein Fernglas und bin darauf gefasst, dass sich an einen der Balken ein Mensch klammert. Es ist Samstag, der 17. Februar 1962, kurz vor zwei Uhr morgens, als die Sturmflut eine Stärke erreicht, die noch keiner von uns erlebt hat.

Die Nacht leuchtet seltsam hell, nur gelegentlich verdeckt eine Wolke den Mond. Mir sind die Silhouetten der Warften vertraut, ich bin ein Sohn der Halligen, hier kenne ich jedes Haus und jeden Stein. Mir scheint, als fehle ein Teil der Peterswarft. Ist das Haus eingestürzt? Brecher branden zwischen den Häusern von Hilligenlei hindurch, treffen auf die Wellen in Leeseite und steigen zu Fontänen auf. Ich schätze, dass einige der Wassersäulen mehr als 15 Meter hoch sind. Es sieht gespenstisch aus und Furcht einflößend, es scheint, als wolle das Meer dieses kleine Stück Land namens Langeneß verschlingen.

Meine Fähre *Amrum*, 33 Meter lang und gebaut für 250 Passagiere, läuft mit »langsamer Kraft voraus«, ich habe beide Anker fallen lassen.

An Bord sind Steuermann Heinrich Callsen, ein erfahrener Seemann, sowie mein Neffe Hans Erich Bradhering. Wir können nicht mehr tun, als den Sturm abwettern und bereit sein, Menschen aus Seenot zu retten. An Bord sind 18 Passagiere, die zu ihren Familien auf die Halligen und nach Amrum zurückwollen. Alle sind ruhig, nur eine Frau verliert die Nerven, schreit und schimpft und macht die anderen Fahrgäste mit ihrer hysterischen Art so nervös, dass ich die Brücke verlasse. Als sie nicht zuhören mag, sage ich: »Schluss jetzt! Oder Sie kommen in den Kettenkasten.« Der Kettenkasten hat keine Fenster, ist feucht und nicht sonderlich bequem. Fortan herrscht Ruhe an Bord.

Schon seit Tagen ließ Sturmtief »Vincinette«, das vom Nordmeer Richtung Deutsche Bucht schob, nicht nach, wütete mit zehn Beaufort und viel mehr. In der nördlichen Nordsee konnten Messgeräte an Bord eines Forschungsschiffs die Windstärke nicht mehr erfassen. Am Nachmittag des 16. Februar drehte der Wind auf Nordwest, was bedeutete, dass die nächste Flut besonders viel Wasser bringen würde. Ich hatte den Hafen von Schlüttsiel auf dem Festland verlassen, weil ich fürchtete, dass der Sturm mein Schiff an die Kaimauer drücken könnte. Regen und Hagel schlugen in Böen auf die Brückenfenster der *Amrum* ein; gegen Abend hörte der Niederschlag auf, doch der Sturm wuchs zum Orkan an, Beaufort zwölf. Wie furchtbar sich die Lage entwickelte, bemerkten wir kurz nach 22.00 Uhr. Eine Kanne trieb vor dem Bug der *Amrum* in den Wellen, eine große Milchkanne, auf der ich deutlich das Wort Hilligenlei erkennen konnte. ›Mein Gott‹, dachte ich, ›noch drei Stunden bis zum Hochwasser und das Meer hat schon jetzt die Warft überspült.‹

Brecher schlagen gegen den Bug der Fähre, die vom brüllenden Orkan hin und her geworfen wird wie ein Badeentchen in einem Whirlpool. Es ist nicht immer leicht, das Schiff stabil zu halten und dafür zu sorgen, dass es nicht quer zur See kommt. Zu einer kritischen Situation kommt es westlich von Langeneß, auf dem sogenannten Schweinsrücken, der wegen einiger Untiefen als gefährliche Zone bekannt ist. Eine Böe nimmt uns mit starkem Regen kurz die Sicht und drückt uns in das Brandungsgebiet hinein.

Fünf bis sechs Meter gehen die Wellen hoch, im Wattenmeer ungewöhnlich und für unsere kleine Fähre gefährlich. »Bleib ruhig!«, rufe ich meinem Neffen Bradhering am Ruder zu. »Den Bug gerade in die Wellen halten!« Dann nehme ich Fahrt aus dem Schiff, genau so viel, dass die *Amrum* noch steuerfähig bleibt. Beidrehen können wir nicht, denn dann würde uns ein Brecher umkippen. Wir laufen mit langsamer Fahrt gegen den Orkan und ich hoffe, dass er uns zusammen mit der Strömung wieder aus der Brandungszone drückt. Das Manöver gelingt. Nach 20 Minuten ist die größte Gefahr überstanden. Nun ankern wir unter Langeneß, liegen auf Strom und Wind, wie man in der Sprache der Seefahrer sagt, und ich mache mir um unser Schiff keine Sorgen. Für die Bewohner der Halligen, die in ihren Häusern unter Reet ausharren, geht es hingegen darum, den nächsten Morgen zu erleben.

Werden die Warften dem Zorn der Nordsee standhalten?

Sturmfluten gehören nicht zum Alltag, aber sie sind ein Teil des Lebens, wenn man auf einer Hallig aufwächst. Wer in den Uthlanden, im Land vor den Deichen, wohnt, der weiß, was es heißt, wenn das Meer wütend wird. Zu meinen ersten Erinnerungen gehört, dass ich, ein drei Jahre altes Kind, an der Hand meiner Mutter Richtung Warft eile, im August 1923, in einem schweren, unerwarteten Sommersturm, der die Bewohner von Hallig Langeneß überrascht hatte. Wir schafften es gerade noch rechtzeitig und ich weiß noch, dass wir die letzten Meter schwammen. Wir Kinder freuten uns, wenn »Land unter« auf der Hallig war, denn es bedeutete einige Tage schulfrei. Bevor das Wasser kam, galt es noch, die Rinder und das kostbare Heu zu sichern. Dann warteten wir ab, bis der Sturm vorüberzog, zündeten Petroleumlampen an (die Errungenschaft der Elektrizität erreichte die Inseln erst Weihnachten 1954), wärmten uns am Feuer, das wir mit »Ditten«, mit getrocknetem Kuhdung, brennen ließen.

1931, am 6. Januar, um genau zu sein, waren meine Eltern zur Geburtstagsfeier meines Onkels auf dem anderen Ende der Hallig gegangen, als ein Sturm über die Inseln fegte und ihnen den Rückweg abschnitt. Ich, damals elf Jahre alt, kochte meinen Geschwistern eine heiße Milch, erzählte ihnen zur Beruhigung eine Geschichte und kümmerte mich darum, dass die Tiere genug Heu bekamen. Am nächsten Mittag kamen meine Eltern zurück. So leicht bringt auch einen kleinen Friesen nichts aus der Ruhe. Einige Jahre später machte ich mir einen Spaß daraus, mit einem kleinen Boot, das mir mein Großvater geschenkt hatte, in einer abebbenden Sturmflut zur Hauptwarft Hilligenlei zu segeln, um meinen Lehrer zu fragen, wann der Unterricht wieder begann.

Diese Sturmflut aber ist anders, sie ist heftiger als alles, was ich bislang erlebt habe. Als der neue Tag dämmert, lässt der Orkan nach, weht noch mit Stärke elf, dann mit zehn. Wir können sehen, dass der Sturm die Peterswarft zerstört hat. Ich lasse die Anker hieven und nehme auf Bitten der Passagiere, die nach ihren Familien sehen wollen, Kurs auf die Hochwasserbrücke der Rixwarft. Mit einigen Schwierigkeiten machen wir fest. Die Warft sieht aus wie nach einem Luftangriff: In den Hausmauern und Dächern klaffen Löcher, teilweise sind sie eingestürzt; Zäune hat der Sturm fortgerissen, von den Beeten und den Wegen ist nichts übrig und vor den Häusern liegen Felsen, die von der Brandung aus den Uferböschungen geschlagen wurden. Wie kleine Kieselsteine hat der Sturm die schweren Brocken angespült. Niemand ist zu sehen. Sind die Bewohner rechtzeitig geflohen?

Ich eile mit den Frauen zurück an Bord und versuche erneut, die Warft Hilligenlei über Telefon zu erreichen. Zum Glück gelingt es endlich, eine Verbindung herzustellen. »Die Bewohner der Rixwarft haben sich bei ablaufendem Wasser zu uns durchgeschlagen«, höre ich. Ein junges Ehepaar mit einem wenige Monate alten Baby hatte die Nacht, nachdem ein Teil ihres Hauses eingestürzt war, unter Todesangst in einem Heuschober ausgeharrt. Am Morgen brachen sie auf, um mit dem Baby durch das brusttiefe Wasser zu waten und die benachbarte Warft zu erreichen, auf der die Eltern der Frau wohnten. Doch auch von diesem Haus war nur eine Ruine übrig. »August, die ganze Familie traf sich im Haus deiner Mutter wieder«, erfahre ich, »alle sind wohlauf.«

Für einen Moment spüre ich Erleichterung, denn ich weiß: Meine Eltern haben ein gutes, ein starkes Haus, das auf einer ehemaligen

Kirchenwarft neu errichtet worden war. Die Obdachlosen sind dort in Sicherheit. Ich würde meine Mutter gerne besuchen, doch wir müssen Langeneß gegen Mittag wieder verlassen, wegen der nächsten Flut. Wir legen ab und ankern in der Nähe. Immer wieder telefoniere ich, um mir ein Bild der Lage zu verschaffen. Die meisten Leitungen funktionieren nicht mehr, doch was ich herausfinde, klingt einigermaßen ermutigend: Niemand scheint auf Hallig Langeneß ums Leben gekommen zu sein. Im Falle der alten Frau Lorenzen von der Warft Süderhörn grenzt es beinahe an ein Wunder. Sie telefonierte, als die Holzwand, an der das Telefon hing, unter dem Druck des Wassers einstürzte. Ihr Mann, ihr Dackel und sie kletterten über die Trümmer ins Freie und stiegen über eine Leiter auf den Boden, wo sie festsaßen, als die Leiter weggespült wurde. Nachbarn befreiten sie.

Ich gebe die Neuigkeiten über UKW an den Leiter der Küstenfunkstelle durch, der mir berichtet, dass die Lage in Hamburg außer Kontrolle ist und Deiche gebrochen sind. Es ist nicht möglich, eine Verbindung in die Großstadt zu bekommen. Wie schwer die Sturmflut zugeschlagen hat, dass 340 Menschen starben und Tausende obdachlos sind, davon ahnen wir noch nichts. Um 16.00 Uhr, als Hubschrauber der Bundesmarine über den Halligen kreisen, gebe ich das Kommando »Anker auf!« und steuere erneut die Hochwasserbrücke an, um den Trinkwasservorrat der *Amrum* abzugeben. Es sind zwar nicht mehr als drei Kubikmeter, was für Dutzende Halligbewohner, die eingeschlossen sind, natürlich nur ein kleiner Schluck ist, aber immerhin. Das Meer ist in Zisternen und Fethinge gelaufen, in denen man den Regen auf den Halligen sammelt. Nun beginnt ein Lauf gegen die Zeit. Mehr als 300 Menschen und 1300 Rinder benötigen Wasser, inmitten der Wasserwüste.

Sonntag, 18. Februar, 8.00 Uhr. Nach wenigen Stunden Schlaf werfen wir im Heimathafen Steenodde die Leinen los, um in Schlüttsiel Feuerwehrmänner an Bord zu nehmen. Es ist ein sonniger Tag. Der Orkan ist zu einer Brise abgeflaut und das Wattenmeer schimmert in einem freundlichen Licht. Kaum zu glauben, dass Stunden zuvor ein Inferno tobte. Wir laufen Hallig Gröde an, um einen Löschzug abzusetzen; am Anleger wartet bereits eine verzweifelte Gruppe

Halligbewohner: »Hast du Wasser für uns?«, fragen sie. »Ich komme heute Abend wieder«, antworte ich. Zuerst muss die Feuerwehr das Salzwasser aus den Reservoirs pumpen. Nachdem auch auf Langeneß Feuerwehrleute an Land gegangen sind, laufen wir mit voller Fahrt zurück Richtung Festland. Aus der Fähre *Amrum* wird in den nächsten Tagen ein Rettungsboot. Und ein Aushilfstanker, denn ich lasse die Ballasttanks, die ich fluten kann, um das Schiff im Sturm zu stabilisieren, mit Süßwasser befüllen. Für Rinder ist es nicht schlimm, wenn das Wasser nicht die allerbeste Qualität hat; das Trinkwasser für die Menschen transportieren wir in Tanks an Deck.

Die *Amrum* ist das erste Schiff, das die Halligen nach der Sturmflut mit dem dringend benötigten Nachschub anläuft. Viele andere Schiffe sind in den Häfen gesunken oder vom Sturm vertrieben worden. Notdürftig werden die Bewohner daher aus der Luft versorgt, doch die Wassermengen, die Hubschrauber tragen können, reichen bei weitem nicht aus. Als wir auf Langeneß eintreffen, können wir wegen der Ebbe nicht festmachen; also setzen wir ein Schlauchboot aus und bringen Schläuche hinüber, durch die wir das Wasser auf die Hallig pumpen.

Ich setze mit einem Schlauchboot über zur Kirchenwarft. Schweigend schließe ich meine Mutter in die Arme. Wir gehen hinüber zum ehemaligen Pastorat, meinem Geburtshaus, das mehr als 300 Jahre lang allen Stürmen trotzte. Noch nie hat das Meer das alte Haus erreicht, bis gestern Nacht, als ein Brecher die Nordseite einschlug. Noch zwei Räume sind bewohnbar. In einigen Häusern schwappt noch die Nordsee, teilweise steht sie einen Meter hoch. Sämtliche Zäune und Wege sind zerstört, von Schuppen hat der Sturm einzelne Bretter übrig gelassen, die Gärten sind Schlammfelder. Auf einem liegt das Wrack eines kleinen Frachters, Hunderte Meter neben dem Anleger; die Sturmflut hat das tonnenschwere Schiff wie ein Papierboot abgesetzt. Auf dem alten Friedhof steht kein Grabstein mehr an seiner Stelle, wie ich mit einem Kloß im Hals feststelle. Viele Gedenktafeln hat das Meer mitgerissen.

Dunkelheit legt sich über die Hallig, als wir mit der *Amrum* ablegen und Richtung Festland laufen, wo ich die Mannschaften der freiwilligen Feuerwehr absetze. Die Männer sind völlig entkräftet von den Aufräumarbeiten. Es gilt, die Häuser notdürftig zu sichern, das Wasser abzupumpen und die Wege wieder nutzbar zu machen. Für uns geht die Fahrt weiter, mit dem versprochenen Frischwasser zur Hallig Gröde. Die Bewohner warten bereits auf uns und haben Behälter herangetragen, vom Kanister bis zur Kaffeekanne. Wie ich höre, ist Postinspektor Mielke dabei, das einzige Telefon des Eilands zu reparieren. Um 2.15 Uhr verlassen wir Hooge und nehmen Kurs auf Amrum, um drei Stunden zu schlafen.

Montag, 19. Februar. Was mir Mut macht, ist die Solidarität der Halligbewohner. Sie nehmen obdachlose Nachbarn auf, sie teilen ihre letzte Nahrung und das letzte wenige Wasser. Sie machen sich gegenseitig Mut, im Angesicht von Verwüstung und Not. Es ist ein guter Geist, eine Form von Trotz zu spüren, auch wenn alles, was man der Natur mühevoll in vielen Generationen abgerungen hat, nun unter Wasser oder in Trümmern liegt. Ohne Pause transportieren wir mit der *Amrum* Angehörige und Helfer hinüber, Wasser, Feuerwehrpumpen, Fässer mit Benzin, Schläuche, Schaufeln und Spitzhacken. Am Nachmittag nehmen wir sieben Rinder aus einem zerstörten Stall bei der Rixwarft auf, was nicht einfach ist, denn die Tiere sind hungrig und verstört und die Fähre ist kaum zum Viehtransport geeignet.

Gegen Mitternacht machen wir auf Amrum fest, doch niemand geht von Bord. Ich habe mich entschlossen, neben dem Katastropheneinsatz auch den normalen Fähreinsatz wieder aufzunehmen, soweit es möglich ist. Wir müssen die Halligbewohner verlässlich hin und her bringen – wir sind die Brücke zu den Inseln. Unser Fahrplan gibt ihnen ein wenig Normalität zurück, und das ist wichtig, auch für ihre Zuversicht.

Natürlich ist seit Tagen keine Zeitung eingetroffen, Radiosender und Fernseher funktionieren nicht, weil die Stromleitungen unterbrochen sind. Von Helfern, die in Schlüttsiel am Anleger warten, erfahren wir, wie entsetzlich Hamburg und Bremen, aber auch der Rest des Nordens von der Sturmflut heimgesucht wurden. Und doch: Die Hilfsbereitschaft macht uns Mut. Spenden aus der ganzen Republik und sogar aus Bayern treffen ein, Decken, Betten, Lebensmittel, Lastwagen voller Hilfsgüter. Im Wattenmeer unterstützen sich die Menschen, wie ich es noch nicht erlebt habe. Alle helfen, alle packen an. Tonnenleger sind als Tankschiffe im Einsatz, Fischkutter werden zu Pendelfähren für Feuerwehrleute.

Dienstag, 20. Februar, am Vormittag. Ich setze die *Amrum* absichtlich auf Grund und warte auf Ebbe, um zu sehen, warum die Fähre gestern vorübergehend nicht manövrierfähig war. Ein zähes Gemisch aus Strandhafer, Faserwurzeln, aus Seetang und Heu hat die Schraube verklebt. Außerdem ist sie von Steinen beschädigt worden, aber ich bin froh, dass wir, nachdem wir die filzartigen Klumpen mit Hammer und Meißel abgeschlagen haben, wieder einsatzbereit sind. Wir transportieren einen Feuerwehrwagen zur Hallig Langeneß, außerdem neue Jauchetonnen, die man zu Wasserfässern umfunktioniert, sowie zwei große Behälter, in denen die Meiereien sonst angelieferte Milch sammeln. Sie werden direkt am Anleger aufgestellt, damit wir schneller unsere Tanks lenzen können. Aus den Behältern versorgen sich die Halligbewohner in den nächsten Wochen mit Frischwasser.

Zwar ist es den Feuerwehren gelungen, das Meereswasser aus Fethingen und Zisternen zu pumpen, doch noch immer haben die Halligbewohner nicht genug Süßwasser, um ihre verschlammten Häuser zu reinigen, die salzverkrustete Kleidung zu waschen oder das Vieh regelmäßig zu tränken. Zumindest besteht für keinen Menschen die Gefahr zu verdursten, dies ist die gute Nachricht. Als die Trinkwasserabgabestelle in Schlüttsiel nicht in ausreichenden Mengen produzieren kann, kommt mir eine Idee: Wieso nehmen wir nicht das Wasser aus dem Kanal hinter der Schleuse? Proben ergeben, dass es für die Rinder verträglich sein sollte. Ich erkläre meinen Plan, worauf man die Schleusentore, die den Hauke-Haien-Koog vom Wattenmeer trennen, für unsere Fähre öffnet.

Samstag, 24. Februar. Ich muss den Fahrplan, den wir zumindest an den Vormittagen einzuhalten versuchen, streichen, denn wir werden heute zu einer friesischen Ausgabe der Arche Noah. Lastwagen voller lebender Spenden – darunter Kälber, Ferkel, Hühner und ein Zuchtschwein – haben die Bewohner der Ostseeinsel Fehmarn für die Menschen von Hooge geschickt. Organisiert hat die Hilfsaktion ein ehemaliger Halligpastor, der nun auf Fehmarn tätig ist. Auf dem Sonnendeck verteilen wir eine Lastwagenladung Pressstroh, bringen die gackernden und grunzenden Passagiere zwischen Feuerwehrleuten unter und nehmen Kurs auf Hooge. Doch wir kommen zu spät: Der Wasserstand lässt nicht zu, dass wir anlegen. Ich drehe bei und laufe Langeneß an, wo die Feuerwehrleute sehnsüchtig erwartet werden, als Ablösung an den Pumpen. Weil sich das Wetter verschlechtert und die Tiere nicht nass werden dürfen, erobern nun 200 Hühner den Salon. Auf der Herrentoilette bindet man die Kälber an und die Schweine ziehen vom Sonnendeck aufs Vorschiff um, in ein Schutzlager aus Heuballen. Der Ostwind nimmt weiter zu, bis Stärke acht. Für alle, die hinter den aufgeweichten Deichen entlang der Nordseeküste bangen, ist dies ein Geschenk, denn das Wasser wird von der Küste weggedrückt. Zehntausende Helfer und Einheiten der Bundeswehr sind dabei, die Dämme provisorisch zu reparieren. Jede kleine Sturmflut kann zur nächsten Katastrophe führen.

Ich mache mit dem schwimmenden Zoo auf Amrum fest, laufe um 3.45 Uhr wieder aus und wir erreichen nach einer Stunde Sturmfahrt die Hallig, wo wir es unter Mühen schaffen, an der Hochwasserbrücke festzumachen. Vier Stunden dauert es, die Tiere und alle anderen Spenden an Land zu bringen, denn die Wege sind völlig aufgeweicht. Selbst Traktoren kommen auf den Schlammpisten kaum voran. Wir warten auf das Hochwasser und laufen zurück nach Amrum. Der nächste Einsatz steht bevor.

Elf der 117 Häuser auf den Halligen hat die Sturmflut zerstört, 84 weitere sind stark beschädigt. Auf Hooge ziehen die meisten Bewohner in Notunterkünfte um, in Baracken des Roten Kreuzes, und haben wieder mit der Natur zu kämpfen. Nach dem Sturm kommt der Frost. Es ist kalt, es weht ein eisiger Wind und die Schläuche, mit denen das Wasser auf die Halligen gepumpt wird, drohen einzufrieren. Bevor die Situation kritisch wird, steigt die Temperatur zum Glück über den Gefrierpunkt.

Am Montag, den 5. März, fahre ich meinen letzten »offiziellen« Katastropheneinsatz. Noch Monate wird es dauern, bis alle Schäden auf den Warften beseitigt sind, bis man die Häuser und Ställe wieder aufgebaut hat, bis es in den Gärten wieder blüht und das Vieh auf den Feldern weiden kann. Was mich beeindruckt, ist die Haltung der Halligbewohner, die nicht viele Worte verlieren, sondern mit trotziger Beharrlichkeit ihren Alltag meistern. Sie geben nicht auf. Niemand gibt auf. Das Leben auf den Wellenbrechern geht weiter.

Kapitän August Jakobs, Jahrgang 1920, wuchs als Sohn eines Seemanns auf der Hallig Langeneß auf. Weil er als Jugendlicher an Gelenkrheumatismus erkrankte, wurde er nicht zum Militärdienst eingezogen, besuchte stattdessen die Seefahrtschule in Hamburg, die er als 20-Jähriger mit dem Patent für die große Fahrt verließ. Jakobs wurde einem Versorgungsschiff zugeteilt. Sein erster Dienstgrad: Zweiter Offizier. Er überlebte die Versenkung seines Frachters vor Norwegen und brachte seine Familie mit dem Fang von Makrelen durch die Nachkriegsjahre. 1951 gründete Jakobs, der für seinen trockenen Humor und seine Fröhlichkeit bekannt ist, mit seinem Vater eine Reederei, die später mit der Wyker Dampfschiff-Reederei (W.D.R.) fusionierte. Bis 1983 steuerte Jakobs Fähren und Ausflugsschiffe durchs Wattenmeer; fünf Jahre lang war er Bürgermeister der Gemeinde Nebel auf Amrum, die ihn wegen seiner Verdienste zum Ehrenbürger ernannte. Jakobs, Vater von fünf Töchtern, lebt mit seiner Frau Gertraud (die er 1943 heiratete) im Dorf Steenodde auf der Nordseeinsel Amrum.

Hans Erich Bradhering, Neffe von Kapitän Jakobs und damals Matrose auf der Fähre *Amrum*, erzählt in diesem Buch ebenfalls eine Geschichte. Die Fähre *Amrum* fährt heute noch als Ausflugsschiff *Hauke Haien* durch das nordfriesische Wattenmeer.

Als Uthlanden bezeichnen die Friesen Land, das vor den Deichen liegt. Dazu gehören zehn Halligen, die zwischen den Inseln Amrum und Föhr im Norden und Nordstrand im Süden liegen. Wissenschaftler vermuten, dass sie nach der Marcelus-Flut 1362 entstanden, als der Handelsplatz Rungholt und mehrere andere Orte in einer gewaltigen Sturmflut untergingen und Tausende Küstenbewohner den Tod fanden. Am 5. Februar 1825 forderte die »Halligflut« 74 Todesopfer; von 339 Häusern auf den Halligen blieben nur 17 bewohnbar, weshalb viele Menschen nach Föhr und aufs Festland flohen oder nach Amerika auswanderten. Die Halligen spielen als Wellenbrecher eine wichtige Rolle im Küstenschutz.

FEUER IM HAFEN EDEN

Hafenkapitän im Westen Afrikas zu sein sorgt für Adrenalinschübe im Alltag: Mit brennenden Schiffen, Blitzeinschlägen oder umgestürzten Tanklastern wird der »Patron«, wie ihn seine Leute nennen, fertig. Als er sich mit Verbrechern anlegt, steckt er seine Beretta ein und stellt eine eigene Polizeieinheit zusammen. SIEGFRIED OTTINGER ist bereit, für seinen Traum zu kämpfen. Doch dann spitzt sich die Lage dramatisch zu.

Mit einem Auge durfte ich ins Paradies sehen, als die Arbeit in meinem Hafen begann. 1969 wohnten meine Frau und ich unter Palmen am Strand, wir hörten zum Frühstück den Atlantik rauschen und ich ging dann hinüber zu den Kais, um zusammen mit freundlichen Menschen etwas aufzubauen. In Togo, einem kleinen Land, von dem man seinerzeit annahm, dass es eine große Zukunft haben könnte, wollten wir einen modernen Tiefseehafen erschaffen, wie es keinen zweiten geben sollte an der Westküste Afrikas.

Ich habe zusehen müssen, wie das Paradies zerfiel. Wie es in jedem Jahr krimineller, korrupter, gewalttätiger wurde. Mit allem, was ich hatte, habe ich für mein Paradies gekämpft, mit Worten und auch mit Pistolen. Ich konnte nicht aufgeben, ich durfte nicht weglaufen, denn ich hatte etwas angefangen und wollte meine Leute nicht verraten. An manchen Tagen warteten wir mit gepackten Koffern auf Nachricht, ob wir fliehen müssten, weil die Lage außer Kontrolle schien. Ich kann mich noch an mein Codewort erinnern, mit dem sich die verbliebenen Ausländer über Funk verständigten: Ich war »Brathering«. Wenn die Meldung kam, dass die Straßen in Lomé schnee- und eisfrei waren, wussten wir, dass es keine Straßensperren oder Militäraktionen gab. Wir wussten dann, dass wir sicher waren.

25 Jahre, sieben Monate und 16 Tage lang diente ich als »Commandant du Port« von Lomé. Wie sich das Leben in kleinen Schritten veränderte, kann ich nachlesen in einem grauen Aktenordner, in dem Jahresberichte abgeheftet sind, die ich an meinen Arbeitgeber, die Gesellschaft für Technische Zusammenarbeit in Frankfurt am Main, schickte. Zum Beispiel 1977: Wir bauten Pieranlagen, 250 Meter lange Kais, ausgelegt für Containerverkehr, wir zogen Verwaltungsgebäude und Lagerhallen hoch, stellten Schlepper in Dienst, wir baggerten die Hafeneinfahrt aus, vor allem aber: Wir gaben Tausenden Menschen eine Arbeit und eine Hoffnung. Die vielen Millionen D-Mark Entwicklungshilfe schienen gut angelegt zu sein in der ehemaligen Kolonie; Kreuzfahrtschiffe wie die *Europa*, die norwegische *Vistafjord* oder die russische *Estonia* legten an, immer mehr Frachter und Trawler kamen nach Lomé.

Zwischen mancher Zeile, die ich in die Schreibmaschine tippte, verbirgt sich ein alltägliches Abenteuer: »28.5.1983 – Feuer in der Ölfabrik«, »29.2.1989 – Flächenbrand in der Hafenzone«, es ist so vieles geschehen, dass ich manche Details nicht mehr erinnern kann. Einmal richteten wir einen umgestürzten Tanklastwagen mit Gasfüllung wieder auf, wobei ich ein schnelles Gebet in den Himmel über Lomé schickte; ein anderes Mal brachten wir in einem schweren Unwetter gerade noch einen verletzten Matrosen an Land. Wir schafften es in eine Lagerhalle, als neben uns die Blitze einschlugen.

Es kam vor, dass wir brennende Schiffe in tiefe Gewässer schleppten, wobei ich in mehr als einem Fall den Verdacht hegte, dass der Reeder das Feuer selbst hatte legen lassen, um Schulden für Hafenkosten und Heuer der Besatzung nicht übernehmen zu müssen. Manchmal holten wir auch Schiffe in Notlagen – die ich zuvor aufmerksam begutachtet hatte – in den Hafen hinein. Im Falle der *Carnival*, einem mit Kohle beladenen Massengutfrachter, der in einem Sturm am Kap der Guten Hoffnung einen schweren Seeschaden abbekommen hatte, setzte ich mich bei der Regierung von Togo persönlich dafür ein, dass das Schiff im Hafen repariert werden konnte.

Nirgendwo sonst an der Küste hätte der mehr als 200 Meter lange und mehr als 13 Meter tiefe Frachter anlegen können – und seine

Lage war äußerst kritisch: Dutzende Spanten mussten unter höchsten Sicherheitsvorkehrungen verschweißt werden. Die Bordwand hatte sich bereits gelöst und beulte sich unter dem Wasserdruck aus. Ich hatte einen solchen Schaden noch nie zuvor gesehen und bin sicher, dass die *Carnival* wenige Stunden später gesunken wäre. Ein Schiff, das Hilfe benötigt, darf man nicht aufs Meer hinausjagen, so lautete meine Devise. Wie die Beamten von Togo reagiert hätten, wäre der Frachter mit 54.000 Tonnen Kohle im Hafen auf Grund gegangen, möchte ich mir lieber nicht ausmalen.

Ich versuchte, den Männern von See zu helfen, wo immer es ging, ich hielt die Hafenkosten niedrig und sorgte für einen Zugang zum deutschen Seemannsheim mit Schwimmbad und Bücherei. Ich fühlte mich immer wie einer von ihnen. Fünf Jahre lang war ich selbst als Kapitän und Erster Offizier gefahren, bis mir durch einen Zufall die nautische Leitung des Hafens angetragen wurde; das Angebot kam im rechten Moment, denn immer wieder hatte ich darüber nachgedacht, dass die wichtigen Impulse immer häufiger von Land kamen und der Schiffsleitung immer weniger Einfluss blieb. Ich sagte zu, auch wenn die Freunde daheim es nicht glauben mochten: »Spinnst du? Was willst du denn da?«, die Frage hörte ich immer wieder. Im Paradies aber gab es sogar deutsches Schwarzbrot, das ich dank guter Kontakte zu einer Europa-Afrika-Linie organisieren konnte, auch wenn es manchmal zwei Tage dauerte, bis wir eine stabile Telefonleitung bekamen.

Die Afrikaner lernten von mir deutsche Gründlichkeit und ich erlernte den, nennen wir es: »afrikanischen Weg«. Ich gewöhnte mir an, leichte Probleme leicht zu nehmen, Dinge besser zu erklären und bei einem Anliegen nicht die Tür einzutreten, sondern sie lieber einen Spaltbreit zu öffnen. Wenn ich die Rubrik »Jahresurlaub, Deutsche Fachkräfte« in meiner Statistik lese: »Ottinger, 1.1.84-5.1.84«, dann muss ich lächeln. Es gab eben viel zu tun, es machte Spaß. Urlaub konnte man immer noch machen, wenn wir weiter waren mit unserem Projekt.

Dass ich in der Diktatur des Etienne Gnassinbé Eyadéma lebte und mit Vetternwirtschaft zu tun hatte, in der die Stellung eines Familienklans wichtiger war als die Qualifikation, dass ich jemanden wegen Unfähigkeit oder Faulheit feuerte, der am nächsten Morgen wieder ins Büro kam, weil er der Cousin irgendeines Ministers war und Schutz genoss, fiel mir nicht leicht. Je länger ich in Togo lebte, desto schwieriger wurden die Bedingungen. Anfangs war das Wasser im Hafen so klar gewesen, dass man den Grund und Dutzende Delfine sehen konnte. Je mehr Schiffe kamen, desto schlechter wurde die Qualität, zumal einige Kapitäne glaubten, die Bilgen ihrer Schiffe im Hafen lenzen zu können; andere Umweltsünder bauten Altautos aus Europa um, ließen Müll im Hafengebiet verrotten oder zündeten Reifen, die sie nicht mehr benötigten, einfach an.

Dichter schwarzer Rauch verpestete die Luft und die stinkenden Müllberge wuchsen immer weiter. Ich musste etwas unternehmen. Einer der Autohändler war ein einflussreicher Krimineller, der durch Kontakte zur lokalen Zeitung Druck ausübte: »Er verwaltet den Hafen, als sei es sein privater Acker«, schimpfte das Blatt. Ich bekam Morddrohungen. Fortan trug ich meine Beretta, Kaliber 7.65, auf jedem Weg ins Büro. Wir wohnten schon lange nicht mehr in einem Haus direkt am Strand, neben einigen Fischern, sondern in einer streng bewachten Anlage, der Heimat für die meisten Führungskräfte des Hafens. Schießereien häuften sich und oft genug trugen sich Szenen wie aus einem Wildwest-Film zu. Ich hatte eine Art Sondereinsatzkommando zusammengestellt, das gegen die organisierten Banden kämpfte.

Mehrfach überlegten wir, das Land zu verlassen, zum Beispiel, als ich davon erfuhr, dass eine Militärpatrouille in einem Stadtteil nahe dem Hafen mit einem Maschinengewehr in eine Menschengruppe schoss, die mit weißen Gewändern und Kerzen in den Händen protestiert. »Herr Ottinger, Sie bleiben so lange hier, wie ich Ihnen des sag«, hatte mir Bayerns Ministerpräsident Franz Josef Strauß zugeraunt, als er Mitte der 1980er Jahre den Hafen besuchte. Was mir mehr bedeutete, waren die Bitten meiner Mitarbeiter: »Patron, du darfst nicht gehen«, baten sie mich, wenn ich wieder einmal zweifelte. So blieben wir, in dem Gefühl, niemanden im Stich lassen zu können. 292 Mitarbeiter unterstanden meiner nautischen Abteilung und ich konnte spüren, wie durch das jahrelange Training und die Ausbildung

Strukturen entstanden. Auch wenn sie drohten, immer wieder hinfortgespült zu werden wie Sandburgen mit der nächsten Flut.

Als die Regierung Anfang der 1990er Jahre unter internationalen Druck geriet, die Entwicklungshilfe längst eingefroren war und man in der Bevölkerung den Willen zur Demokratie spüren konnte, wurde es besonders brenzlig. Generalstreiks, Putschversuche, Ausgangssperren lähmten den Hafen und die tägliche Furcht, zum Opfer eines Überfalls zu werden, erstickte jede Freude im Alltag. Aus dem Paradies war eine Art Vorhölle geworden. Man hatte den Eindruck, dass der Ausbruch von Anarchie drohte, denn die Bevölkerung hatte das Vertrauen in Polizei und Militär verloren und der soziale Druck erhöhte sich täglich. Im Hafen lungerten wegen des Missmanagements im Arbeitsamt mehr als 7000 Tagelöhner herum, die nicht wussten, wie sie sich und ihre Familien ernähren sollten. Maximal jedem Dritten konnte, sofern der Hafen ausgelastet war, Arbeit gegeben werden. Aufgrund der schlechten wirtschaftlichen Lage gab es aber kaum etwas zu tun.

Im November 1992 riefen die Oppositionsparteien und Gewerkschaften einen unbefristeten Generalstreik aus, der sich monatelang hinzog. Fast alle Schiffe fuhren an Lomé vorbei, denn im Hafen löschte niemand mehr die Ladung und keine Versicherung übernahm das Risiko. Ich begann damit, die Hafensicherheit neu zu organisieren, damit die letzten Anlagen nicht geplündert wurden. Das Hafenarbeitsamt wies mir 410 Wachmänner zu, die motiviert werden sollten, indem man ihnen ihre Löhne bar ausbezahlte – das Bankwesen war wegen des Streiks zusammengebrochen. »Die Hälfte ist einsatzbereit, der Rest besteht aus Invaliden, Trinkern und Arbeitsunfähigen«, schrieb ich in meinem Jahresbericht. Ärzte wagten es aus Furcht vor Übergriffen nicht, sie auszumustern.

Als Experten im Auftrag der Kreditanstalt für Wiederaufbau den Hafen inspizierten, ging meine Abteilung als einzige ohne Mängel aus der Prüfung hervor. Wir hatten trotz des allgemeinen Chaos damit begonnen, eine neue Computeranlage zu installieren, und für jeden Angestellten ein Stammblatt angelegt. Die meisten anderen Büros blieben hingegen geschlossen – und wenn jemand zur Arbeit erschien, ergingen sich die Mitarbeiter in endlosen Diskussionen. Am 23. Dezember 1994, einen Tag vor dem Heiligen Abend, hatte ich genug. Ich sah keinen Sinn mehr und mochte auch ein neues Regime, das an die Macht zu streben schien, nicht unterstützen. Es war ein sehr trauriger Tag.

Mit meiner Frau und mir kam ein alter Weggefährte nach Deutschland, Chicoletta, ein Graupapagei, 24 Jahre alt. Er fragte mich manchmal: »Siegfried, wo bist du?« In Gedanken befand ich mich noch oft in Lomé, in meinem Hafen. Ich dachte an den heißen Harmattan, wie der Landwind zur Trockenzeit heißt, ich träumte von den Anfangsjahren, als wir mit den Fischern hinausfuhren und den Delfinen zusehen konnten. Der Hafen Eden aber war abgebrannt.

Kapitän Siegfried Ottinger, Jahrgang 1939, kam mit seiner Familie in einem Flüchtlingstreck aus Schlesien im niedersächsischen Oldenburg an. Ottinger interessierte sich schon als Kind für die Seefahrt und unternahm seine ersten Reisen auf dem legendären Segelschiff *Passat*, bevor er seine Laufbahn als Leichtmatrose des Norddeutschen Lloyds begann. Fünf Jahre lang fuhr Ottinger mit dem Patent des Kapitäns auf großer Fahrt, bevor er Hafenkapitän in Togo wurde. 1987 zeichnete ihn Bundespräsident Richard von Weizsäcker mit dem Bundesverdienstkreuz aus. Nach seiner Rückkehr gründete er die Firma »Marcare«, mit der er heute unter anderem die knapp 1200 Schiffe unter der Flagge von Antigua und Barbuda betreut. Ottinger lebt in Schiffdorf, Niedersachsen.

KREUZFAHRT IN DIE UDSSR

1988 liegt das Kreuzfahrtschiff *Society Explorer* vor Alaska, als dem Kapitän eine verrückte Idee kommt. Als die Passagiere zustimmen, fährt er hinüber nach Sibirien, um im Sozialismus festzumachen. Doch ein Lotse erscheint nicht am vereinbarten Treffpunkt und Amerikas Zeitungen berichten vom »Kidnapping in die Sowjetunion«. Wird das Abenteuer für HEINZ AYE gut ausgehen?

Die Idee, mit einem Kreuzfahrtschiff hinüber in die Sowjetunion zu fahren, kam mir, als ich auf die Rückkehr der Passagiere wartete. Wir ankerten mit der *Society Explorer* vor Gambel, einer kleinen Insel vor der Küste Alaskas, auf der unsere 80 Gäste während eines Landgangs umherspazierten. ›Warum nicht einen Abstecher über die Datumsgrenze nach Provideniya machen?‹, dachte ich. ›Wir wären das erste westliche Passagierschiff in Sibirien.‹

Es war 1988, es gab noch den Eisernen Vorhang, auch wenn er schon etwas weniger eisern geworden war durch »Glasnost« und »Perestroika«, und wir befanden uns unmittelbar an einer kritischen Trennlinie zwischen den Weltmächten. Ich wusste von der »Distant Early Warning-Line« (DEW), einem System von Radarstationen, mit denen man zwischen Alaska und Kamtschatka überwachte, dass sich niemand auf das Territorium des anderen bewegte.

Von allen Seefahrern bewundere ich vor allem die Entdecker, Männer wie Cook, Bellingshausen, Scott oder Amundsen, den ersten Bezwinger der Nordwestpassage. Hinfahren, wo noch niemand anderes vorher gewesen war, dieser Gedanke faszinierte mich. Ich bat den Cruise Director, nach einer Russisch sprechenden Person zu suchen und sie auf die Brücke zu bringen. Sie hieß Maria, Mitte 20, eine Geologin mit schwarzen Haaren, der ich eine Telefonnummer gab: die

Nummer von Oleg Ivanovich Kulinkin, Bürgermeister von Provideniya, einem Außenposten von knapp 5000 Einwohnern. Ich hatte sie in Vancouver durch Zufall in einem russischen Reisebüro erhalten.

Marias Telefonat dauerte knapp zwei Stunden und wurde das teuerste meines Lebens, doch ich fand, dass 2000 US-Dollar gut angelegt waren für eine unglaubliche Nachricht: Bürgermeister Oleg hatte nach Rücksprache mit höheren Regierungsstellen zugestimmt, dass wir mit der *Society Explorer* in Provideniya einlaufen durften! Er erkundigte sich nach Länge und technischen Daten des Schiffs und versprach, einen Lotsen zu entsenden. »Kapitän, ich komme auf keinen Fall mit«, sagte Maria, die Geologin, die spürte, dass ich es ernst meinte. »Nach Sibirien? Niemals!«

Ihre Sorge schien nicht ganz unberechtigt. Ich erledigte einige Anrufe. Im Büro des Charterers, einer Firma in Seattle, schwieg der Geschäftsführer ergriffen in den Hörer, nachdem ich ihm von meinem Plan berichtet hatte. »Offiziell bekommen Sie von uns keine Zustimmung«, sagte er schließlich, »aber wir helfen Ihnen, wenn etwas schiefgehen sollte. Kapitän Aye, Sie alleine tragen die Verantwortung.«
»Gut. Wenn die Passagiere einverstanden sind, machen wir einen Abstecher nach Sibirien«, antwortete ich und legte auf.

Als die Gäste – allesamt amerikanische Bürger – zurück an Bord waren, gab ich Befehl, den Anker zu hieven. Ich vermied es, auszuklarieren, denn ich hätte das nächste Fahrtziel angeben müssen und damit die amerikanische Coast Guard alarmiert. Wir fuhren los, ohne die Hafengebühr zu entrichten, und gingen nicht auf einen nördlichen Kurs in die Nordwestpassage, sondern liefen Richtung Westen. Eine sowjetische Flagge, die sich an Bord fand, ließ ich waschen und bügeln. Im Großen Salon hielt ich eine Ansprache an die Passagiere. »Meine Damen und Herren, ich möchte von der geplanten Route über Point Barrow in die Nordwestpassage abweichen und mit Ihnen einen Abstecher in die UdSSR machen. Was ich Ihnen anbiete, ist der Ritterschlag der Expeditionsseefahrt: Zielhafen ist Provideniya, Sibirien. Was halten Sie davon?« Ich fürchtete, dass eine Meuterei losbrach, doch nach kurzem Erstaunen machte sich Begeisterung breit. Diese Passagiere waren nicht daran interessiert, Schlipse zu bemalen, sich zu kostümieren oder Tanzunterricht zu nehmen. Sie alle wollten Abenteuer erleben. Wir blieben auf Kurs UdSSR.

Ich liebe Eis, nicht nur in einem guten Drink. Ich mag die Herausforderung, die das Eis für einen Kapitän bedeutet, die Geräusche, wenn sich das Schiff durch die gefrorene See schiebt, selbst die gewaltigen Kräfte der Natur, die man kennen muss, um nicht in Gefahr zu geraten. Wenn katabatische Fallwinde drohen, erkenne ich das an der Wolkenbildung über einem Gletscher. Der Himmel konnte noch stahlblau sein und die See glatt und manche Passagiere, die schnell zurück an Bord mussten, wunderten sich, wenn ich sagte: »Schimpfen Sie nicht! In ein paar Minuten haben wir Windstärke 14.«

108 Mal bin ich seit 1977 in die Antarktis gefahren, besuchte fünf Mal die McMurdo-Station, 750 Kilometer vor dem Südpol, betrat 74 Mal den Felsen von Kap Hoorn, durchfuhr 185 Mal die berüchtigte Drake-Passage und fünf Mal die Nordwestpassage, umrundete insgesamt 39 Mal die Erde und als erster Kapitän Spitzbergen. Als Kapitän der schönsten Kreuzfahrtschiffe der Welt brachte ich mehr als 55.000 Passagiere in 120 Länder. Eine Aufgabe, für die man Seefahrer sein muss und Gentleman.

Nach jedem Landgang galt eine wichtige Regel für alle Passagiere und die Crew: Jeder hatte an der Gangway eine farbige Karte mit einer Nummer umzudrehen, damit die Besatzung wusste, dass alle wieder wohlbehalten an Bord waren. Es war nicht erlaubt, für seinen Ehepartner oder einen anderen Familienangehörigen die Karte zu wenden. Jemanden in der Antarktis auf einer Insel auszusetzen, ohne Zeugen und ohne Beweise, konnte der perfekte Mord sein.

Einmal hatten wir eine Exkursion auf King George Island in der Antarktis beendet und waren seit einer Stunde auf See, als eine weinende Frau auf die Brücke kam. »Ich finde meinen Mann nicht«, klagte sie, »er ist nirgendwo.« Ich verlangsamte die Fahrt, bestellte den Ersten Offizier und den Cruise Director zu mir, wies eine Lautsprecherdurchsage an und ließ in jeder Kabine nachsehen. Die Frau des Vermissten, eine Pfälzerin, etwa 65 Jahre alt, gab an, ihren Gatten zuletzt während eines Spaziergangs an Land gesehen zu haben, wo sie sich trennten. Am Switchboard war seine Karte umgedreht, was bedeutete, dass er sich an Bord des Kreuzfahrtschiffes befinden sollte. Doch auch Stewards und Matrosen konnten ihn nicht finden und ich ließ sofort den Kurs ändern: Volle Fahrt zurück nach King George Island!

Nach einer Stunde kam die Insel wieder in Sicht. Wir suchten mit Ferngläsern das Ufer ab und mir fiel ein schwarzer Punkt auf. Einige Minuten später konnten wir erkennen, dass der schwarze Punkt Arme hatte und verzweifelt winkte. Ein Zodiac wurde ausgesetzt, um den Mann zurück aufs Schiff zu bringen. Ich ließ ihn sofort auf die Brücke eskortieren. Was war geschehen?

»Nachdem ich einen Kaffee aus der Thermoskanne getrunken hatte, wurde mir übel und ich fühlte mich schlapp«, berichtete der Mann, ein älterer, gesetzter Herr. Er hatte sich hinter einen Felsen gesetzt, war eingeschlafen und nach dem Erwachen panisch vor Angst das Ufer entlanggelaufen, als er sah, wie das Schiff am Horizont verschwand. Es muss ein furchtbares Gefühl gewesen sein. Die nächste Nacht hätte er bei eisigen Temperaturen nicht überlebt.

Die entscheidende Frage lautete: Wer hatte die Karte an der Gangway umgedreht und vorgetäuscht, dass er an Bord war? Seine Frau beteuerte, die Karte nicht angerührt zu haben. Ein Kreuzfahrtschiff hat kein kriminaltechnisches Labor an Bord; wir konnten ihr nichts beweisen. Ich verbot dem Mann, im Laufe der weiteren Reise noch einmal an Land zu gehen, aber ihm stand ohnehin nicht der Sinn nach weiteren Ausflügen. Mir kamen die Ereignisse höchst merkwürdig vor. Ich befragte die Stewards, ob ihnen ein Streit der Eheleute aufgefallen war, doch niemand hatte etwas bemerkt. Zur Sicherheit bat ich darum, auf Ungereimtheiten zu achten, doch der Rest der Reise verlief ohne Zwischenfälle.

Die *Society Explorer* überquerte die Grenzlinie zwischen den Weltmächten, ohne dass ein Kriegsschiff in Sicht kam. Bis Sibirien war es nicht weit, knapp 17 Stunden. Über Funk riefen wir nach dem Lotsen, den Bürgermeister Oleg zu schicken versprochen hatte. Doch niemand kam und das Wetter verschlechterte sich stündlich: Regen,

Sturmböen, die Dünung nahm zu. Ich entschied, auch ohne Hilfe weiter in den Fjord hineinzulaufen. Ein großes Lotsenboot hielt nun auf uns zu, ein alter Kahn, den nur der Rost zusammenzuhalten schien. Seine Positionslichter waren in der aufgeschäumten See zu erkennen, doch an das Übersetzen eines Lotsen war nicht zu denken. Wir folgten seinen Lichtern, bis wir in ruhigeres Gewässer kamen. Um kurz nach Mitternacht machten wir im strömenden Regen und schwarzer Nacht an der Kaimauer von Provideniya fest.

Üblicherweise kommen vier bis fünf Personen an Bord, um ein Schiff einzuklarieren. In Provideniya waren es, so schätzte ich, 35 Beamte in dunkelgrünen Uniformen. Sie trugen Aktentaschen, in denen sich eine Menge Stempel befanden, aber auch viel Platz, um Gastgeschenke zu verstauen: Flaschen mit Cognac, Bier, T-Shirts, auf denen der Schiffsname gedruckt war, vor allem aber Zigaretten. Einige hielten die Stangen Marlboro in den Händen, als handele es sich um Wundermittel. Nach drei Stunden waren die Formalitäten erledigt.

Als der Morgen dämmerte, sahen wir, wie heruntergekommen die Hafenanlagen waren, Schmutz überall, die Kräne verrostet und die Hallen baufällig. Einige kleine Busse parkten auf der Pier, denn Bürgermeister Oleg hatte eine Stadtrundfahrt für unsere »Amerikanski« organisiert. Die Busse hatten keine Fenster, die Sitze waren herausgerissen und die Reifen so stark abgefahren, dass sie auf der Karkasse liefen. Wir stellten Stühle von Deck in die Busse hinein und holperten dann durch den Ort, über Straßen, die sich als Versuchsstrecken für Stoßdämpfertests eigneten.

Die Plattenbauten waren in miserablem Zustand, der Beton wies nasse Flecken auf, weil überall Wasserrohre aufgeplatzt waren; man konnte sich vorstellen, wie es in diesen Wohnblöcken roch, muffig, nach Feuchtigkeit und Schimmel. Die Armut war auch in den Fenstern zu erkennen. Nirgendwo sah man einen Vorhang oder eine Gardine, nackte Glühbirnen hingen von den Decken. Man fuhr mit uns ins Rathaus, einen Betonklotz, der wie ein Bunker aussah, und anschließend in das sogenannte Volkstheater. Eine Folkloregruppe trat in bunten Kostümen auf, »Kalinka, Kalinka« sangen die Frauen und doch wirkte ihr Tanz traurig.

Am Abend wollte ich wieder auslaufen, um nicht den Fahrplan der weiteren Reise zu gefährden, doch so einfach war das nicht. Eine Delegation der Stadtspitze von Provideniya kam an Bord, um ein Abschlussdinner einzunehmen. Unser Küchenchef reagierte schnell auf den Überraschungsbesuch und als Bürgermeister Oleg eine Rede hielt, von der ich immerhin verstand, dass es um Freundschaft ging, sahen die Würdenträger ergriffen aus. Inuitkinder sangen herzerweichende Lieder und wir verteilten die letzten T-Shirts. Oleg küsste mich nach russischer Manier auf die Wangen, eine Sitte, an die ich mich nicht gewöhnen könnte.

Gegen Mitternacht legten wir ab und fuhren ostwärts, zurück in amerikanische Hoheitsgewässer, und tauschten die russische Flagge am Mast gegen die »Stars and Stripes«. Es dauerte nicht lange, bis ein Fax der amerikanischen Coast Guard auf der Brücke eintraf: »Warnung: Kapitän, bringen Sie Ihr Schiff sofort zurück nach Attu (Aleuten) oder Nome (Alaska)!« Ich leitete diese Weisung sofort weiter ins Büro unseres Charterers in Seattle. Die Firma erreichte, dass man uns in Barrow Points abfangen wollte; währenddessen schrieb ich ein Telegramm an das »Foreign Affairs Department« in Washington, in dem ich mich für meinen Fauxpas entschuldigte: »Es war ein Besuch der Freundschaft, nach einer Einladung der russischen Seite.«

Am Ankerplatz von Point Barrow kamen so viele amerikanische Behördenvertreter an Bord wie bei keinem anderen Besuch zuvor. Sie sahen ziemlich sauer aus. Ich wiederholte mein Pardon und verwies auf unseren »Friendship Call«, was die Beamten milder stimmte: Sie reduzierten die Strafe von 36.000 auf 5000 US-Dollar. Eine Summe, die winzig erschien angesichts des Werbewerts unseres Besuchs: Mehr als 90 amerikanische Zeitungen berichteten vom »Kidnapping« des deutschen Kapitäns nach Sibirien. Der Charterer zeigte sich über die kostenlose Reklame hocherfreut.

Drei Tage waren wir auf See, mit Kurs Nordwestpassage und dem Land der Eisbären, als man einen »blinden Passagier« meldete. Ein junger Mann aus Florida, der den amerikanischen Kontinent als Anhalter durchquerte. Er hatte das Namensschild eines Passagiers ergattert, der ausgestiegen war, und sich damit auf ein Schlauchboot geschlichen.

Erst dem Cruise Director fiel er nach einigen Tagen während einer Mahlzeit auf. »Wo ist bitte Ihr Ticket?«, fragt er den jungen blonden Mann. »Sorry, ich habe keins«, antwortete er. Die Nächte hatte er, eingehüllt in mehrere Lagen Decken, in einem Rettungsboot an Deck verbracht. »Kapitän, ich möchte die Nordwestpassage mitmachen«, bat er mich, als er auf die Brücke kam, »ich schäle gerne Kartoffeln.«

Ich spürte Sympathie für den Jungen, doch helfen konnte ich ihm nicht. Den Gesetzen nach musste ich ihn der amerikanischen Küstenwache übergeben. Am nächsten Ankerpunkt, einer US-amerikanischen Insel, brachte ich ihn in einem Schlauchboot an Land, wo ein Hubschrauber wartete, der ihn in die nächste, größere Siedlung flog. »Hau ab, Junge!«, sagte ich und grinste ihm zum Abschied hinterher. »Pass auf dich auf!« Ich hatte dem Agenten unseres Charterers einige Flaschen Whisky zugesteckt, damit er die Angelegenheit unauffällig regelte.

Zehn Jahre später, im Sommer 1998, steuerte ich mit einem anderen Kreuzfahrtschiff, der *Hanseatic*, wieder Provideniya an. Der erbärmliche Zustand des Ortes hatte sich weiter verschlechtert; Provideniya glich einer Geisterstadt, aus der verschwand, wer konnte. Im kleinen Museum entdeckte ich Fotos unseres Sensationsbesuches, doch meinen Bekannten Oleg konnte ich nirgendwo finden. Ich erfuhr eine traurige Geschichte: Einige Jahre zuvor war er von Mördern der örtlichen Mafia erschossen und ins Meer geworfen worden. Ich suchte das Grab von Oleg Ivanovich Kulinkin, dem mutigen Bürgermeister, ich suchte lange danach, doch finden konnte ich es nicht.

Kapitän Heinz Aye, Jahrgang 1936, wuchs im Taunus auf. 1953 fuhr er mit dem Zug nach Bremen, um zur See zu fahren, und kam als Moses auf dem Schulschiff *Deutschland* unter. 1962 machte er sein Kapitänspatent und fuhr in seiner Laufbahn 18 Schiffe. Aye gilt als einer der bekanntesten deutschen Kreuzfahrtkapitäne, nach dem in der Antarktis sogar eine Landmarke benannt ist, das Aye Kliff bei der James-Ross-Insel, tief im Antarktis Sound. Bis heute ist der Vater von drei Töchtern, 2001 pensioniert, auf den Meeren unterwegs – als Berater der Kapitäne. Er lebt in Bad Orb, einer kleinen Kurstadt im Spessart.

RHEINLIEBE

Einen weißen Wal hat er in seinem Fluss gesehen, einmal suchte die Polizei jemanden an Bord und die Burgen entlang der Loreley findet er auch nach mehr als 1000 Reisen interessant. Doch dann geschieht im Nebel über dem Niederrhein etwas, vor dem sich auch ein erfahrener Flusskapitän fürchtet. PETER ZÖLLER über die Nacht der Karambolage.

Auf große Fahrt mochte ich nie gehen, weil ich meine Frau und meine Kinder nicht lange alleine lassen wollte. Und weil ich den großen Fluss liebe. Wenn ich den Rhein einige Tage lang nicht sehe und seinen Geruch nicht in der Nase habe, diesen seltsam schönen Duft, nach Wiese und Wald und Stadt zugleich, eine Art Parfum, das nur der Rhein verbreitet, dann fehlt mir etwas. Der Rhein ist mein Arbeitsplatz – und er ist mein Zuhause.

Wie viele Male ich über den Strom von Basel nach Rotterdam und zurück gefahren bin, habe ich nicht gezählt, aber es müssen weit mehr als tausend Reisen gewesen sein. Einige Abschnitte kenne ich so gut, dass ich anhand der Folge der Ruderlegung wüsste, wo wir uns gerade befinden. Früher, als man noch wenig Wert auf Umweltschutz legte, konnte man an der Farbe des Wassers erkennen, wo man gerade war: Hinter den Chemiewerken von Ludwigshafen schimmerte der Fluss wie ein Malkasten in den Farben Grün, Rot oder Violett, aber zum Glück ist das lange her.

Ich habe einen Kapitänskollegen aus der großen Fahrt auf der Brücke begrüßt, der als Passagier eine Flusskreuzfahrt gebucht hatte. Nach einer halben Stunde und mehreren Anlegemanövern sagte er erstaunt: »Wissen Sie was: Sie sind wirklich schnell!« Mit welchem Tempo, mit welcher Präzision und Sicherheit wir das Schiff an den

Anleger brachten, unter schwierigen Bedingungen mit starker Strömung und dichtem Verkehr, das schien er zu bewundern. Kapitän auf einem Fluss zu sein erfordert Konzentration in jeder Minute. Nicht nur viele Schiffe, sondern auch Berge von Treibholz sind auf dem Fluss unterwegs. Nach einem Hochwasser habe ich eine komplette Wohnzimmereinrichtung vorbeischwimmen sehen.

Ich kann nicht von Monsterwellen berichten, von wilden Häfen oder von Piratenüberfällen, doch ich finde, dass eine Kreuzfahrt auf einem Fluss für Passagiere spannender ist als eine Reise auf hoher See. Es gibt hinter jeder Kurve etwas anderes zu entdecken und nicht nur das weite Blau. Mein Lieblingsabschnitt auf dem Fluss ist das Gebirge zwischen Rüdesheim und Koblenz, wo sich der Rhein durch dieses großartige Panorama windet und ich mich noch immer an der Schönheit der Burgen erfreue. Nachts durch Städte wie Köln oder Düsseldorf oder Basel zu gleiten, hat für mich auch nach vielen Jahren noch seinen Reiz. Wobei ich an Köln nicht nur schöne Erinnerungen habe, insbesondere wegen einer Vatertagstour, die so außer Kontrolle geriet, dass Tische und Stühle über Bord flogen. Es ist wahr: Kaum ein Flusskapitän mag Köln, wegen der wilden Passagiere, die dort einsteigen.

Wer auf dem großen Fluss unterwegs ist, kann Aufregendes erleben. 1966 sah ich den legendären weißen Wal, den man »Moby Dick« nannte, vor dem Hafen von Duisburg. An der Loreley, wo die Strömung am stärksten ist, fiel mir einmal die Kesselanlage komplett aus; der Boden ist an dieser Stelle so felsig, dass kein Anker hält. Mit knapper Not gelang es, an einigen gefährlichen Untiefen vorbeizukommen. Abseits der Fahrrinne schafften wir es in eine Bucht, wo die Anker hielten und unsere Maschinisten den Antrieb so weit reparieren konnten, dass wir zum nächsten Anlieger kamen. Von den mehr als 700 Passagieren bekam kaum einer mit, wie brenzlig diese Minuten waren.

Einmal legte die Wasserschutzpolizei meinen vollbesetzten Dampfer in Bingen an die Kette, weil man ein Verbrechen an Bord vermutete. Ich glaubte zunächst an einen Scherz, doch die Lage war ernst: Ein Passagier, ein Franzose, galt nach dem Besuch einer Toilette als vermisst, woraufhin mehr als ein Dutzend Uniformierter jeden Winkel des Schiffes durchsuchten. Zum Glück tauchte das vermeintliche Opfer einen Tag später wieder auf, an Land, ziemlich weit entfernt.

Am liebsten mag ich meinen Rhein im Mai, wenn die Ufer saftig grün erstrahlen, und im Herbst, wenn die Rheinhänge rötlich farbig leuchten. In Sommernächten sieht man Hunderte Lagerfeuer an den Ufern; im Herbst wabert der Nebel so dicht über dem Wasser, dass man den eigenen Bug kaum erkennt. An diesen Tagen ist es nicht nur besonders romantisch, sondern auch gefährlich auf dem Fluss. Nebelfahrten sind ein Problem, das jeder Kapitän fürchtet.

Zunächst war es ein klarer, ein sonniger Tag, als wir im Herbst 1986 mit der *MS Austria*, einem eleganten Kreuzfahrtschiff, von den Niederlanden in Richtung Basel unterwegs waren. Am Abend endete meine Brückenwache und ich ging in den Salon, um mehr als 180 Passagiere, fast alle US-Amerikaner, während eines feierlichen Dinners zu begrüßen. Etwa eine Stunde später legte ich mich schlafen, in einer Kabine im Unterdeck; als klare Anweisung für die Kollegen galt, mich auf die Brücke zu rufen, sobald dichter Nebel über dem Niederrhein aufziehen sollte.

Um kurz nach vier, zwischen Uerdingen und Düsseldorf, weckte mich ein stumpfer Schlag, so heftig, dass ich beinahe aus meiner Koje fiel. ›Oh nein, wir sind über etwas ganz Großes drübergefahren‹, war mein erster Gedanke. Ich zog nur schnell eine Hose an, verzichtete in der Eile auf ein Hemd und hastete die Treppe zur Brücke hinauf.

»Was ist los?«, rief ich.

Der Steuermann, normalerweise ein erfahrener, besonnener Mann, mit dem ich schon einige Jahre lang arbeitete, war vor Aufregung kaum ansprechbar. Wie ich später erfuhr, hatte er sich über meine Anweisung, mich im Falle von Nebel zu wecken, mit den Worten: »Lasst den Alten mal schlafen. Es reißt in den nächsten Minuten wieder auf« hinweggesetzt.

Ich verstand, dass ein Schubboot, das auf dem Fluss drehen wollte, uns voll in die Seite gefahren war. Es hatte uns regelrecht gerammt, wie eine Galeere in einem alten Monumentalfilm. Ich unterdrückte diverse Verwünschungen und manövrierte die *Austria* zwischen zwei

Buhnen ans Ufer, wo ich ankern ließ. Die ersten Matrosen, die ich ausgesandt hatte, um den Schaden festzustellen, kamen mit Nachrichten zurück: Wir machten kein Wasser, wie durch ein Wunder, doch mehrere Kabinen schienen stark beschädigt zu sein. Ich eilte nach unten, um mir selbst ein Bild von der Lage zu machen.

Auf dem Gang angekommen, sah ich durch eine geöffnete Tür eine Szene, die ich nie vergessen werde: Ein älteres Ehepaar saß in Nachthemd und Bademantel in seinem Bett und beobachtete kritisch die Decke, die sich zusammengefaltet hatte und Wellen warf. Durch die Wucht des Aufpralls hatte sich ihre Kabine halbiert. Ein Fenster war gesprungen und etwas Wasser hineingespritzt, doch das Ehepaar, Amerikaner von der Ostküste, schien davon wenig beeindruckt zu sein.

»Kapitän, es hat eben etwas geknallt«, stellten sie fest. »Ist alles in Ordnung?«

»Wir hatten leider eine Kollision, aber ja, sonst ist alles in Ordnung«, entgegnete ich.

Zurück auf der Brücke machte ich, nachdem ich die Reederei informiert hatte, eine Durchsage, um allen Passagieren den Stand der Dinge zu erklären. Beruhigen musste ich sie nicht, denn an Bord herrschte keine Panik, nur eine leichte Aufregung; die Gäste tranken Kaffee und plauderten miteinander. Niemand war verletzt worden, aber der Schaden an der *Austria* war enorm. Insgesamt 17 Kabinen hatte das Schubschiff zusammengedrückt.

Mit langsamer Fahrt kamen wir vorwärts und legten am Morgen in Düsseldorf an, wo die Passagiere an Land gingen und mit Bussen in ein Hotel gebracht wurden. Ingenieure der Reederei kamen an Bord, konnten aber nicht viel mehr unternehmen, als die Werft in Holland zu informieren. Der Schaden betrug mehr als eine Million D-Mark.

Kapitän Peter Zöller, Jahrgang 1943, ist einer der bekanntesten Kapitäne auf Europas Wasserstraßen. Seit frühester Kindheit war sein Weg »wie vorgezeichnet« (Zöller), denn sein Stiefvater fuhr Frachtschiffe auf dem Rhein. Mit 15 Jahren heuerte Zöller an, fiel bei seiner ersten Fahrt gleich in ein Becken des Duisburger Hafens und sah auf dem Fluss einen Passagierdampfer der »weißen Flotte«, wie die Schiffe der Köln-Düsseldorfer Rheinschifffahrtsgesellschaft (KD) genannt werden. »Von diesem Moment an wollte ich Kapitän der KD werden«, erinnert sich Zöller. Im Dezember 2008 ging er in den Ruhestand – nach 46 Jahren in Diensten der Reederei. Zöller, verheiratet, Vater von drei Kindern, lebt in seinem Heimatort Urmitz in der Nähe von Koblenz.

DOCKERSTOLZ

Herbst 1952, der Nebel hängt schwer in Londons Hafen. Weil ein Docker entlassen worden ist, sind alle Hafenarbeiter in Streik getreten. Woche um Woche vergeht und auch die Crews der festliegenden Schiffe sind zum Nichtstun verurteilt. Sobald jemand sein Schiff streichen will, erscheinen Männer unter Bowler-Hüten und stoppen die Arbeit. GOTTFRIED HILGERDENAAR erfährt, wer die wahren Herrscher des Hafens sind.

Wir leben in einer Zeit, in der man alles kaufen kann, alles außer Haltung und Stolz. Mich macht es oft ratlos, wenn ich in der Zeitung lese, dass Menschen ihre Jobs verlieren und Konzerne am gleichen Tag neue Rekordgewinne verkünden. Ganz egal, ob es sich um Mobiltelefonproduzenten oder Banken handelt, die Geschichten ähneln einander: Man liest von Hilflosigkeit der Arbeiter und Angestellten und von der Ohnmacht der Gewerkschaften. Ich denke dann an die Docker von London, erinnere mich, wie damals im Hafen der englischen Hauptstadt die Dinge liefen, und muss schmunzeln.

London anzulaufen empfand ich, seinerzeit Zweiter Offizier auf der *Bussard*, einem kleinen Stückgutfrachter, als besonderes Erlebnis, schon wegen der Reise die Themse hinauf. An den Kaianlagen, den »Jetties«, lagen die alten Kohlenschiffe und auf dem Fluss kreuzten bunt bemalte Lastensegler. Acht geben musste man auch auf treibende Bargen, besonders im schweren Londoner Nebel, der zu dieser Stadt gehörte wie Big Ben oder die Tower Bridge.

Im Nebel hörte man, dass auf den Lastkähnen, die nur mit schwachen Petroleumlampen beleuchtet waren, Glocken geschlagen wurden. Ein Gebimmel lag über dem Wasser, gedämpft vom schweren Grau. Vorsichtig tasteten wir uns nach London hinein und es erschien mir oft wie ein Wunder, dass wir ohne Kollision in den Docks festmachten. Die Schuppen aus Backstein waren geschwärzt vom Ruß der Jahrzehnte, Laternen schnitten Lichtkegel in den Schleier aus Dunst und in den schmalen Gassen knarrten halb abgerissene Tore. Tief in der Nacht, wenn es still war über den Docks, konnte man hören, wie die Waggons der »Tube« unter den Hafenbecken durchratterten.

Alle an Bord freuten sich auf die Docks von London, denn der Liegeplatz war nicht nur etwas gespenstisch, sondern auch interessant: Ganz in der Nähe befand sich der Pub »Prospect of Whitby«, 1543 eröffnet und angeblich älteste Kneipe an der Themse. Im »Prospect«, der während des 17. Jahrhunderts »Devil's Tavern« hieß und ein berüchtigter Treffpunkt von Schmugglern und Halsabschneidern war, atmete man eine Luft wie in einer Räucherkammer. Jeder Gast rauchte, als verlange das die Hausordnung; Männer unter Schieberkappen lehnten am Tresen und kippten Pint-Gläser mit Bier. Eine Treppe führte hinauf in einen Raum, zu dem einfache Seeleute keinen Zutritt hatten. Ich habe es einige Male versucht, aber stets versperrte mir ein schrankartig gebauter Kerl den Weg. Prinzessin Margret, so erzählte man sich am Tresen, gönnte sich im ersten Stock so manchen Gin.

Zum Ritual der Einreise gehörte, wie in jedem Hafen, der Besuch der Zöllner. Anders als in Spanien oder anderen südlichen Ländern, wo sie einen Koffer bei sich trugen, den man besser mit Schnaps und Zigaretten füllte, um Ärger zu vermeiden, erwiesen sich die englischen Beamten als absolut unbestechlich. Sie nahmen ihre Aufgabe stets genau, durchsuchten die *Bussard* und wühlten in jeder Kammer, um Schmuggelware zu entdecken. In der Kammer des Ersten Ingenieurs stand ein Tisch auf einer hohlen Eisensäule, einem idealen Versteck für Zigaretten und Flaschen. Auf jeder Reise nahmen die Zollbeamten diesen Tisch auseinander. Eines Tages bekam der Erste Ingenieur – ein Mann mit höchsten moralischen Ansprüchen, dem das Schmuggeln nie in den Sinn gekommen wäre – einen Wutanfall. Er schrie: »Jetzt reicht es! Ich werde mich beschweren – und wenn ich bis zur Königin gehen muss!« Erschrocken verließen die Zöllner seine Kammer und informierten ihren Vorgesetzten, der an Bord erschien und sich auf Deutsch entschuldigte. Bald darauf kam ein

Tischler, der das Möbel reparierte. Nie wieder inspizierte jemand die Kammer des Ersten Ingenieurs.

Die Beamten erwiesen sich nicht nur als höflich, sondern auch gewitzt, wenn es darum ging, die alten und komplexen Gesetze des Empire neu zu interpretieren. Auf einer Reise hatte ich in Hamburg ein kostbares Gemälde übernommen, das mit der für damalige Verhältnisse astronomischen Summe von einer Million Mark versichert war. Die Auflage: Das Kunstwerk durfte nur von mir persönlich von Bord transportiert werden, was kein Problem darstellte, denn das Bild war von tragbarer Größe und Gewicht. Ich hob das Bild also an und wollte damit gerade über die Gangway, als eine aufgeregte Stimme rief:

»Stopp! Halt! So geht das nicht!«

Ein Zollbeamter erinnerte mich daran, dass es gegen das Gesetz verstieß, als Mitglied der Mannschaft Ladung selbst auf die Pier zu bringen. Ausnahme, please? No, Sir. Wegsehen? No, Sir! Bitte! Sir! Aber auch den Hafenarbeitern war es in einem anderen Paragraphen strengstens untersagt, Ladung per Hand an Land zu tragen. Was also tun? Wir diskutierten, bis dem Zöllner eine Idee kam. »Ich beschlagnahme das Gemälde!«, rief er, nahm es und trug es in sein Büro am anderen Ende der Pier. Der Empfänger, den ich über den Schachzug informierte, konnte das Bild ohne Auflagen oder Gebühren abholen.

Einmal sollten wir ein Pferd von London nach Bremen bringen, ein Vollblut mit dunkler Mähne, das wir in einer Luke achtern unterbringen wollten, um es auf See leichter versorgen zu können. Nun stand das Pferd aber in einem provisorischen Stall in einer der vorderen Luken. Nach einem alten Gesetz durften die Docker nicht von einer Luke in die andere gehen, um die Pferdepension umzubauen. Sie weigerten sich und zuckten mit den Schultern. Ich fragte einen Zollbeamten um Rat, der kurz überlegte, auf die Hafenarbeiter zuschlenderte und sagte: »Meine Herren, ich bin Mitglied des königlichen Pferdeclubs und berufe mich hiermit auf das königliche Tierschutzgesetz«, den Rest bekam ich nicht mehr mit, weil ich lachen musste. Eine Stunde später befand sich das Pferd samt Stall in der gewünschten Luke.

1

2

1 Kapitän Hilgerdenaar genoss als junger Offizier die Landgänge in der englischen Hauptstadt und die Pints im gemütlichen Pub »Prospect of Whitby«. **2** Kein Jazzklubensemble auf Betriebsausflug, sondern Arbeiter in den Londoner Docks, mit Sinn für Stil in der »Teatime«. (Fotos: privat)

Die Docker sahen nicht aus, wie man sich heute Hafenarbeiter vorstellt: Die meisten trugen statt Blaumann Krawatte, Hemd und Mantel, den sie sich leger über den Arm legten. Wer heute die Fotos betrachtet, denkt eher an die Zigarettenpause einer Jazzband als an Männer, die körperlich harte Arbeit leisteten. Sie verhielten sich gegenüber der Crew stets freundlich, waren hilfsbereit und zuvorkommend. Morgens warfen sie mir ihre ausgelesenen Zeitungen ins Bulleye, die sie auf der Suche nach den Ergebnissen der Windhunderennen geblättert hatten. Wehe aber, etwas verstieß gegen die Regeln ihrer Gewerkschaft.

Eine Gang von Dockern bestand aus 13 Männern. Fehlte nur einer von ihnen zum Arbeitsbeginn, setzten sich alle anderen auf die Luken, spielten Karten, lasen Fußballberichte oder rauchten. Erst, wenn die Gruppe vollzählig war, begann die Arbeit. Unantastbar war die »Teatime«, ein Ritual, das genau zehn Minuten dauerte und für das sie vorher einen Kessel in die Kombüse brachten. Im Heißwasserkocher wäre es natürlich zu schnell gegangen. Billy, der Vorarbeiter, ein kleiner, schmächtiger Kerl mit allzeit schmutzigen Händen, auf den alle hörten, zog einen Lappen von zweifelhafter Sauberkeit aus seiner Manteltasche und putzte die Mugs. Diese zehn Minuten, in denen sie nun mit dampfenden Tassen beieinanderstanden, über die Ergebnisse des FC Millwall oder der Hunderennbahn fachsimpelten, gehörten zum festen Ablauf eines Tages.

Um Punkt 17.00 Uhr hatten die Docker Feierabend, ganz egal, ob das Schiff noch nicht gelöscht war oder ob es dringend ablegen musste, weil die Ware eilig war. Anders als etwa in Rotterdam, wo manche Nacht durchgearbeitet wurde, rührten sich die Docker von London nicht mehr. In seltenen Ausnahmen machten sie, auf flehentliche Bitten, eine Überstunde, aber um spätestens 18.00 Uhr verließ auch der letzte Arbeiter den Hafen. Was uns Seeleuten gelegen kam, denn es blieb Zeit für einige Biere im »Prospect of Whitby«, bis der Schlag einer Glocke die letzte Runde einläutete.

Jederzeit konnte es in den Docks von London zu einem Streik kommen. Eine Unstimmigkeit genügte, damit die Gangs zuerst das Schiff, dann das Hafenbecken und Stunden später den kompletten Hafen lahmlegten. Ihre Solidarität wirkte und die Chefs der Stauereien überlegten es sich, ob sie einen Arbeiter wegen eines Fehlverhaltens feuern sollten. Streiks konnten sich über Wochen hinziehen, manchmal dauerten sie sogar monatelang. Auch für die Schiffsbesatzungen bedeutete dies: Nichtstun. Wir versuchten einmal, die Zeit zu nutzen, um die Laderäume zu reinigen, und hatten gerade die Luken geöffnet, als ein großer schwarzer Wagen vorfuhr, aus dem Männer mit Bowler-Hüten stiegen: Gewerkschaftsbosse. Sie sahen kurz zu, was wir machten. Dann rief einer von ihnen scharf: »Work stops now!« Wer nicht für immer festliegen mochte, tat besser daran, ihren Anweisungen zu folgen. Sie waren die Herrscher im Hafen.

Manche Streiks zogen sich derart in die Länge, dass wir es vorzogen, abzulegen und zurück nach Bremen zu dampfen. Als wir Maiglöckchen transportierten, wuchsen nach drei Wochen Ranken aus den Körben – aber löschen durften wir die Pflanzen nicht. Aus Sicht der Geschäftsleute muss es kaum erträglich gewesen sein. Ich erinnere eine große Menge Schuhe, die mit einem altertümlichen, hydraulischen Kran regelrecht in eine Lagerhalle geschleudert wurde. Die Kartons rissen auf, überall auf der Pier lagen Schuhe verstreut und als ich mir den Schuppen von innen ansah, entdeckte ich ein Chaos unterschiedlichster Fracht, die seit Jahren vor sich hingammelte. Niemand wusste, wem das Zeug gehörte, niemand konnte es abholen, aber niemanden schien das zu stören.

Auf jedem Kran saßen ein Führer und auch ein Öler, der nichts anderes tat, als den Zylinder der Hydraulik zu schmieren. Jahre später, als die Kräne elektrisch liefen, hockten die Öler noch immer auf den Kränen – obwohl es gar nichts mehr zu schmieren gab. Ich wunderte mich, als ich zusah, wie Autos auf die *Bussard* verladen wurden: Fünf, sechs Docker schoben ein Auto, das auch vier Arme leicht bewegt hätten. Die Erklärung war einleuchtend: Für jeden Wagen, den ein Arbeiter mitgeschoben hatte, bekam er einen Schilling extra. Also packten alle mit an, mit schmutzigen Handschuhen. »Fingerprints on top of the cars« stand in jedem Ladebericht.

Gestohlen wurde nie etwas. Nur einmal fehlten einige Flaschen Bier. Der Dieb, ein neues Mitglied der Gang, wurde von den eigenen Leuten erwischt. Sie hielten Rat und entschieden sofort: Der Mann hatte die fehlenden Flaschen beim Steward neu zu kaufen und die Vorräte aufzufüllen. Den Hafen durfte er nie wieder betreten.

Zu den Dingen, an die ich mich weniger gerne erinnere, gehörte die Qualität des Flusswassers. Es gab eine Regel: Wer in die Themse fiel, musste anschließend ins Krankenhaus, um sich den Magen auspumpen zu lassen. Das Wasser war eine trübe, stinkende, verseuchte Brühe, denn die Becken hatten kaum Zufluss. An Bord durften keine Toiletten benutzt werden, damit die Lage nicht noch schlimmer wurde. Im Winter froren gelegentlich die sanitären Einrichtungen an der Pier ein – Matrosen und Offiziere gingen ihren Geschäften in getrennten Örtlichkeiten nach –, was bedeutete, dass Mitarbeiter der Hafenverwaltung mit Eimern umhereilten, um nachzuspülen.

Wenn nachts der Wind die Richtung wechselte, konnte man davon geweckt werden, dass Leichter gegen die Bordwand knallten. Sie trieben quer durch den Hafen, weil es niemand für nötig hielt, sie anzubinden. Wozu auch? Die Schleuse wurde nur bei Hochwasser geöffnet, so dass sie gegen den Strom nicht davonschwimmen konnten. Schleusen war wegen der musealen Technik ein komplizierter, umständlicher Vorgang und es war bekannt, dass jene Schiffe bevorzugt wurden, mit deren Besatzung sich der Schleusenwärter gut verstand. Wir kamen mit der *Bussard* meist zügig an die Reihe, weil er auf der Brücke einen deutschen Schnaps kippen konnte. Es gab keine Hektik in diesen Tagen, wenig Eile, keinen Stress. Vor allem aber spürte man eine menschliche Wärme, die ich später nie mehr erlebt habe. Der Kapitän der *Bussard*, ein netter, stets freundlicher Familienvater, war überraschend an einem Herzinfarkt gestorben. Es war eine Tragödie und als die Docker davon erfuhren, fragte mich Billy, der Vorarbeiter mit den schmutzigen Händen: »Was passiert mit seinen beiden Jungen?« Als wir das nächste Mal festmachten, standen die Docker mit großen Kartons an der Pier.

Sie hatten Geld gesammelt und den Kindern Geschenke gekauft.

Kapitän Gottfried Hilgerdenaar, Jahrgang 1925, wuchs auf einem Bauernhof am Teutoburger Wald auf. Als ihn ein Berufsberater in der Schule fragte, was er werden wolle, antwortete er: »Seemann.« Hilgerdenaar wurde Funker der Kriegsmarine, überlebte den Krieg auf einem U-Boot und heuerte als Hochseefischer an. 1959 machte er sein Kapitänspatent, blieb aber ab 1962 an Land, seiner Kinder und der Familie zuliebe. Bis zu seiner Pensionierung fuhr Hilgerdenaar die Schwimmkräne eines großen Bergungsunternehmens. Er lebt in Bremerhaven.

ENUNG

+++ 32° 14' S, 72° 03' E
+++ IM INDISCHEN OZEAN
+++ AUF EINEM U-BOOT-VERSORGER
+++ 12. MÄRZ 1944

MONSUN

Die Lage ist verzweifelt, der Kapitän ein Widerling und sein Befehl eindeutig: Bevor das Schiff vom amerikanischen Zerstörer versenkt wird, soll der junge Offizier zwei gefangene Seeleute exekutieren. HANS RUDOLF MÜLLER überlegt, wie er dem Kriegsgericht entgehen kann, als an Bord Sprengladungen hochgehen.

»Müller, Sie erschießen jetzt die Gefangenen«, herrscht mich Altstrom* an, »beeilen Sie sich!«

»Aber Herr Kapitän, das sind ... das sind doch alte Männer!«, entgegne ich, stammele fast, denn ich kann nicht glauben, zu welcher Niedertracht dieser Widerling fähig ist.

»Dies ist ein Befehl, Müller! Ein Führerbefehl!«, brüllt Altstrom und weil er spürt, wie ich, sein Zweiter Offizier, darüber denke, wie sehr ich ihn als Mensch und als Kapitän verachte, fügt er mit schneidender Stimme an: »Sollten Sie einen Führerbefehl verweigern, dann bringe ich Sie vors Kriegsgericht.«

Unser Versorger liegt mit etwa 15 Grad Schlagseite nach Backbord, weil uns ein amerikanischer Zerstörer in Vorschiff und Brücke getroffen hat. Zwei Kreuzer, zwei Zerstörer und ein Flugzeugträger sind eben am Horizont aufgetaucht und jagen uns. Wir haben keine Chance, den schnellen Schiffen zu entkommen, und der Befehl zur Selbstversenkung ist bereits gegeben worden: In etwa sechs Minuten werden überall an Bord Sprengladungen explodieren. Die Mannschaft ist eilig dabei, Rettungsboote zu wassern.

Auf der Brücke schreit Altstrom Befehle, will Geheimpapiere vernichten lassen, verlangt nach einem Ruderboot, auf das er während der gesamten Reise geachtet hat und das nur für ihn persönlich reserviert ist. Ich stehle mich im Durcheinander davon, taste nach mei-

* Name geändert

ner Pistole, die in der rechten Hosentasche steckt, und gehe langsam Richtung Vorschiff. Ich überlege: Wie komme ich aus dieser Situation heraus? Was kann ich tun? Altstrom wird es eine Freude sein, seine Drohung wahr zu machen. Noch wenige Minuten bis zur Detonation der Sprengkörper.

Als ich in einen Gang in der Nähe des Kabelgatts einbiege, laufen mir die Gefangenen entgegen, die ich exekutieren soll. Es sind ein älterer Kapitän und sein Chief, griechische Handelsmarine, die uns vor einigen Tagen von einem U-Boot übergeben wurden. Offenbar ist es ihnen gelungen, die Holztür zu ihrem Gefängnis aufzubrechen. Ich halte sie auf und beschwöre sie auf Englisch:

»Wir sinken! Sucht ein Rettungsboot! Und wichtig: Ihr habt mich nie gesehen! Versteht ihr das?«

Ich eile zurück in Richtung des Brückenhauses. Eine Explosion erschüttert das Schiff. Dann noch eine, der Versorger liegt mit mehr als 20 Grad auf der Seite. Als ich am Kommandostand ankomme, sind Altstrom und sein Erster Offizier verschwunden; den Ehrenkodex, dass ein Kapitän als Letzter von Bord geht, ignorieren sie, aber das erstaunt mich nicht. Adolf Altstrom vereinigt sämtliche Eigenschaften, die ein Kapitän nicht haben darf: Arrogant und cholerisch ist er, rechthaberisch, selbstsüchtig, feige und hinterhältig. Ein Fanatiker und ein Säufer.

Von achtern kommt ein junger Gefreiter auf mich zu, mit einem panischen Ausdruck in seinen Augen, ich kenne ihn, er kommt aus Saarbrücken. »Herr Leutnant, was soll ich tun?«, ruft er. »Ich kann nicht schwimmen!« Ich beruhige ihn, sage, er soll sich eine Überlebensweste umbinden und dann springen, denn die Besatzung eines Rettungsboots werde ihn gewiss aufnehmen. Er nickt. Als ich weggehe, knotet er sich eine Weste um.

Ich laufe nach Steuerbord, um in meine Kammer zu gelangen. Der Versorger liegt nun so stark auf der Seite, dass ich mich am Geländer entlangziehen muss, um zu meiner Tür zu gelangen. Ich greife nach einer Tabaksdose, in die ich meine Kostbarkeiten eingelötet habe, ein kleiner Schatz: Acht Perlenketten aus Japan befinden sich darin, einige Goldmünzen, Rohedelsteine und etwas Bargeld. Die Dose ist schwer, vielleicht zu schwer, und ich überlege: Zusammen mit der Pistole kann sie mich behindern, wenn ich schwimmen muss. Was lasse ich zurück? Ich werfe die Dose an die Wand. Mein Überlebenskampf hat erst begonnen. Es ist der 12. März 1944.

Zwei Jahre zuvor, in Frankreich: Weil ich passabel Französisch spreche, hatte man mich, gerade Offizier geworden, als Kurier eingesetzt, um geheimes Material zu transportieren, zuerst zur Marine-Gruppe West nach Paris, dann weiter nach Nantes und schließlich in das Seebad La Baule, wo die Einsatzleitung des Trossschiffverbandes saß. Einen schmalen Aktenkoffer, den man mir mit einer Handschelle aus Stahl ans Handgelenk kettete, sollte ich, sofern nötig, unter Einsatz meines Lebens verteidigen. Nach meinen Missionen vergnügte ich mich in den feinsten Bars von Paris, wo sich einem jungen Offizier viele Türen öffneten, schlief in La Baule in einer weißen Villa am Strand und lernte im Zug eine hübsche englische Spionin kennen. Ich bin sicher, dass sie eine Agentin war, denn Peggy Hargrave, so nannte sie sich, informierte sich nach unseren ersten Rendezvous zu auffällig nach meinem nächsten Kommando und ob ich mich nicht drum kümmern könnte, ihrem Bruder zu helfen, sobald wir Deutschen Gibraltar eroberten. Weil meine Eltern mich nicht zum Denunzianten erzogen hatten, habe ich Peggy Hargrave nicht verraten.

In Sassnitz auf Rügen absolvierte ich einen Artillerielehrgang und wurde, kaum 23 Jahre alt, zum Kompanieführer des Marinestützpunktes in Nantes ernannt. Ich sollte ganz eilig nach Nordfrankreich reisen. Warum mein Einsatz so dringend war, stellte ich fest, als ich mit meinem Seesack und zwei Koffern nachts in Nantes eintraf und man mich wenig später weckte: »Leutnant Müller, Sie sind mit sofortiger Wirkung auf ein Trossschiff in Saint Nazaire abkommandiert!«

Im Südatlantik und Indischen Ozean operierten mehrere Hilfskreuzer und U-Boote, die auf hoher See vom Versorgungstanker *Passat* mit Brennstoff, Schmieröl, Munition und Proviant versorgt werden sollten. Ohne den Nachschub, der telegrafisch von Berlin aus koordiniert wurde, war es den Schiffen nicht möglich, den Hafen einer befreundeten Nation anzulaufen, denn der nächstgelegene Hafen befand sich in Indonesien. Fünf Tage vor ihrem Auslauftermin war die *Passat* aber während eines Bombenangriffs stark beschädigt worden; 80 Matrosen und Offiziere fanden den Tod.

Um die Versorgung in Südostasien nicht zu gefährden, rüstete man eilig ein Schiff um, das eigentlich zur Walfangflotte gehörte, 157 Meter lang, 20 Meter breit. Innerhalb von fünf Tagen pumpte man die unversehrte Ladung der *Passat* um, baute Geschütze auf und stellte eine neue Mannschaft von 96 Männern zusammen. Zwei Tage vor Auslaufen stellte man fest, dass ein Wachoffizier fehlte – daher wurde meine Berufung zur Eilsache.

Ich meldete mich bei Kapitän Altstrom auf der Brücke und wusste vom ersten Moment, als sich unsere Blicke trafen, dass es eine furchtbare Reise werden würde. »Müller, Sie sollen ja ganz gut Französisch sprechen«, meinte er mit hämischem Tonfall, »dann sollte es kein Problem sein, bis morgen früh einen Suppentopf zu finden, der groß genug ist für 96 Männer Besatzung. Abtreten!« Den Topf fand ich schnell – und machte es mir in den letzten Stunden in den Hafenkneipen von La Rochelle gemütlich.

Am 26. September 1942 liefen wir aus, mit drei anderen Blockadebrechern und einer Mission: Nach unserem Einsatz als Versorger sollten wir Rohgummi, Molybdän, Zinn, Chinin und Opium laden und nach Europa zurückkehren. Wir liefen auf einem südlichen Kurs zur spanischen Küste und fuhren zehn Seemeilen vor der Küste entlang, um den englischen Fernbombern zu entgehen. Eingeteilt hatte man uns in drei Wachen; ich fuhr das Schiff von acht bis zwölf und von 20.00 Uhr bis Mitternacht. Jeder an Bord ging Ausguck, auf der Sailing im Mast oder auf dem Peildeck. Es galt, ein feindliches Schiff rechtzeitig zu erkennen, um den Kurs ändern zu können.

An der Nordwestecke der spanischen Küste schien die Sonne aus einem wolkenlosen Himmel; die Sicht war gut, nur ins gleißende Licht konnten wir unsere Gläser nicht halten. Plötzlich: Explosionen neben dem Schiff! Lärm, der in den Ohren schmerzte, Bombenangriff! Der englische Pilot hatte uns geschickt mit der Sonne im Heck angegriffen und drehte ab, um eine neue Attacke zu starten. »Geschütze besetzen! Feuer!«, hallte es über das Deck, doch man sah, dass wir den Langstreckenbomber deutlich verfehlten. Ich erkannte als Artillerieoffizier den Grund und rannte nach achtern, hinter den Schornstein, wo die 10,5-Zentimeter-Kanone stand.

»Ihr schießt zu flach! Schneller mitdrehen und vor die Schnauze halten«, schrie ich die Männer an. Sie sahen mich an. Mit der nächsten Salve beherzigten sie meinen Rat – und trafen den Bomber. In einer gewaltigen Feuerkugel zerriss das Flugzeug, Trümmerteile regneten aufs Wasser. Die Besatzung, sieben Mann, hatte keine Chance, zu überleben. Es sollte das einzige Mal sein, dass ich auf Menschen schoss. Wir änderten vorsichtshalber den Kurs.

Mein gereiztes Verhältnis zu Altstrom sollte sich durch den Treffer leicht verbessern, zumindest bis zu jener Nacht, als ich ihn buchstäblich nass machte. Während einer meiner Wachen, es war etwa eine halbe Stunde bis zum Wechsel, überkam mich ein dringendes Bedürfnis. Ich bat um eine kurze Ablösung, doch Altstrom, der solche Gelegenheiten für seine kleinen Gemeinheiten nutzte, ließ ausrichten, ich solle meine Wache gefälligst zu Ende bringen. Eine halbe Stunde konnte ich aber unmöglich aushalten und entschied mich, ein Deck höher, aufs Peildeck, zu gehen, von wo aus ich die Lage ebenso gut im Griff hatte. Es war eine mondlose, finstere Nacht, wir fuhren abgedunkelt durchs weite Schwarz und ich trat in Leeseite ans Geländer, um mich zu erleichtern.

Da bemerke ich einen Schatten, eine Gestalt? Ich höre einen Aufschrei: »Müller! Verflucht noch mal!« Ich hatte Altstrom, der mir hinterherspioniert hatte, auf den Kopf gepinkelt! Er tobte vor Wut, stieß Flüche und Verwünschungen aus und verschwand in seiner Kabine. Nun war endgültig klar, dass wir keine Freunde mehr werden würden.

Je näher wir dem Äquator kamen, desto schlechter wurde die Stimmung. An Deck lebte eine Herde Hammel, die wir den Hilfskreuzern als Frischfleisch übergeben sollten. Doch die Tiere blähten seltsam auf, wurden mit jedem Tag dicker und verendeten. Fortan stand von morgens bis abends Hammel auf dem Speiseplan, was uns, weil die Todesursache nicht geklärt war, nicht schmecken wollte. Ich bekomme seit jenen Tagen keinen Bissen Lammfleisch mehr runter. Auch die Hitze der Tropen setzte uns zu, betrug wegen der geschlossenen Schotten mehr als 40 Grad, und wir schwitzten in den Nächten. Eine Kakerlakenplage wurde immer schlimmer. In der Kombüse glich die Decke einem bräunlichen Gewimmel und man musste aufpassen, dass einem die Insekten nicht in die Teller fielen. Nachts krabbelten die Kakerlaken in die Kojen, verbissen sich in der Haut, und wenn dann der Schweiß auf die Stellen rann, brannte es furchtbar.

Auf einem Kurs, der jede bekannte Route vermied, mogelten wir uns durch den südlichen Atlantik und liefen in den Indischen Ozean. Die Einsatzleitung in Berlin teilte uns die Position mit, an der wir dann den Hilfskreuzer *Michel* trafen. Es dauerte, bis das Dieselöl durch eine verstärkte Pipeline aus Gummi übergepumpt war und wir in etlichen Fahrten in einem kleinen Beiboot Proviant, Munition und Bücher hinübergebracht hatten. Ich freute mich über die Abwechslung und genoss die Stunden auf der *Michel*, einem sauberen, tadellos geführten Schiff, auf dem ein freundliches, respektvolles Arbeitsklima herrschte. Dankbar folgte ich der Bitte des Kommandanten, für zwei Tage den Ausguck zu verstärken. Ich hätte auch die Toiletten geschrubbt, um Altstrom, seinem Kasernenhofton und den Kakerlaken zu entkommen.

70 Tage waren wir auf See, als wir die Hafeneinfahrt von Jakarta erreichten. Mit Glück, denn wir entkamen feindlichen U-Booten in der Sunda-Straße und liefen auf keine japanische Mine. Der Abendwind wehte den Geruch von Land herüber, wir glaubten, Musik und Gelächter zu hören, wir freuten uns auf ein Bier und etwas Vergnügen. Doch der Alte verbot uns den Landgang. Stattdessen ließ er sich mit seinem Ersten Offizier übersetzen. Stunden später kamen die beiden Vorzeigeseeleute so volltrunken, dass man sie stützen musste, an Bord zurück. Wir verwünschten sie.

Einige Wochen später, im Dezember 1942, liefen wir im Zickzackkurs durchs Südchinesische Meer, als eine schwere Detonation unvermittelt das Schiff erschütterte. Ich hatte Wache und sah, wie zwei Körper vom Vordeck bis hoch zur Mastspitze flogen und aufs Deck prallten. Ich schrie: »Volltreffer! Steuerbord, vorne!«, doch wir

1

2

3

1 Ganz in Weiß auf Schulschiff *Deutschland*: Hans Rudolf Müller 1937, auf dem Weg nach Südamerika. **2** Mit seinem Akkordeon verbesserte Müller die Laune an Bord. **3** Kapitän Otto Bauer (Mitte) war an Bord sehr beliebt und wurde von allen »Käpten Charly« genannt. Inmitten der Kadetten in ihren weißen Hemden trug Müller die blaue Uniform eines Offizieranwärters. (Fotos: privat)

bemerkten keinen Wassereinbruch und es schien auch kein U-Boot in der Nähe zu sein. Was war geschehen? Drei Männer hatten den Auftrag, einen Seitentank an Steuerbordseite aufzuklaren, und sich trotz des Rauchverbots eine Zigarette angesteckt. Neben einem großen Weinfass, das Gase verströmte. Drei Tote betrauerten wir, darunter ein Kammerjunge.

Während des nächsten Jahres warteten wir auf den Befehl, nach Frankreich zurückzulaufen, doch daraus wurde nichts. Wir pendelten zwischen Manila, Yokohama, Kobe, Singapur und Jakarta hin und her und versorgten U-Boote in der »Operation Monsun«; nur noch fünf der neun entsandten Boote schafften es in den Indischen Ozean und auch mehrere Hilfskreuzer, die wir beliefern sollten, wurden versenkt. Die ständige Furcht, das nächste Ziel in einem Krieg zu sein, den wir nicht mehr gewinnen konnten, wurde zur Routine.

»Genießt den Krieg, der Frieden wird fürchterlich«, dieser Spruch klingt makaber, aber er war unser Motto, wenn wir durch die Nachtclubs von Singapur zogen, durch die Tanzsäle »Great World« oder »New World«. In einer langen Stuhlreihe warteten hübsche Chinesinnen darauf, zum Tanz aufgefordert zu werden, mit einem der Tickets, die man im Dutzendpack am Eingang erwarb. Ich lernte eine reizende junge Frau kennen, die mich nach Feierabend mit nach Hause nahm. Auch am nächsten Abend tanzte sie nur mit mir, obwohl ich keinen gültigen Schein mehr besaß. In dieser Nacht eröffnete sie mir: »Ich habe mich in dich verliebt. Ich habe viele Freunde und du kannst hier untertauchen. Gib mir deine Uniform. Für dich ist der Krieg vorbei!«

Ich dachte über das Angebot nach, denn die Überlebenschancen auf See wurden mit jeder Ausfahrt geringer und mir gefiel Ostasien. Doch fahnenflüchtig mochte ich nicht werden. Mein Ziel war es, eines Tages Kapitän zu sein. Um kein niederschmetterndes »Nein!« in den Raum zu stellen, antwortete ich: »Ich habe noch einige Wertsachen an Bord. Beim nächsten Landgang bringe ich sie mit, dann sehen wir uns wieder.« Um das Tanzlokal »Great World« habe ich in den nächsten Tagen einen weiten Bogen gemacht.

Am 26. Februar 1944 verließen wir Singapur und fuhren weit nach Süden. Die See war aufgewühlt von einem Frühjahrsmonsun; wir tauschten die leichte Kleidung der Tropen gegen schweres Ölzeug. Das Schiff rollte in den Wellen und der Regen prasselte auf uns nieder. Unter Lebensgefahr belieferten wir in der Nacht des 11. März drei U-Boote mit Treibstoff, Schmieröl und Proviant. Wen hatte Kapitän Altstrom für die riskanten Manöver auf dem Verkehrsboot eingeteilt? Natürlich mich, seinen Lieblingsoffizier.

»Flugboot!« Es war Mittag, als wir einen Späher des alliierten Flottenverbandes sichteten, der sich im sicheren Abstand zu unseren Geschützen hielt. Unser Funker meldete regen Verkehr: Er hatte uns gemeldet! Eines der drei U-Boote, das wir bereits versorgt hatten, tauchte sofort ab; ein anderes blieb in der Nähe, um einen Angriff zu bekämpfen, und *U-168* von Kapitänleutnant Helmuth Pich musste noch Schmieröl aufnehmen. Über Funk verabredeten wir, uns 120 Seemeilen entfernt südöstlich wieder zu treffen. Das Mittagessen, das wir in der Offiziersmesse einnahmen, erschien uns wie eine Henkersmahlzeit. Am späten Nachmittag kam eine Kampfgruppe in Sicht.

Ich renne nach Backbord und überlege, sofort über die Reling zu springen, stoppe aber ab. Und sehe erstaunt: Ein Rettungsboot, vollbesetzt mit Männern, hängt noch in der Vorleine.

»Was macht ihr denn noch hier? Jeden Augenblick geht die Sprengladung hoch!«, schreie ich hinunter.

»Ja, wissen wir, aber das ist doch Ihr Boot und wir haben auf Sie gewartet«, ruft jemand zurück.

Ich lasse mich am Manntau herab, kappe die Leine und rufe: »Legt euch in die Riemen!« Andere Rettungsboote sind nicht zu erkennen. Unser Schiff, das noch immer mit ganz langsamer Fahrt läuft, ist etwa 20 Meter entfernt, als eine große Sprengladung im Maschinenraum explodiert. Das Maschinen-Oberlicht steigt fast senkrecht auf in den Himmel und für einen Moment sieht es aus, als treffe es unser Rettungsboot, doch dann knallt das tonnenschwere Teil dicht neben uns ins Meer.

Vor unseren Augen versinkt der Versorger mit einem stöhnenden Geräusch, das Letzte, was wir sehen, ist seine Schraube, die sich langsam in der Luft dreht. »Klar bei Riemen«, befehle ich. Wir müssen uns mit einem der anderen Rettungsboote zusammenbinden, damit wir während der Nacht nicht weit auseinandertreiben. In den Wellenkämmen sind sie manchmal für einen kurzen Moment zu sehen. Während wir die Meeresoberfläche absuchen, sehen wir, dass eine Bahn aus Luftblasen auf uns zukommt. Eine Bahn aus Luftblasen?

Das ist ein Torpedo!

Es bleibt keine Zeit, sich zu erschrecken, denn nach Sekunden ist der Torpedo unter unserem Boot durchgelaufen, genau in die Richtung, in der gerade eben unser Schiff versank. Maschinenlärm erfüllt die Luft – ein Kampfflugzeug stößt auf uns herab und schießt mehrere Salven. Wasserfontänen spritzen dicht neben uns auf, doch der Schütze verfehlt und dreht ab. Niemand spricht ein Wort. Reines Entsetzen. Schockstarre. Dass wir noch leben, ist ein seltsamer Zufall. Ich glaube seit jenen Stunden nicht mehr an Zufälle, ich glaube nur noch an das Schicksal und die Fügung.

In der Dämmerung rudern wir in Richtung der anderen Schiffbrüchigen. Ich bemerke zwei Aktentaschen, die in unserem Boot liegen. »Wem gehören die?«, frage ich. »Kapitän Altstrom hat sie hereingeworfen«, ist die Antwort. Dieser Feigling hat also nicht nur als einer der Ersten das Schiff verlassen, sondern auch seine Habseligkeiten gerettet. Ich spüre kalten Zorn und will die Taschen dem Meer übergeben, als dicht neben uns, vielleicht 50 Meter entfernt, der Turm eines U-Boots aus dem Wasser bricht. *U-168*, das Boot von Kaleu Pich! Die Männer jubeln und rudern hinüber, so schnell es geht. Mit dem Schwell lassen wir uns auf das Oberdeck tragen, Hände strecken sich uns entgegen. Wir steigen ein.

Ich bitte den Kommandanten, aufs Podest zum Seerohr steigen zu dürfen, denn ich weiß, wie viele Rettungsboote treiben und wo sie im diffusen Licht ungefähr zu finden sind. Ein Rettungsboot nach dem anderen steuern wir an und nehmen die Überlebenden auf; unten in der Zentrale nimmt sie der Chief in Empfang und verteilt sie im Boot. Als ich nach unten klettere, ist kaum noch ein Platz frei. Ich finde eine winzige Ecke in der Offiziersmesse. 90 Männer haben überlebt, sechs sind tot oder verschollen. Einer der Griechen, die ich erschießen sollte, hat es geschafft, wie ich erfreut sehe; der junge Gefreite, der sich die Rettungsweste umband, leider nicht.

U-168 ist überladen, aber Kaleu Pich lehnt das Angebot eines anderen U-Bootes ab, die Hälfte der Schiffbrüchigen zu übernehmen. »Wir laufen nach Jakarta«, ruft er hinüber und gibt Order, volle Kraft voraus zu laufen, Kurs Sunda-Straße. Mit 16 Knoten fahren wir durch die Nacht. Ich fühle mich noch betäubt von dem, was in den letzten Stunden geschehen ist. Die Ruhe soll nur eine halbe Stunde dauern.

Zwei Raketenbomben zischen über das Boot und explodieren, Motorenlärm eines Kampfflugzeugs erfüllt die Stahlröhre, gebrüllte Befehle: »Alarm, Feuer frei!«, dann ist das Knattern des Abwehrgeschützes zu hören. Der Angreifer fliegt eine Kurve. Alarmtauchen! Wir gleiten hinab in die Tiefe, neben uns detonieren Wasserbomben. Dann ist Stille.

»Boot bei 60 Meter halten«, befiehlt der Kommandant. Ich kauere in einer Ecke, direkt neben der Zentrale und kann jedes Wort mithören. Der Mann am Tiefenruder meldet: »30 Meter ... 50 Meter ... 70 Meter ... 90 Meter ...« Pich schreit: »Ich sagte, bei 60 Meter halten, verflucht!«, doch das Boot rast hinab in die Tiefe, wie ein Fahrstuhl, der nicht zu bremsen ist. Nun sind es mehr als 100 Meter, mehr als 120 (die kritische Marke, für die das Boot maximal konzipiert ist), 140 Meter. Bei 160 Meter kommt die Meldung: »Boot steht!«

Niemand rührt sich, niemand wagt es, zu atmen, ich höre, wie mein Herz schlägt. Die Verbände des Boots knacken und knirschen und an mehreren Stellen dringt Wasser zischend ein. »Wenigstens geht jetzt alles schnell vorbei«, denke ich. Kaleu Pich und seine Offiziere aber bleiben anscheinend gelassen, und nach einer Weile meldet sich der Kommandant: »An alle: Es wird eine Zeit dauern, bis wir wieder auftauchen können. Niemand bewegt sich. Jeder bleibt sitzen oder liegen, wo er gerade ist. Wir dürfen Sauerstoff nicht unnötig verbrauchen.«

Jeder ist mit sich und seinen Gedanken alleine, aber viel geht einem gar nicht durch den Kopf. Zeitlos verrinnen die Stunden. Ich erfahre, dass Kapitän Altstrom gerettet wurde und nach den Strapazen krank und erschöpft darniederliegt. Nach sechs Stunden ist nicht mal mehr kurzes Flüstern erlaubt: »Maul halten!« Zu viele Männer verbrauchen Luft und dass einige Sauerstoffkapseln geöffnet werden, bringt keine Erleichterung. Es ist stickig, es stinkt, die Luft ist feucht und man spürt, dass sie die Lunge wie nasse Watte füllt. Keuchende Geräusche sind überall in der Röhre zu hören und es fällt in manchen Momenten schwer, eine aufsteigende Panik zu unterdrücken. Ich bekomme mit, dass der Chief die Trimmverhältnisse neu berechnet. Lange Stunden vergehen, gelegentlich dämmere ich ein. Dann, nach 28 Stunden in der Tiefe, flüstert der Chief: »Wir sollten es versuchen.« Der Kaleu meldet sich über die Bordlautsprecher und gibt durch, dass wir nun versuchen, aufzutauchen. In der Hoffnung, dass die Jäger ihre Suche nach uns aufgegeben haben. »Anblasen! Ruder leicht nach oben und Maschine langsame Fahrt voraus!« Der Mann am Tiefenruder gibt den Stand an und diesmal klingen seine Zahlenangaben wie ein schönes Gedicht: »50 Meter ... 40 Meter ... 20 Meter ...«, die letzte Strecke schießt das Boot wie ein Korken nach oben. Hastig öffnet man das Turmluk und es gibt einen lauten Knall, als sich die verbrauchte Luft mit dem Sauerstoff vermischt. Keine feindlichen Schiffe sind zu sehen, wir atmen durch. Nie wieder wird Seeluft so frisch riechen.

Kommandant Pich, ein junger Mann mit einem weichen Gesicht, der auch als Hollywood-Schauspieler durchginge, tritt an mich heran. Der Obersteuermann ist krank geworden – ob ich ihn vertreten und seine Wache übernehmen mag? Ich willige freudig ein, denn das bedeutet, dass ich mich oben im Turm in der frischen Luft bewegen kann. Außerdem hilft mir die neue Aufgabe in einer heiklen Situation, denn als das Scheusal Altstrom wieder zu Kräften kommt und den Kriegsgefangenen an Bord entdeckt, schiebt er wütend auf mich zu. Er will mit seiner Anklage beginnen, er will mir mit dem Führerbefehl kommen, doch ich herrsche ihn an: »Altstrom, sparen Sie sich das: Ich habe die beiden Gefangenen nicht mehr gesehen. Und außerdem unterstehe ich ab sofort dem Kommando von Kaleu Pich.« Altstroms Pferdegesicht wird blass vor Zorn, aber er weiß, dass er nichts gegen mich unternehmen kann. Ich bin ihm entkommen.

Nach einigen Tagen wird das Schmieröl knapp und man meldet feindliche U-Boote in der Gegend; Pich gibt den Befehl, dass alle

Männer, außer der Wache, die Nacht auf dem Oberdeck verbringen müssen. »Wenn wir tauchen müssen, könnt ihr schwimmen«, sagt er lapidar. Die Java-See ist glatt wie ein Planschbecken, es ist absolut windstill und man sieht, wie sich die Sterne im Wasser spiegeln. Wir schaffen es nach Jakarta.

In Gruppen erkunden wir die Stadt, sehen uns nach Mädchen um und organisieren nächtliche Rennen auf Dreirädern durch die Straßen. Es ist alles seltsam unbeschwert, als wollten wir verdrängen, was geschah. Ich suche eine Wahrsagerin auf, eine alte Dame, die mir in einem dunklen Hinterzimmer die Karten legt. Sie prophezeit: »Du wirst nach Osten gehen, du wirst eines Tages nach Hause zurückkehren ... du wirst viel Schönes erleben ... aber auch viele Gefahren überstehen müssen.«

Als ich einige Tage später höre, dass ich wegen meiner Fremdsprachenkenntnisse der Kriegsmarine in Jakarta unterstellt werde, bin ich enttäuscht. Ich möchte gerne auf *U-168* bleiben. Die Versetzung aber rettet mir das Leben, denn das Boot wird wenig später versenkt. Ich werde zu einem neuen Stützpunkt auf Surabaya abkommandiert, überlebe das Kriegsende und die Revolution der Indonesier, überstehe mehrere Wochen auf einer niederländischen Quarantäneinsel vor Jakarta und kehre nach fünf Jahren Krieg und Gefangenschaft nach Deutschland zurück. Wie es mir die alte Wahrsagerin prophezeit hat.

Kapitän Hans Rudolf Müller, Jahrgang 1919, wuchs als Sohn einer Gastronomenfamilie in Neunkirchen/Saar auf. Er las Abenteuerliteratur und lernte den legendären Seeoffizier Felix Graf von Luckner kennen. So entstand sein Wunsch, Seemann zu werden. 1949, als er aus der Kriegsgefangenschaft zurückkehrte, erkrankte Müller schwer, die Ärzte prophezeiten ihm eine Lebenserwartung von maximal acht Jahren, doch er erholte sich. 1958 machte er sein Kapitänspatent, fuhr Passagiere und Bananen und leitete bis zu seiner Pensionierung das Deutsche Hydrographische Institut, Dienststelle Bremerhaven. Müller hat drei Kinder und lebt mit seiner Frau Helga in Bremerhaven.

+++ 36° 58' N, 74° 40' W
+++ VOR CAPE HENRY, ATLANTIKKÜSTE DER USA
+++ FRACHTER »BERND LEONHARDT«
+++ 24. MAI 1960

KOLLISIONSKURS FLUGZEUGTRÄGER

In einem seltsamen Zickzackkurs steuert das größte Kriegsschiff der Welt auf den Hamburger Frachter zu. Der Platz auf dem Atlantik wird knapp, zu knapp. Feuerball! Explosionen erschüttern das Schiff. An Bord bricht Chaos aus. »Müssen wir springen?«, schreit jemand. PETER FOX erlebt, was passiert, wenn ein Flugzeugträger die Vorfahrt missachtet.

Unser Frachter, eher gutes Muli als Rennpferd, fuhr mit zehn Knoten vor North Carolina entlang der Ostküste der USA, auf Höhe Cape Henry. Die See war glatt wie die Oberfläche eines guten Drinks und wir Matrosen lagen an Deck. Weil es eine angenehm warme Nacht war, hatte man uns erlaubt, statt in den engen Dreimannkabinen draußen zu schlafen, was mich freute, denn ich sah aus meiner Hängematte gerne in den Sternenhimmel.

Ich liebte Reisen wie diese. Wochen zuvor hatten wir Porto Ordaz am Orinoco angelaufen, um Eisenerz zu laden. Seemann zu sein bedeutete damals noch, Abenteuer zu erleben. In Westafrika lebte ich mit den Kruboys zusammen, Muskelmännern, die gefällte Urwaldriesen verstauten. In Rio de Janeiro lagen wir drei Wochen an der Pier, mit mehr Mädchen als Besatzungsmitgliedern an Bord.

In Alfeld an der Leine war ich aufgewachsen, einem kleinen, engen Ort im Niemandsland von Niedersachsen, wohin meine Mutter vor der anrückenden russischen Armee geflohen war. Mein Vater blieb im Krieg. Alfeld an der Leine war genau, wie es klingt. Angeblich hat Schneewittchen aus dem Märchen der Brüder Grimm dort gewohnt, aber ich glaube nicht daran. Meine Theorie: In Alfeld an der

Leine hätte der Prinz das Wachküssen vergessen. Als uns ein Cousin besuchte, ein junger Matrose, mit gebräuntem Teint und Geld in der Tasche, dem alle Mädchen im Freibad schmachtend hinterhersahen, stand mein Entschluss fest. Um mir die Schiffsjungenschule leisten zu können, schuftete ich als Handlanger auf dem Bau. Ein paar Monate später lag ich als Moses in meiner Hängematte, schaute in den Himmel über dem Atlantik und rauchte eine Zigarette. Orinoco statt Leine. Rio statt Alfeld. Ich war am Ziel.

Während ich die Sterne zählte, ging es auf der Brücke der *Bernd Leonhardt* weniger romantisch zu. Um 23.35 Uhr war der Flugzeugträger *USS Saratoga* in Sicht gekommen, Kennung CV 60, ein Superträger von 324 Metern Länge und 5100 Mann Besatzung, seinerzeit das größte Kriegsschiff auf dem Meer. Der Dritte Offizier, ein unerfahrener, junger Kerl, sowie ein Matrose als Rudergänger schoben Wache. Der Flugzeugträger lief geradewegs auf die *Bernd Leonhardt* zu und man gab auf dem Kriegsschiff Anweisung, den Kurs zu ändern. In einem Sicherheitsabstand von fünf Seemeilen sollten wir passieren. Weil der Flugzeugträger von Backbord kam, war aber er ausweichpflichtig, so sind die internationalen Verkehrsregeln auf See. Wer von der Steuerbordseite kommt, hat Vorfahrt, selbst vor einem schwer bewaffneten Superträger.

An den Farben der Seitenlaternen konnte man auf der Brücke unseres Frachters nun beobachten, wie das Kriegsschiff immer wieder den Kurs änderte: Erst sahen wir die rote Backbordlaterne, dann die grüne Steuerbordlaterne. Dann wieder Rot. Doch Grün. Nein: Rot. Grün? Lief auf der Brücke der *USS Saratoga* eine Bierparty? Hatten Clowns das Ruder übernommen? Mehr als 20 Kurswechsel haben sie auf unserer Brücke gezählt. Der Abstand zwischen den Schiffen verringerte sich in den nächsten Minuten dramatisch.

Was geschah, ist niemals genau geklärt worden – zumindest nicht öffentlich, denn im amerikanischen Pentagon wollten die Admiräle bestimmt wissen, wer für die weltgrößte Stümperei auf dem weltgrößten Kriegsschiff verantwortlich war. Kurz vor Mitternacht erbebte die *Bernd Leonhardt* in einer Explosion. Ich fiel aus der Hängematte und erschrak fürchterlich. Überall Funken! Ein Feuerball! Ich spürte die Hitze in meinem Gesicht und ließ mich eine Treppe hinunterfallen. Ich hörte Schreie. Andere Mannschaftsmitglieder standen an Deck, ihre Gesichter waren voller Angst und wurden vom Schein des Feuers erhellt.

»Müssen wir springen?«, schrie jemand.

»Woher soll ich das wissen?«, rief ich zurück.

Niemand wagte den Sprung über die Verschanzung, zum Glück behielten alle die Nerven. Ich lief hinauf zur Brücke, um zu hören, was zu tun sei. Der Kapitän war wenig begeistert, den Moses inmitten eines »Zustands« zu sehen. Er schnauzte mich an und befahl mir, nachzusehen, was mit dem Mast achtern los war. Ein Auftrag, um mich schnell wieder loszuwerden: Achtern gab es keinen Mast mehr.

Der Schaden an der *Bernd Leonhardt* war immens: Der Flugzeugträger hatte mit seinem Flugzeugdeck die kompletten Aufbauten an Backbordseite aufgerissen, wie ein sehr grober Dosenöffner. Zum Glück waren die Kajüten so angelegt, dass die Betten innen an der Wand standen – sonst hätte es mit Sicherheit Opfer gegeben. Die Szenerie entbehrte nicht einer gewissen Komik: Einige Offiziere saßen nun auf ihren Kojen und konnten runter ins Meer spucken. Der Erste kam gar nicht mehr aus seiner Unterkunft heraus, weil der Flugzeugträger die Tür und den Eingang mitgenommen hatte. Erst als man die Teakholzverkleidung aufhackte, konnte er sich befreien. Einige an Bord erlitten einen Schock und ich spürte, als die Aufregung vorbei war, einen Schmerz am Fuß. Die Fleischwunde am dicken Zeh hatte ich mir wohl zugezogen, als ich beim Treppensturz am Motor des Rettungsboots vorbeigeschrammt war.

Immerhin schlug Frachter *Bernd Leonhardt* nicht leck und wir machten noch langsame Fahrt. Auch der Superträger musste wegen der Explosionen im Treibstofflager zurück zur Basis laufen. Wir schoben uns in Begleitung von Schleppern behäbig in Richtung des Nothafens Baltimore. Auf der ziemlich langen Revierfahrt dorthin wurden wir zu einer Attraktion: Auf den Brücken und an den Ufern standen Kamerateams und Schaulustige, die uns zuwinkten. Wir winkten als fröhliche Opfer zurück, von unserem schwimmenden Schrotthaufen namens *Bernd Leonhardt*.

An der Pier von Baltimore warteten schon die Reporter. Wir Mannschaftsmitglieder wurden in einem norwegischen Seemannsheim

einquartiert, das für einige Wochen unser Zuhause wurde. Es sollte keine unangenehme Zeit werden: Tagsüber halfen wir bei den Reparaturarbeiten in der Werft und klopften Rost, abends erkundeten wir die örtlichen Gaststätten und klopften auf den Tresen. Weil wir als die armen Deutschen bekannt wurden, die von den Deppen auf dem Flugzeugträger fast versenkt worden wären, erhielten wir zahlreiche Einladungen. Zu fröhlichen Partys, zum Grillen im College, als Ehrengäste im Deutschen Haus, und immer wieder mussten wir erzählen, was geschehen war.

Die amerikanische Navy setzte die *Bernd Leonhardt* fest, legte das Schiff in die Kette, wie man in der Seefahrersprache sagt, bis die Schuldfrage geklärt war. Nach den fachlichen Analysen (die Bild-Zeitung meldete empört: »23-Jähriger steuerte Flugzeugträger!«) kümmerte man sich dann zügig um die Begleichung des Schadens: Mehr als zweieinhalb Millionen Mark kosteten die Reparaturen der *Bernd Leonhardt* angeblich. Die Navy zahlte.

Wie es sich anfühlt, ein anderes Schiff zu rammen, erlebte ich wenige Jahre später, im April 1966. Ich war Matrose an Bord der *Marie Luise Bolten*, beladen mit Volkswagen für die USA. Über dem englischen Kanal, in der Einfahrt zur Straße von Dover, lag schwerer Seenebel. Unser Kapitän war auf die Brücke gekommen und hatte den Ausguck doppelt besetzen lassen. Ich stand am Ruder. Der Matrose am Radar meldete ein anderes Schiff, worauf der Käpten Anweisung gab, die langsame Fahrt noch weiter zu verringern.

»Achtung!« Ein Schrei, dann sahen alle den Schatten, vielleicht 50 Meter vor unserem Steven. Der Kapitän gab »Voll zurück«, dreimal »Voll zurück« und mir den Befehl, »Steuerbord 10« zu legen, als Manöver des letzten Augenblicks, um den Zusammenstoß noch zu verhindern. Es war zu spät.

Eine starke Erschütterung war zu spüren und jemand sagte: »Oh nein, der säuft ab!« Es war die *Birkenfels*, ein Stückgutfrachter der Bremer Reederei Hansa, der Langeisen transportierte und schon deutlich

Schlagseite aufwies. Hinter Laderaum zwei klaffte ein großes Loch in der Bordwand. Meine Knie spürte ich in diesem Moment kaum noch, es fühlte sich an, als sinke ein großer Anker in meinem Magen.

Auf beiden Schiffen wurden Rettungsboote zu Wasser gelassen. Zum Glück hatte auf der *Birkenfels* kurz zuvor die Wache gewechselt, weshalb sich kaum ein Seemann in seiner Koje befand. Alle 43 Mann Besatzung und auch der Bordhund wurden gerettet. Keine zehn Minuten nach der Kollision sackte der Frachter wie ein Papierschiffchen nach vorne weg. Dann hörten wir ein Zischen und etwas, das wie ein Seufzer klang. Eine Fontäne schoss meterhoch aus dem Wasser, als die *Birkenfels* unterging. Wir haben die Schiffbrüchigen im Hafen von Rotterdam abgesetzt.

Eine gelbe Tonne markiert heute auf 51° 38' Nord und 2° 32' Ost, wo das Wrack auf Grund liegt. Dutzende Male bin ich in meinen Jahrzehnten auf See daran vorbeigefahren. Ich habe jedes Mal gegrüßt.

Kapitän Peter Fox, geboren 1942 in Stettin, wuchs im niedersächsischen Alfeld an der Leine auf. Nach der Schiffsjungenschule in Bremervörde durchlief er eine Karriere vom Moses zum Kapitän. Fox fuhr 39 Jahre zur See, davon 21 als Kapitän, bevor er sich 1996 an Land selbstständig machte. Er lebt in Norderstedt bei Hamburg.

+++ 69° 30' N, 16° 28' W
+++ ATLANTIK, NÖRDLICH DER HEBRIDEN
+++ FISCHEREISCHUTZBOOT »POSEIDON«
+++ IM JANUAR 1977

MÖWENANGRIFF

Der Test eines Überlebensanzugs geht schief und das Wetter schlägt um. Verzweifelt erkennt RICHARD NEU, der im kalten Nordatlantik abtreibt, dass man ihn auf der Brücke der *Poseidon* im Schneetreiben verloren hat. Nun beginnt ein Überlebenskampf in den Wellen und gegen Angreifer mit scharfen Schnäbeln.

Auf See bekam jeder Kapitän einen Spitznamen. Wir kannten »Büddel-Harry« Büther, Gerhard »Brackermann« Karnatz, Willy »Der Vater« Dahnke oder Albert Knüller, den »Pastor vom Mehlsack«. Knüller wurde so genannt, weil er oft vor dem »Mehlsack« fischte, einem Felsen vor Island, und weil er außerdem dafür bekannt war, besonders salbungsvoll über Funk zu sprechen. Warum man mich »King Richie« nannte, weiß ich nicht, aber an meiner Statur kann es nicht liegen, denn ich bin eher klein gewachsen. Mein Spitzname mag mit meinem »Löwenherzen« zu tun haben, denn ich bin dafür bekannt, dass mich Ungerechtigkeiten mächtig aufregen. Es gab auch eine Zeit, in der ich, das gebe ich zu, bisweilen ziemlich jähzornig wurde. Alles kam zusammen, als ich im Oktober 1972 in eine Art Seeschlacht gegen die norwegische Marine geriet.

In den Kühlräumen von *Hans Pickenpack*, einem Trawler von 78 Metern Länge und 13,6 Metern Breite, lagerten gegen Ende unserer Fangreise 520 Tonnen Fischfilet: Kabeljau, Seelachs, Rotbarsch und Schellfisch. 80 Tonnen fehlten noch, bevor wir die Heimreise nach Altona antreten konnten. Wir fischten nördlich der Lofoten, unweit des Anda-Fjordes. Wenige Wochen zuvor hatten die Norweger in einem Referendum gegen den Beitritt zur Europäischen Wirtschaftsunion (EWG) gestimmt; auf den Fangplätzen vor den 12-Meilen-Hoheitsgewässern herrschte eine angespannte Stimmung, denn die norwegische Marine sah ungern, dass eine ausländische Flotte ihre Bestände abfischte.

Ich hatte kurz nach 21.00 Uhr das Netz einholen und die Maschine stoppen lassen, weil der Bestmann zwei defekte Flügel am Rollengeschirr auswechseln sollte. *Hans Pickenpack* trieb außerhalb der Fischereigrenze, der Wind wehte mit Stärke fünf bis sechs. Etwa 20 Minuten dauerte die Reparatur, 20 Minuten, in denen uns der Golfstrom in nordöstliche Richtung, also in norwegische Hoheitsgewässer, schob. Was ich wusste, mich aber nicht beunruhigte, denn wir fischten nicht. Unser Fanggeschirr lag an Deck.

Nach der Reparatur nahm unser Trawler wieder Fahrt auf. Ich peilte unsere Position, stellte fest, dass wir wieder in internationalen Gewässern waren, und ließ das Grundschleppnetz ausbringen. Was ich nicht ahnen konnte: Der Erste Steuermann hatte bereits einige Minuten zuvor das Fischereilicht eingeschaltet, mit dem man signalisiert, dass man die Netze aussetzt. Über Funk plauschte ich mit Kapitän »Brackermann« Karnatz, der mit seinem Trawler ganz in der Nähe fischte.

»Irgendwas auf dem Fischfinder-Echolot zu sehen?«, fragte ich.

»Nein, keine Laus«, entgegnete er.

Ich wunderte mich, denn auf meinem Radarschirm erkannte ich keine Laus, aber einen Schatten. Ich trat auf die Nock, um nachzuschauen, doch konnte nichts erkennen. Trawler *Hans Pickenpack* zog seine Bahn durch eine sehr schwarze Nacht. Um 21.40 Uhr wurde es mit einem Mal sehr hell auf der Brücke. Ein Scheinwerfer strahlte mich aus kurzer Distanz an. »Unverschämtheit«, fluchte ich, was sollte das? Ich schaltete das Funkgerät auf den internationalen Kanal 16 und schimpfte:

»Welches Schiff ist längsseits?«

»Hier spricht der Kommandant der *Senja*. Sie fischen verbotenerweise in norwegischen Hoheitsgewässern.«

Ein Blick aufs Radar zeigte, dass ein Irrtum vorlag. Wir befanden uns 1,47 Seemeilen jenseits der Fischereigrenze, was ich dem Kommandanten des Kriegsschiffs mitteilte. Natürlich fischte ich weiter, denn wir befanden uns in internationalen Gewässern und man konnte mir nichts vorwerfen. An Bord der *Senja* bewertete man die Lage etwas anders.

»*Hans Pickenpack*, holen Sie sofort Ihr Fanggeschirr ein!«, schallte es aus dem UKW-Gerät. »Laufen Sie Harstadt an, wo eine Untersuchung beginnt.«

In Harstadt würde Aussage gegen Aussage stehen und das Gericht einem norwegischen Marineoffizier mehr Glauben schenken als einem deutschen Trawlerkapitän. Unseren Fang im Wert von zweieinhalb Millionen D-Mark wären wir los. Die Geldbuße für die Reederei? Schätzte ich auf eine halbe Million D-Mark. Auf mich persönlich wartete eine Strafe von mindestens 50.000 D-Mark. Ich war wütend und beschloss, trotz der späten Uhrzeit meinen Reeder anzurufen. In der Villa der Pickenpacks, am Elbufer im feinen Hamburger Stadtteil Blankenese, lief gerade eine Party, wie ich an dem Gewirr aus Stimmen, Musik und Gläserklingen hörte. Junior-Chef Jan Pickenpack meldete sich. Je länger unser Gespräch dauerte, desto gedämpfter wurden die Geräusche im Hintergrund. Was die Partygäste zu hören bekamen, bot spannende Unterhaltung.

Der Reeder riet mir, auf keinen Fall Harstadt anzusteuern, sondern in internationalen Gewässern weiterzuverhandeln und die deutsche Botschaft in Oslo um Beistand zu bitten. Ich dankte, legte auf und rief in der diplomatischen Vertretung an, doch niemand nahm ab. Dafür meldete sich die *Senja*: Ich möge das Fanggeschirr einholen. Sofort! Man hatte eine Boje ausgesetzt, um die genaue Position zu bestimmen. Ich willigte ein und ließ Wachsteuermann Hinrich Meyer wecken, der perfektes Englisch sprach und die weiteren Verhandlungen übersetzen sollte. Was die *Senja* maß, deckte sich mit meinem Ergebnis: Wir trieben umgerechnet 2,7 Kilometer außerhalb der norwegischen Hoheitszone.

Ich war erleichtert und bot dem Kommandanten an, einige Offiziere überzusetzen, um anhand der Seekarten und Peilungen das offensichtliche Missverständnis zu klären. Im Funk war ein kurzes Knistern zu hören, dann blaffte eine Stimme:

»Nein! Sie laufen sofort Harstadt an!«

Wachsteuermann Hinrich Meyer, der als Leutnant der Reserve mit

Kenntnissen über das Seerecht gesegnet war, reichte mir ein Handbuch des »Genfer Abkommens von 1958 über die Hohe See«. Genüsslich las ich dem Kommandanten die Paragraphen 22 und 23 vor: Demnach durfte er mich in internationalen Gewässern nur durchsuchen oder aufbringen, wenn die Delikte »Waffenschmuggel, Sklavenhandel oder Flaggenmissbrauch« vorlagen. Leider ist es im Leben aber manchmal so, dass man selbst im Recht ist, der andere aber eine Kanone an Bord hat.

Der Kommandant ignorierte meine kleine Jurastunde und schnauzte: »Kapitän, Sie stehen unter Arrest! Sollten Sie meinen Anordnungen nicht Folge leisten, habe ich eine Kanone an Bord und werde davon Gebrauch machen!«

Ich rief wieder den Reeder an und berichtete ihm von der Eskalation. Pickenpack schwieg kurz, dann fragte er:

»Kapitän Neu, welche Kanone hat die *Senja* an Bord?«

»Das weiß ich nicht genau, vielleicht Kaliber 2,5 Zentimeter.«

»Dann halten Sie den Kopf mal nicht hin, wo geschossen wird. Die Löcher schweißen wir in der Werft wieder zu.«

»Herr Pickenpack, mir ist gerade nicht nach Scherzen zumute«, entgegnete ich, »ich möchte eine genaue Anweisung, wie ich mich verhalten soll.«

»Kapitän Neu, Sie haben die bessere Übersicht. Handeln Sie so, wie es Ihnen Ihre Vernunft eingibt«, sagte der Reeder.

»Dann werde ich mich nun dem Arrest entziehen. Drücken Sie beide Daumen. Auf Wiedersehen!«

Ich beorderte meine Offiziere auf die Brücke, um sie in den Fluchtplan einzuweihen. Der Chief bekam Order, überflüssige Geräte abzuschalten und alle Kraft auf die Schraube zu legen. Für den Fall, dass wir mit Granaten beschossen wurden, sollten alle 48 Mann Besatzung unter Deck gehen. Sämtliche Lichter mussten gelöscht und notfalls mit einem Schraubenschlüssel ausgeknipst werden. »Ich bleibe alleine auf der Brücke«, sagte ich, »und wenn ich draufgehe, übernimmt Meyer das Schiff.«

Doch der Wachsteuermann weigerte sich. »Wir sterben beide den Heldentod«, sagte er mit einem breiten Grinsen.

Ich fühlte eher eine Mischung aus Wut und Trotz. Auf der Seekarte steckte ich den Kurs ab. Ich musste davon ausgehen, dass neben der *Senja* auch die Küstenwachboote *Stavanger* und *Nordkappen* versuchen würden, uns den Weg abzuschneiden. Eines war klar: Sollte sich ein Schiff vor unseren Bug legen, würde ich nicht zögern, es zu rammen.

Es war 23.09 Uhr, als ich den Starthebel auf »10« legte: Volle Fahrt voraus! Vier Seemeilen lagen zwischen uns und der *Senja*, als sich mein norwegischer Lieblingskommandant über Funk meldete. Er klang erstaunt:

»Kapitän, was haben Sie vor?«, fragte er.

»Ich dampfe weg«, antwortete ich, »aber nicht nach Harstadt!«

Mit einem Blick auf das Log stellte ich fest, dass wir nun 13 Knoten liefen, mehr war nicht drin. Die *Senja* aber, schätzte ich, schaffte mindestens 18 Knoten. Eigentlich hatten wir keine Chance zu entkommen. Auf dem Radar erkannte ich, dass die Norweger die Verfolgung aufnahmen. Unser Vorsprung schmolz.

Um 00.02 Uhr war die *Senja* bis auf eine Seemeile herangekommen. Ein Kanonenschlag hallte dumpf übers Meer. Wir warfen uns auf den Boden der Brücke und warteten auf den Einschlag. Doch nichts geschah. Kurz darauf fiel ein zweiter Schuss. Wieder ohne Ergebnis. Wir wurden nun mutig und traten hinaus auf die Nock, um besser sehen zu können, was die *Senja* vorhatte. Bis auf eine halbe Seemeile kam sie auf.

Sie feuerte ein drittes Mal.

Ein seltsamer Geruch, ein Geruch nach Gas lag nun über der See.

Ich ging ans Funkgerät und rief dem Kommandanten der *Senja* zu, dass ich auf keinen Fall stoppen und auf gar keinen Fall nach Harstadt fahren würde. Er antwortete nicht. Um 0.45 Uhr drehte das Kriegsschiff bei und brach die Verfolgung ab. Steuermann Meyer und ich reichten uns schweigend die Hand. Wir hatten geschafft, was noch kein deutscher Trawler vorher gewagt hatte: Alle anderen Kollegen hatten viel Geld an die Behörden gezahlt, ich hingegen nur die Nerven meiner Mannschaft strapaziert. Um uns alle auf andere Gedanken zu bringen, bat ich in der Messe zu einer Skatrunde.

Als ich am Morgen nach vier Stunden Schlaf wieder die Brücke betrat, schob Meyer noch immer Wache. Kein Wind, keine Welle, keine Wolke am Himmel, der Morgen erwachte friedlich. Ich erkundigte mich nach unserer Position: 80 Seemeilen vor der Küste Norwegens. »Hinrich, leg dich ruhig schlafen«, sagte ich, »ich übernehme.« Und dann gab ich dem Rudergänger Order, hart Steuerbord zu legen, 75 Grad. Meyer, der schon fast zur Tür hinaus war, starrte mich an, als wollte ich den Kühlraum abtauen lassen.

»Moment, dann fahren wir dahin zurück, wo wir gestern Nacht herkamen!«

»Genau, wir wollen doch mit einer vollen Ladung nach Hause fahren«, antwortete ich, »wir steuern den Fangplatz Malangen an.«

»Bist du sicher, dass das eine gute Idee ist? Die *Senja* wird sicherlich versuchen, uns unter Arrest zu stellen«, meinte der Offizier skeptisch.

»Das darf die *Senja* nicht, denn sie hat die Nacheile abgebrochen. Nach internationalem Recht ist das der Beweis, dass sie ihrer Sache nicht sicher war.«

Meyer murmelte noch etwas, bevor er verschwand.

Am Nachmittag, kurz nach 15.00 Uhr, trafen wir auf Malangen ein. Die deutschen Trawlerkapitäne feierten mich als den Helden des Tages und ein Glückwunsch nach dem nächsten quakte aus dem Funkgerät. Wie ich erfuhr, hatte die *Senja* keine 2,5-Zentimeter-Kanone, sondern eine 8-Zentimeter-Kanone an Bord. Ich begriff, dass der Kommandant doch besonnener gehandelt hatte, als ich zunächst vermutete. Es dauerte nicht lange, bis unser Rivale erschien und damit begann, auf den deutschen Trawlern die Weite der Netzmaschen zu kontrollieren. Als letztes Schiff kam *Hans Pickenpack* an die Reihe.

Die gesamte Fangflotte hörte zu, als ich ins UKW-Gerät sprach: »Hören Sie, *Senja*, ich bin mit einer Kontrolle einverstanden, aber nicht durch die Besatzung Ihres Schiffes. Sie könnte voreingenommen sein.«

Am nächsten Tag wiederholte sich der Vorgang und als daraus am vierten Tag ein Ritual zu werden drohte und der Tonfall gereizter klang, willigte ich ein. Mit einem Boot setzte ein Offizier zu uns über, der mir auf der Brücke einen Spezialausweis zeigte. Ein junger braunhaariger Leutnant, der Knut Andresen hieß und mich misstrauisch musterte. Um Eindruck zu schinden, hatte ich extra ein schwarzes Hemd angezogen, eine schwarze Hose und schwarze Stiefel. Ich sah aus wie Johnny Cash oder wie ein Pirat. Ich wies die Mannschaft an, dem Offizier bei seiner Netzkontrolle zu helfen. Kurz darauf erschien der Marinesoldat wieder auf der Brücke. Es gab nichts zu beanstanden. Wir füllten ein Protokoll aus und Andresen fragte:

»Können wir frischen Fisch für die *Senja* bekommen?«

»Selbstverständlich«, antwortete ich.

Drei volle Körbe, die jeweils einen Zentner fassten, wurden hinübergebracht. Andresen verabschiedete sich und stieg wieder auf sein Boot. Hinterher ärgerte ich mich über meine Unhöflichkeit. Zum Zeichen meines Respekts hätte ich ihm einen guten Whisky für seinen Kommandanten mitgeben sollen. Neun Tage nach unserer Verfolgungsjagd waren die Kühlräume mit gefrosteten Fischfilets gefüllt und wir gingen auf Heimatkurs Altona.

Als wir vor der Kühlhalle festmachten, wartete der Reeder an der Pier. Ich hoffte auf einen Bonus, vielleicht einen großen Geldschein, denn schließlich hatte ich der Firma mit meiner filmreifen Flucht etwa drei Millionen Mark gespart. Doch die Prämie fiel nicht ganz aus wie gewünscht. Der Schiffseigner schüttelte mir herzlich die Hand. Er sagte: »Kapitän Neu, das haben Sie fein gemacht!«

Ich kann nicht schwimmen. Es ist gar nicht nötig, schwimmen zu können, wenn man auf einem Hochseetrawler arbeitet. Wer in schwerer See »in den Bach fällt«, wie wir Fischer das nennen, oder wer noch an Bord ist, wenn ein Schiff sinkt, ist als Nichtschwimmer besser dran. Wenn es keine Chance auf Rettung gibt, ist das Ertrinken schneller vorüber.

Mein Leben lang bin ich als Fischer zur See gefahren. Von einem Bauernhof in Litauen, aus einem Dorf, in dem wir wie im Mittelalter lebten, brachte ich es zum Kapitän eines modernen Fabrikschiffs. Als die Hoheitsgewässer jedes Landes von zwölf auf 200 Seemeilen erweitert wurden, begann das schleichende Ende der deutschen Hochseeflotte. Ich musste mir eine andere Beschäftigung suchen und heuerte beim Bundesministerium für Ernährung, Landwirtschaft und

Forsten an, als Sicherheitsoffizier auf einem Fischereiforschungsschiff. Im Januar 1977 wurde ich dem Schutzboot *Poseidon* zugeteilt, das von Cuxhaven an die kanadische Labradorküste fuhr. Zwei Prototypen eines Überlebensanzugs, orangefarbene Overalls, in denen man aussieht wie ein Astronaut und stundenlang in kalter See treiben kann, sollten ausprobiert werden. Ich stellte mich als Testperson zur Verfügung, weil ich fand, dass dies zu meinen Aufgaben als Sicherheitsoffizier gehörte.

Für den ersten Test stoppte die *Poseidon* unter Island, etwa 20 Seemeilen vor Keflavik. Matrose Achim und ich stiegen in die Anzüge, die man an den Handgelenken und an den Beinen mit einem Klettverschluss und am Hals durch einen Reißverschluss schloss. Im Nacken befand sich eine wulstförmige Schwimmweste. Das Prinzip war schlicht: Meerwasser sollte in den Anzug strömen und sich durch die Körpertemperatur erwärmen. Wie frisch es wird, wenn der Atlantik einem in den Anzug kriecht, spürte ich, als ich vom Schlauchboot glitt. Als man mich nach einer halben Stunde auffischte, betrug die Temperatur im Anzug 19 Grad. Test bestanden.

Die *Poseidon* fuhr weiter zur Hamilton-Bank, wo wir als schwimmendes Krankenhaus für die Flotte der deutschen Hochseefischer trieben, für etwa 20 Trawler, also knapp 800 Mann Besatzung. Vor allem Knochenbrüche und Schnittwunden gehörten zum Alltag. Zu Verletzungen kam es häufig, wenn das schwere Geschirr ausgesetzt oder eingeholt wurde. Manchmal mussten wir auch Tote übernehmen.

Fischer auf dem Nordatlantik zu sein, das war nie ein Vergnügen: Sturm, Eis und das Risiko, sich schwer zu verletzen, gehörten wie selbstverständlich dazu. Auf dieser Reise schnitt eine gebrochene Kette ins Knie eines Matrosen; ein anderer verlor beim Unfall seine Augenbraue. Wir haben die Wunden geklammert und schon wenige Wochen später waren die Männer wieder einsatzfähig. Ich habe den Satz geprägt: »Lerne leiden, ohne zu klagen.« Als Kapitän eines Trawlers war man Arzt, Seelsorger und Psychologe zugleich. Besonders schlimm war es zu Weihnachten auf See, wenn die Stimmung der Fischer, von denen einige Kinder hatten und ihre Familien vermissten, auf Tiefseeniveau absank. Andererseits spürte man den Druck, den Fangbetrieb am Laufen zu halten, und bekam vom Reeder vor der Abfahrt Zettel zugesteckt, auf denen stand: »Neu, vor allem auf Rotbarsch und Kabeljau gehen! Seelachs so wenig wie möglich.« Dann hieß es, nicht nur Fisch zu fangen, sondern obendrein den richtigen Fisch.

Meine Bitte, den Überlebensanzug im ein Grad kalten Wasser vor Labrador zu testen, lehnte der Kapitän der *Poseidon* ab. Auf der Heimreise, sechs Wochen später, als wir den Nordatlantik überquert hatten, sollte ich die zweite Gelegenheit bekommen. Vor den Äußeren Hebriden stoppte die *Poseidon*. Weil Matrose Achim am Abend zuvor etwas Alkohol getrunken hatte, schlüpfte sein Kollege Martin als Vertretung in den Overall. Etwa 50 Meter vom Schiff entfernt ließen wir uns in die fünf Grad kalte See fallen.

Nach kurzer Zeit bekam Martin eine Panikattacke. »Holt mich raus! Holt mich sofort raus!«, schrie er. Die Besatzung zog ihn aufs Schlauchboot – und tuckerte zurück zur *Poseidon*. Ich mochte es nicht glauben und war wütend, denn es war vereinbart worden, dass das Schlauchboot zur Sicherheit immer bei den Testpersonen blieb. Ich rief noch dem Boot hinterher, doch offenbar konnte man mich nicht hören. Ich trieb in der See und versuchte, meine Furcht zu unterdrücken. Der Wind, der zu Beginn des Tests mit Beaufort vier wehte, frischte immer mehr auf. Schneetreiben setzte ein und Böen der Stärke sieben peitschten übers Meer. Ich konnte die *Poseidon* nirgendwo sehen. Minuten vergingen, die mir wie Stunden erschienen. Wie lange ich im Wasser trieb, weiß ich nicht, denn Zeit fühlt sich unter Lebensgefahr ganz anders an. »Die wissen an Bord, wo ich bin, und die holen mich jeden Moment raus«, redete ich mir ein.

In meinen Jahren als Seemann war ich zuvor zweimal knapp dem Tode entkommen. Auf Fischdampfer *Württemberg* traf mich ein schwerer Eisbrocken am Kopf, doch ich fiel nicht über Bord, sondern bewusstlos aufs Deck. Ein anderes Mal geriet ich mit einem kleinen Schlauchboot in die Schraube eines Trawlers, die mich wie durch ein Wunder nicht zermalmte, sondern mir nur einige Rippen brach. Nun schien mein Glück aufgebraucht zu sein.

Plötzlich raste ein heller Schatten auf mich zu. Und noch einer: Möwen! Ein Schwarm Möwen griff mich an. Sie zielten mit ihren spitzen Schnäbeln immer wieder auf mein Gesicht, direkt auf meine Augen. Es war wie in diesem Horrorfilm. Ich versuchte, mich zu schützen, doch durch die ruckartigen Bewegungen und den Seegang kippte ich immer wieder auf die Seite. Das angewärmte Wasser lief aus dem Anzug. Mir wurde kalt. Wenn eine Welle mich anhob, drehte ich verzweifelt den Kopf, um nach dem Schiff Ausschau zu halten.

Keine Spur von der *Poseidon*.

Meine Beine wurden taub. Ich spürte, man muss das so ausdrücken, wie der Tod kam. Ich wusste, dass ich nun sterben würde. Seltsam war, dass es mir nicht sonderlich schwerfiel, mich zu verabschieden. Ich weiß noch, dass ich darüber nachdachte, ob ich als Seemann alles richtig gemacht hatte. Ich tröstete mich, denn ich war überzeugt, meine Aufgaben so gut es ging erfüllt zu haben.

In meinem Kopf sah ich einzelne Bilder: meine Frau, unser Zuhause, wie Fotos aus unserem Leben. Ich ging mein Leben schnell durch, blieb dabei aber ganz ruhig. Dass die Möwen immer aggressiver wurden, bekam ich noch mit. Dann wurde es dunkel in meinem Kopf, als drehte jemand einen Lichtschalter ganz langsam aus. Es war mir, als sinke ich hinab in ein finsteres, tiefes Loch.

Als ich wieder zu mir kam, spürte ich, wie mich starke Arme über Deck schleiften und man mich entkleidete. Ich selbst konnte mich nicht bewegen, es war, als sei ich gelähmt. Was nun geschah, war an Absurdität kaum zu überbieten, denn Wellen und Möwen war ich entkommen, aber nicht dem Bordarzt.

Der Doktor ließ mich entkleiden, unter eine heiße Dusche stellen und flößte mir einen halben Liter Punsch ein. Mein unterkühlter Körper bäumte sich im Schock auf, ich zitterte, ich flatterte regelrecht, es war ein furchtbares Gefühl, das nicht enden wollte. Erst nach einer Stunde stabilisierte sich mein Kreislauf und es grenzt an ein Wunder, dass mein Herz nicht aussetzte. Man brachte mich auf meine Kammer. 24 Stunden durfte ich ruhen, dann teilte man mich wieder zur Wache ein. Die Furcht und die Nähe zum Tod beschäftigten mich noch einige Tage lang.

Kapitän Richard Neu, Jahrgang 1930, wuchs in einem entlegenen Dorf im litauischen Landkreis Tauroggen auf. 1940 floh seine Familie wegen des deutsch-sowjetischen Abkommens nach Schleswig-Holstein. Neu erlernte den Beruf des Netzmachers und Taklers, bevor er im Alter von 26 Jahren zur See fuhr. 1969 übernahm er als Kapitän seinen ersten Trawler, bevor er Mitte der 1970er Jahre als Nautischer Offizier ins Bundesministerium für Ernährung, Landwirtschaft und Forsten wechselte. Neu ist verheiratet und lebt in Hechthausen, Niedersachsen.

KUCKUCK AN BORD

Sogar nach langen Fangtagen macht mancher Politoffizier den DDR-Fischern das Leben schwer. Schon im »Neuen Deutschland« gelesen? Gibt es Beschwerden über die Staatsführung? Wer hat einen Witz gerissen? FRANZ WEGENER über Psychoterror, der einige Opfer zum Äußersten trieb.

Auf hoher See gibt es, je länger eine Reise dauert, keine Geheimnisse. An Bord ist man niemals ganz alleine und Gerüchte verbreiten sich schnell. Was gewöhnungsbedürftig ist, aber auch hilfreich sein kann, um einen »Kuckuck« zu enttarnen. »Kuckuck«, so nannten wir Spitzel der Staatssicherheit, und manche meinen, dass auf jedem Schiff der DDR-Hochseeflotte zwei bis drei in der Besatzung spionierten. Es galt, vorsichtig zu sein, wem man sich anvertraute, in welcher Gesellschaft man schimpfte oder einen Witz riss. Oft kam es vor, dass man nach einer Reise von den »Geheimen« zum Gespräch gebeten wurde: Sprach einer über seine Flucht nach Westen? Hatte sich jemand abfällig gegen die Partei geäußert?

Nicht nur Spitzel machten uns Hochseefischern das Leben schwer, sondern auch Politoffiziere, im Bordjargon »Politniks« genannt. Nach langen, kalten Stunden an Deck, in denen man bis zur Erschöpfung Netze einholte oder Fische schlachtete, bat der Parteifunktionär noch zur Versammlung. Die Männer mochten so müde sein, dass sie kaum die Mug mit Kaffee zum Mund führen konnten, doch sie mussten sich mit Artikeln aus dem »Neuen Deutschland« befassen. Oder mit der letzten Rede von Honecker. Oder mit den aktuellen Parteitagsbeschlüssen. Oder mit Thesenpapieren zur deutsch-sowjetischen Freundschaft. Es war schwierig, nicht dabei einzuschlafen. Desinteresse konnte Ärger bedeuten, denn es gab »Politniks«, die ihre Macht mit kaltem Eifer auslebten. An einen, ich möchte ihn Schmidt nennen, ein Mann mittleren Alters mit einem glatten, dachsartigen Gesicht und dunklen, streng gescheitelten Haaren, erinnere ich mich besonders ungern. Sobald er das Gefühl hatte, es könnte an Treue zur Partei mangeln, begann sein Psychoterror. Er drohte mit Gefängnis, er setzte die Seeleute mit dem Hinweis auf deren Familien unter Druck und alarmierte seine Spitzel. Er verbreitete ein Klima der Angst, das nicht jeder ertrug: Ich weiß von einem Mann, der sich wegen der Repressalien in einem Waldstück an der Müritz das Leben nahm.

Man erzählte sich, dass Schmidt, dieses Ekel, so weit ginge, Schulkinder auszuhorchen, was sie mit Mami und Papi im Fernsehen sähen. Das Sandmännchen? Oder doch einen Sender aus dem Westen? Eine lapidare Bemerkung über die Staatsführung in der Messe genügte, um aktenkundig zu werden. Einmal wies er sogar einen Kapitän vor versammelter Mannschaft zurecht.

Nicht jedem erging es unter dem Druck der Staatssicherheit wie Herrmann, einem Netzmacher, dessen Geschichte ich erzählen möchte. Jeder Fischer in der Hochseeflotte kannte Herrmann vom Kurischen Haff, aus der Ortschaft Nemonin. Im Kriege hatte er sich alleine durchschlagen müssen: Sein Vater war in Gefangenschaft geraten und seine Mutter mit dem Bruder vor der anrückenden Roten Armee Richtung Westen geflohen. Herrmann, der sein Handwerk auf einem Keitelkahn erlernt hatte, einem kleinen, stabilen Boot mit Gaffelsegel, konnte fischen wie kaum ein anderer. Mindestens zwei bewaffnete Soldaten begleiteten ihn, wenn er, 14 Jahre alt, hinausfuhr; man brachte ihn in einer russischen Kleinfamilie unter. Als man ihn aufforderte, die Staatsangehörigkeit der UdSSR anzunehmen, lehnte Herrmann dankend ab und floh. In Rostock fand er seine Familie wieder und außerdem Arbeit auf einem der ersten Fangschiffe der DDR.

Flickte Herrmann Netze, flog die Nadel mit einer Geschwindigkeit durch die Maschen, dass man genau hinsehen musste, um sie zu erkennen. Auch besaß er, mehr Arbeiter als Denker, von dem mancher sagte, dass er geistig ein wenig zurückgeblieben war, ein hervorragendes Zahlengedächtnis; er brachte das Kunststück fertig, einem die Zahl der Maschen eines Netzteils auswendig aufzusagen. Lag ein Fanggeschirr an Deck, erkannte er die kleinste Beschädigung auf einen Blick. Er war nicht besonders groß gewachsen, nicht gerade breitschultrig, aber er war unglaublich stark und arbeitete noch problemlos weiter, wenn andere längst erschöpft in der Koje lagen. Nach seiner ersten Reise beförderte man ihn vom Leichtmatrosen zum Netzmacher.

Lesen und Schreiben indes hatte Herrmann nie gelernt und beim »Geldmann« – so nannten wir den Kassenbeauftragten, der nach Einlaufen in Rostock die Heuer und einen Vorschuss auf den Fanganteil auszahlte – quittierte Herrmann mit drei Kreuzen. Steuermann und Matrosen halfen ihm in ihrer Freizeit oder sobald schlechtes Wetter die Arbeit auf See ruhen ließ, das Schreiben zu lernen. Sie kamen nur langsam voran und als Herrmann seinen Namen hinbekam, beendete er den Unterricht mit den Worten: »Lot den Schiet ligge, lot uns lewer Skat speele.«

Der Stadthafen von Rostock war mit einer meterhohen Bretterwand eingezäunt worden, den Grenztruppen, Zollbeamte und Hafenpolizisten streng bewachten, damit niemand etwas hinausschmuggeln konnte. Niemand sollte sehen, was im Hafen, in dem auch schwedische oder dänische Küstenmotorschiffe anlegten, vor sich ging. Den Schriftsteller Walter Kempowski und seinen Bruder Robert hatte man wegen Spionage zu 25 Jahren Arbeitslager verurteilt, weil sie im Hafen beobachteten, dass die Russen größere Mengen Demontagegüter verschifften, als mit den Westalliierten vereinbart worden war.

Eines Tages ging Herrmann auf dem Bürgersteig entlang der Straße »Am Strande« spazieren, als ein skandinavischer Matrose durch das Hafentor auf ihn zukam. Er wollte ihm einige Zeitungen in die Hand drücken, was Herrmann, der mit Druckerzeugnissen nur etwas anfangen konnte, sofern er darin einen Fisch einwickelte, brummig zurückwies. Er spazierte weiter. Zwei Zivilpolizisten hatten die Szene beobachtet. Sie stoppten Herrmann und fragten:

»Was wollte der Ausländer von Ihnen?«

»Dot geht dich gor nuscht an!«, gab Herrmann zurück.

Die Polizisten drohten mit Festnahme und einer griff zu seiner Dienstwaffe. Herrmann rief: »Dien Pistol kannst stecke lote, sonst go eck to hus, hol min Maschinenpistol und scheet di een lock in mors.« Was ihm einen längeren Aufenthalt in der Wache einbrachte sowie

eine saftige Anklage: Widerstand gegen die Staatsgewalt, Beleidigung eines Staatsangestellten, illegaler Waffenbesitz, Morddrohung. In kempowskischen Maßstäben bedeutete dies ungefähr 40-mal lebenslänglich, doch andererseits, dies hatten die Polizisten während der Verhöre erkannt, war Herrmann nicht ganz ernst zu nehmen. Bei ihren Ermittlungen suchten die Polizisten auch Herrmanns Arbeitgeber auf. Weil er »abgefischt« war, wie es hieß, wenn jemand körperlich oder seelisch am Ende war, wenn jemand eine Fangreise zu viel gemacht hatte, bewachte er Schiffe, deren Mannschaften ihre Freizeit genossen.

»Was haben Sie denn für einen widerborstigen Mitarbeiter?«, fragten die Ermittler, als sie das Büro des Wachleiters betraten.

»Was, Sie meinen Herrmann? Der ist völlig harmlos«, entgegnete dieser, »der kann nicht mal lesen und schreiben.«

Er zeigte die Personalakte, in der sich nur lobende Bemerkungen fanden. »Herrmann säuft nicht mal«, erklärte der Chef der Wachkommandos und redete auf die Staatsdiener ein, ihre Anschuldigungen fallen zu lassen. Nachdem geklärt war, dass Herrmann die Existenz einer Maschinenpistole erfunden hatte, um in Ruhe seinen Spaziergang fortsetzen zu können, ließ man die Ermittlungen einschlafen.

Kapitän Franz Wegener, geboren 1935 in Göttingen, stammt aus einer Seefahrerfamilie. Weil sein Vater vor dem Krieg in Rerik Arbeit fand (»wir hatten sogar fließend warmes Wasser«), zog die Familie Richtung Osten. Es war schwer, eine Anstellung als Fischer zu finden. Ein alter Kapitän, den er in Stralsund besucht hatte, vermittelte ihm eine Stelle in Sassnitz. Die Arbeit auf kleinen Kuttern umschreibt Wegener mit den Worten »elendes Leben«. Er machte eine Laufbahn vom Schiffsjungen zum Leiter der nautischen Abteilung im Fischkombinat Rostock. 1997 ging er in Pension. Sein Sohn fährt für eine Reederei in Buxtehude zur See. Wegener lebt in Rostock.

JÄGER

Sieben Monate sind die Walfänger aus Hamburg auf hoher See, ohne einen Hafen anzulaufen. Sie kämpfen gegen Eiseskälte, gegen Erschöpfung, gegen Schiffskoller auf den engen Jagdbooten und gegen die Stürme der Antarktis. Es ist ein gefährlicher Beruf, der HERMANN GERDAU beinahe das Leben kostet.

Sobald sich das Meer grünlich färbte, vom Blut und vom Fett, wussten wir, dass die *Olympic Challenger* in der Nähe sein musste. Wir folgten dann der Spur der schwimmenden Fabrik, um Treibstoff oder Munition aufzunehmen, und konnten Funkstille halten, was wichtig war, weil die anderen Jäger mithörten, die Fänger aus Japan, Norwegen oder Russland. Wenn überhaupt, unterhielten wir uns mit der *Olympic Challenger*, unserem Mutterschiff, in geheimen Codes, mit denen wir die Positionen durchgaben, wo geschossene Wale auf dem Meer trieben.

Mein Jagdboot hieß *Olympic Hunter*, Nummer 15 in einer Flotte von 16 Booten, die aus dem Hamburger Hafen auslief, Anfang der 1950er Jahre. Offiziell Schiffe der Deutschen Walfanggesellschaft, gehörten sie in Wahrheit der Olympic Line des griechischen Reeders Aristoteles Onassis. Meist begannen die Reisen Anfang September; drei Wochen weit ging es quer über den Atlantik und durch den Panamakanal zur Küste von Peru. Mit langsamer Fahrt, um Treibstoff zu sparen. Vor Peru jagten wir Pottwale, an deren Haut manchmal noch die Saugnäpfe von großen Kraken klebten, dann gingen wir auf einen südlichen Kurs und fuhren bis weit hinunter ins Weddell-Meer vor dem antarktischen Kontinent.

Mindestens sieben Monate blieben wir ununterbrochen auf See. Unsere Heimat waren umgebaute Korvetten der amerikanischen

Navy, schnelle, robuste Schiffe, denen die Stürme des Atlantiks oder schwere See in der Antarktis wenig anhaben konnten. Auf 50 Metern Schiff lebten wir mit 20 Mann Besatzung, was dazu führte, dass es, je länger die Reise dauerte, auch zu Meinungsverschiedenheiten kam. Dass sich jemand eine blutige Nase holte, gehörte dazu, aber im Allgemeinen kamen wir gut miteinander aus, was auch an unserem Arbeitspensum lag: Zum Streiten fehlte die Zeit; sogar die Weihnachtsfeiern fielen meistens aus. Was mich betraf, war ich nach meinen Erfahrungen auf *U-Boot 406* im Zweiten Weltkrieg ganz andere Lebensumstände gewohnt, aber dazu später mehr.

Wenn der Ausguck am Mast einen Blas ausrief, eine Art Nebelfontäne, die aufsteigt, wo die Atemluft des Tieres kondensiert, steuerten wir mit voller Fahrt, mit bis zu 20 Knoten, darauf zu. Der Schießer, der im Fanggebiet gleichzeitig als Kapitän des Bootes diente, besetzte die Kanone auf der Back. Schützen an der Harpune waren immer Norweger. Was Brasilianer im Fußball sind, bedeuten Norweger für den Walfang: Sie kennen alle Tricks und schießen am besten. Sie wurden behandelt wie Stars, auf der Rückreise vor Kapstadt mit dem Expeditionsboot abgesetzt und durften nach Europa zurückfliegen.

Ich bin überzeugt, dass es niemand fertigbrächte, einen Wal zu töten, wenn der Wal seinen Schmerz herausschreien könnte. Die ersten Abschüsse haben mich irritiert. Wenn die erste Harpune nicht das Herz traf, tauchte das Tier hinab in die Tiefe; ein Wal besitzt unglaubliche Kräfte und es war beeindruckend, mit welchem Tempo die Leine abspulte. 30 Kilo wog eine Harpune, auf die wir eine Granate aufschraubten; an der Harpune hing eine etwa 50 Meter lange Schießleine aus Nylon, die an eine starke, besonders belastbare Manila-Leine angespleißt wurde. Das Manila-Tau führte über den Mast zur Walwinde und weiter unter Deck. Durch Bootsmanöver machten wir den Wal an der Leine müde, dann setzten wir den tödlichen Schuss.

Anschließend wurde der Kadaver an der Bordwand vertäut und mit Pressluft gefüllt, damit er an der Oberfläche trieb; wir steckten eine Flagge mit der Fangbootnummer hinein und beschnitten die Schwanzflosse, denn diese konnte auch das tote Tier wie ein Propeller antreiben und den Kadaver ganz langsam abtreiben lassen. Für jeden Wal gab es eine »Schwanzprämie«, zusätzlich zum Anteil am Fang der Reise und der täglichen Heuer. Jeden Abend sammelten vier Transportboote die Beute des Tages ein und schleppten sie zum Fabrikschiff, wo man die Wale auf das Schlachtdeck zog, in Würfel zerlegte und den Speck auskochte. Hauptsächlich für Waschmittel, für Seife oder Margarine.

Über Tierschutz machte sich damals niemand Gedanken, Greenpeace gab es nicht und selbst, wenn man Mitleid mit dem Tier empfinden mochte, schob man solche Gefühle bei Seite. Ich war dankbar, eine Arbeit zu haben, ein Einkommen, mit dem ich meine Familie ernähren konnte. Ich war froh, für Onassis arbeiten zu dürfen, der den »Angehörigen aller Besatzungen meiner Walflotte« zu Weihnachten eine Grußkarte schicken ließ, inklusive eines gelben Umschlags, in dem ein Scheck lag. Obwohl ich über eine bessere Qualifikation verfügte und schon 38 Jahre alt war, heuerte ich auf meiner ersten Reise als Matrose an; auf meiner fünften Fahrt in die Antarktis, also fünf Jahre später, diente ich als Erster Offizier.

1947, als ich aus dem Krieg nach Hause zurückkehrte, nach Winsen, einer Kleinstadt im Süden von Hamburg, hatten schwere Zeiten begonnen. Ich war stark abgemagert nach mehreren Wochen Gefangenschaft in einem belgischen Lager, in dem Dutzende Männer qualvoll verhungert waren. Mein Frau Alwine und ich mussten zwei kleine Jungen durchbringen; es mangelte uns an allem, an Geld, an Kleidung, an einer Perspektive. Zum Glück besaßen wir einen kleinen Garten, Kaninchen und Hühner, sonst hätten wir es nicht geschafft. Ich hatte meine Seefahrtspatente zu Kriegszeiten erworben, weshalb sie von den Behörden nicht anerkannt wurden. Erst nach einem Jahr fand ich eine Anstellung als Hilfsarbeiter; ich schleppte Kannen in einer Molkerei oder schaufelte Steinkohle aus Eisenbahnwaggons in Loren, die ich über einen Rangierbahnhof schob. Zimperlich bin ich nicht, das ist nicht meine Art, aber es war extrem harte Arbeit, für die ich weniger als eine Mark in der Stunde bekam.

Eines Nachts, als ich wieder restlos erschöpft nach Hause kam, sagte meine Frau zu mir: »Hermann, so geht das nicht weiter.« Sie kannte jemanden im Hamburger Hafen, einen gewissen Doktor Schubert, der jemanden in der Deutschen Walfanggesellschaft kannte. Es war eine kleine Chance. Ich fuhr nach Hamburg und meldete mich bei einem Kapitän der Fangflotte, der gerade in der Hohwaldtswerft inspizierte, wie eines der Schiffe umgebaut wurde. Nach einigen Fragen zu meiner Laufbahn sagte er: »Ming Jong, du kommst auf Boot 15. Im September geht es los.« Dann drückte er mir 50 Mark in die Hand. Ein Vorschuss von 50 Mark! Ich mochte es nicht glauben. Noch nie hatte ich einen solchen Geldschein besessen.

Mein Leben lang bin ich zur See gefahren, seit ich 17 war und als Moses auf dem Motorsegler *Henry* anheuerte, der vor allem auf der Ostsee herumfuhr. Die Besatzung bestand aus einem Matrosen, mir und einem skrupellosen Kapitän, der gleichzeitig Eigner des Schiffs war. Die Nahrung war kaum zu genießen, *Henry* ein schwimmendes Wrack und unsere Logis verwanzt. Jeden Abend kroch ich voller Angst in die Koje, denn ich wusste, dass ich mit blutigen Quaddeln übersät aufwachen würde.

Ich musterte nach 20 Monaten ab und kam auf die *Schwarzenfels*, einen Frachter der Bremer Reederei Hansa, mit dem ich bis nach Rangoon, Bombay und Kalkutta fuhr. Indien faszinierte mich: die fremden Gerüche, die bunten Farben, die majestätischen Gebäude, die Schlangenbeschwörer und Gaukler; auf einem Marktplatz in Bombay sah ich einem Kampf zwischen Kobra und Mungo zu. Bleibenden Eindruck machte auf mich auch mein erster Besuch in den USA, in New York, wo ich, der Junge von einem Bauerndorf in der Lüneburger Heide, wie hypnotisiert durch die Straßenschluchten stolperte.

1934 meldete ich mich zur Marine, durchlief die Grundausbildung, wurde auf das Panzerschiff *Admiral Scheer* abkommandiert und dann auf das Segelschulschiff *Gorch Fock*. Als Geschützführer versetzte man mich schließlich auf das Linienschiff *Schleswig-Holstein*, ein Kriegsschiff mit 800 Mann Besatzung. Wir machten Ausbildungsreisen nach Haiti, nach Venezuela und auf die Kapverdischen Inseln; als wir im August 1939 mit ungewöhnlich großen Mengen Proviant, Brennstoff und Munition in Richtung Memel ausliefen, dachte niemand von der Besatzung daran, dass es eine Reise werden könnte, mit der eine Katastrophe begann.

Es war seltsam, wie viel Ausrüstung wir gebunkert hatten. Dass in einer finsteren Nacht auf der Ostsee Zubringerschiffe längsseits gingen und Infanteristen einstiegen, zwei Kompanien in voller Kampfmontur, sorgte ebenfalls für Erstaunen. Wir übernahmen Hunderte Rollen Stacheldraht, Maschinengewehre, Geschütze und Munition. Einen Tag später, der Morgennebel lag noch auf dem Wasser, machte die *Schleswig-Holstein* in »Neufahrwasser« auf der Weichsel fest, auf Höhe des Leuchtturms. Auf der anderen Seite der Bucht lag die Militärbasis Westerplatte.

Am späten Abend des 31. August verbreitete sich eine Nachricht, die erklärte, was die Landser an Bord sollten: Der Angriff auf Polen stand bevor. Kurz vor 4.00 Uhr am nächsten Morgen gab es Alarm: »Alle Mann auf Gefechtsstation.« 50 Minuten später lautete der Befehl, das Feuer zu eröffnen. Der Überfall, aus dem ein Brand der Welt werden sollte, hatte begonnen. Rückblickend ist es ein seltsames Gefühl, dass man mit seinen Schüssen den Zweiten Weltkrieg eröffnet hat, aber solche Gedanken kamen mir damals nicht.

Im Herbst 1941 wurde ich, nach einer Ausbildung an der Steuermannsschule im besetzten Gotenhafen (dem polnischen Gdynia), nach Danzig beordert und dem neu in Dienst gestellten *U-Boot 406* zugeteilt. Nach Testfahrten in der Ostsee verlegte uns das Flottenkommando nach St. Nazaire, von wo wir zu Feindfahrten gegen alliierte Geleitzüge im Nordatlantik aufbrachen. Ich spreche ungern über diese Zeit. Vor Freetown an der Westküste Afrikas, einer Kommandozentrale der englischen Marine, beobachteten wir Schiffsbewegungen, als uns ein feindlicher Flieger entdeckte. 24 Stunden lang beschoss man uns mit Wasserbomben, die Luft im Boot wurde knapp. Wir atmeten durch Masken mit Kalipatronen und konnten entkommen, weil die Zerstörer im Glauben, sie hätten uns getroffen, abdrehten. Die Angst, die man spürt, wenn das Boot auf Grund liegt, in den Druckwellen der Bomben erzittert, wenn der Stahl quietscht und schreit, das Licht ausfällt, Glas splittert und man glaubt, zu ersticken in diesem Sarg aus Stahl, all diese Eindrücke habe ich niemals vergessen.

Auf unserer siebten Feindfahrt, die am 26. Juni 1943 begann, befanden wir uns auf der Rückfahrt vom Einsatzgebiet im Westatlantik, östlich der Karibik, als uns Jagdflieger angriffen. Zum Abtauchen war es zu spät. Wir schossen mit unserem Maschinengewehr vom Turm zurück und trafen tatsächlich eines der Flugzeuge, das abstürzte. Der Erste Offizier und ein Obergefreiter aber wurden im Einsatz getötet; Kommandant Horst Dieterichs und der Zweite Offizier schwer verwundet. Ich übernahm als Dritter Wachoffizier das Kommando. Es gelang mir, in einem Moment, als die Flieger zu einem neuen Angriff wendeten, die Toten und Verletzten ins Boot holen zu lassen. Alarmtauchen!

Auf etwa 50 Metern Tiefe explodierten unmittelbar neben uns zwei Wasserbomben, das Boot wurde geschüttelt, Ventile flogen aus den Dichtungen, das Licht fiel vorübergehend aus; wir sanken hinab, immer tiefer hinab, auf 100 Meter, auf 150, sanken immer weiter, auf 180, auf 200, die Frage war, wie lange die Stahlhülle den Wasserdruck noch aushielt, schon 220 Meter, das Boot kam nicht zum Stehen, wir konnten es einfach nicht bremsen, weil Untertriebszellen und Regelbunker an Steuerbord zerschossen waren.

Der Leitende Ingenieur riskierte alles und ließ Tauchzelle III anblasen. Einen Versuch hatten wir, eine letzte Chance, dann wäre alles vorbei gewesen. In 240 Metern Tiefe schließlich kamen wir zum Stehen. Langsam stiegen wir wieder auf. Nun galt es, sich um die Verwundeten zu kümmern; einem mussten wir drei Finger amputieren, doch Betäubungsmittel gab es nicht an Bord. Ich bin froh, dass der Mann überlebte. Und dass ich es schaffte, das Boot sicher nach St. Nazaire zurückzubringen. Am 15. September 1943 liefen wir in der Hafenstadt an der Mündung der Loire ein. Für meinen Einsatz erhielt ich das Eiserne Kreuz Erster Klasse; die Admiralität genehmigte mir außerdem einen kurzen Heimaturlaub. Am 20. Dezember fuhren wir erneut hinaus auf den Nordatlantik, unter Kommandant Dieterichs, der sich vom Steckschuss in seiner Brust einigermaßen erholt hatte.

Mit *U-406* versenkten wir auf unseren Feindfahrten ein Schiff, den britischen Dampfer *City of Manila*, und beschädigten vier weitere Frachter. Wir wussten, dass die eigenen Verluste, je länger der Krieg im

Atlantik andauerte, immer größer wurden und dass viele Boote auf See blieben, aber welche Wahl hatten wir? Am 5. Januar 1944 fuhren wir zum elften Mal aus den bombensicheren Bunkeranlagen von St. Nazaire hinaus auf den Ozean, einige Tagesreisen entfernt ins Planquadrat 1793 zwischen Neufundland und Europa.

Eine Suchgruppe aus britischen Fregatten und Zerstörern entdeckte uns am 18. Februar um 15.45 Uhr, nahm die Verfolgung auf und jagte uns mit Wasserbomben. Es gab schwere Schäden an Bord, das Tiefenruder fiel aus, die E-Maschine wurde teilweise aus ihrer Verankerung gerissen. Kommandant Dieterichs gab Befehl zum Auftauchen und öffnete das Turmluk: »Alle Mann aus dem Boot.« Er ordnete nicht an, die Waffen zu besetzen, denn Widerstand hatte keinen Sinn mehr. Wir waren nicht mehr steuerfähig. Es war vorbei.

Schüsse waren zu hören, mehrere Salven. Von den britischen Kriegsschiffen feuerte man auf uns; die ersten Besatzungsmitglieder, die ausstiegen, waren sofort tot. Ich sah den Kommandanten und drei Matrosen leblos an Deck liegen. Aus Furcht, getroffen zu werden, sprangen wir in den kalten Nordatlantik. Es war ein grauer Tag mit einer lang laufenden, hohen Dünung. Die Engländer stellten das Feuer ein; die Fregatte *HMS Spey* fuhr backbord mit langsamer Fahrt an *U-406* vorbei, man schoss mit Leuchtspurmunition. Und warf Wasserbomben, ein Dutzend Wasserbomben – obwohl im Ozean Schiffbrüchige um ihr Leben schwammen.

Dann drehten die Kriegsschiffe ab und wir dachten, sie würden uns unserem Schicksal überlassen; nach einer Zeitspanne, für die ich kein Gefühl habe (im Bericht eines Leutnants ist von einer Stunde die Rede), kam die *Spey* zurück und setzte ein Netz aus, mit dem die unterkühlten Überlebenden an Bord gezogen wurden. Mannschaft und Offiziere der Fregatte halfen bei der Bergung der Bewusstlosen, was wegen der Dünung nicht einfach war. Von 53 Männern an Bord von *U-406* konnten 45 gerettet werden; vier von ihnen starben wenig später an inneren Verletzungen, die sie durch Druckwellen der Wasserbomben erlitten hatten. Als unser Erster Offizier empört darauf hinwies, dass während der Detonationen die Hälfte der Besatzung neben *U-406* im Wasser trieb, begründete die britische Schiffsführung ihr Handeln mit der Furcht vor akustischen Torpedos. »Zaunkönige«, wie diese neu entwickelten Waffen genannt wurden, hatten

wir nicht an Bord.

Zunächst verschiffte man uns nach Liverpool, dann brachten sie uns in ein Lager in Schottland und schließlich – in der zum Truppentransporter umgebauten *Queen Mary* – in die USA, ins Kriegsgefangenenlager McCain, Mississippi. Wir pflückten Baumwolle auf den Feldern, trieben Sport und gingen im Lager zur Schule; es mangelte uns in der ersten Zeit an nichts und ich erinnere Spiegeleier und den Geruch von Speck, wenn ich an die ersten Monate in Camp McCain denke. Als uns amerikanische Soldaten in eine Baracke brachten, wo sie uns Filme aus Konzentrationslagern zeigten, mochte ich die Aufnahmen zunächst nicht glauben. Ich konnte es nicht glauben: Zu solch grauenvollen Taten sollten Menschen in der Lage sein? In unserem Namen? Wir waren geschockt, wir waren am Boden.

Die Atmosphäre im Lager kippte; statt Spiegeleiern und Speckschwarten gab es nun trockenes Brot und Schweineohren, aber das war trotzdem noch ein Luxus zu dem, was meine Frau Alwine zur gleichen Zeit erlebte. Sie floh im Winter 1945 aus Gotenhafen vor der heranrückenden russischen Armee, mit unserem kleinen Sohn Manfred im Arm. Die beiden sollten auf das Passagierschiff *Wilhelm Gustloff*, das kurz nach Auslaufen von einem russischen U-Boot versenkt wurde, nach Westen fliehen, kamen dann aber durch einen Zufall auf das Schwesterschiff *Hansa*. Sie starben nicht in der Ostsee, wie 9000 Passagiere der *Gustloff*, sondern gingen in Kiel von Bord, von wo aus es Alwine gelang, in die Nähe von Winsen zu fliehen, ins Haus meiner Eltern.

Wir lebten in den Jahren nach dem Krieg so entbehrungsreich, dass es sich mancher aus der Sicht des 21. Jahrhunderts kaum vorstellen mag. Niemandem an Bord des Walfangbootes *Olympic Hunter* wäre es eingefallen, sich zu beschweren über Monate auf einem engen Schiff. Über Eis, über Sturm, über Heimweh. Oder darüber, dass die Arbeit kein Ende zu nehmen schien, weil die Sonne im antarktischen Sommer nicht untergeht, und wir jagten, solange der Blas eines Wales ge-

1

2

1 An Deck eines Fangbootes, das auf der langen Reise von Hamburg in die Antarktis unterwegs ist, prüfen die Walfänger (ganz links: Hermann Gerdau) eine Harpune. **2** Mindestens sieben Monate verbrachte die Mannschaft auf dem nur 50 Meter langen Schiff während ihrer Reise um die Welt – ohne einen Hafen anzulaufen. (Fotos: privat)

1

2

3

4

1 Eng zusammenstehen in eisiger Kälte. **2** Walfangboot 15, das Schiff von Hermann Gerdau. **3** An Bord verirrte sich in antarktischen Gewässern auch mal ein Pinguin. **4** Die geschossenen Wale pumpte man mit Luft auf – abends sammelte sie das Mutterschiff ein. Gerdau (vorne im Bild) wurde einmal von einer zuckenden Schwanzflosse am Kopf getroffen und kam ins Bordhospital der *Olympic Challenger*. (Fotos: privat) sichtet wurde. Blauwale, Finnwale, Buckelwale schossen wir, an manchen Tagen bis zu acht Tiere. Am brutalsten gingen die Japaner vor, die entgegen den Schutzbestimmungen auch Muttertiere töteten; ich glaube aber nicht, dass sich irgendeine Nation um Regeln scherte.

Auf der *Olympic Challenger,* einem umgebauten, 180 Meter langen Tanker, arbeiteten mehr als 400 Männer rund um die Uhr und in 12-Stunden-Schichten. Wir liefen das Mutterschiff an, wenn uns der Treibstoff ausging, die Munition oder die Neuigkeiten. Der Funker der *Olympic Challenger* hörte jeden Tag Radio Norddeich oder die Deutsche Welle und schrieb die wichtigsten Ereignisse auf eine Seite Papier, die er an die Jagdboote weitergab. Natürlich vermissten wir unsere Familien, aber immerhin wussten wir, dass es ihnen gut ging, weil die Reederei finanziell für sie sorgte, wenn wir auf See waren. Wie man mit dem Schmerz der Trennung umging? Das war nun mal so, sage ich noch heute.

An Bord der *Olympic Challenger* gab es auch ein Hospital – was mir das Leben rettete, als mich die zuckende Schwanzflosse eines Blauwals am Kopf traf. Ich ging glücklicherweise nicht außenbords, sondern sank bewusstlos an Deck. Drei Wochen dauerte die Behandlung im Hospital. Verletzungen kamen häufig vor; oft Schnittwunden durch die Flensmesser. Alkohol war an Bord nur in geringen Dosen erlaubt; gegen Mittag ging der Kapitän mit einer Buddel Rum durch die Reihen und schenkte aus, aber nur einen Schuss, zum Aufwärmen. Dann ging die Arbeit an Deck wieder von vorne los.

Die Temperaturen waren recht erträglich, zehn Grad minus, kälter wurde es nicht im antarktischen Sommer; wir trugen dicke Unterwäsche, Rollkragenpullover und bewegten uns viel. Zog schlechtes Wetter auf, kamen die Seen acht Meter hoch, und peitschte der Wind, legte der Kapitän das Boot in den Windschatten eines Eisbergs. Wir warteten ab, ruhten uns aus und ich kam dazu, ein Buch zu lesen. Monat für Monat arbeiteten wir uns weiter, rund um die Antarktis, aus dem Weddell-Meer vorbei am Königin-Maud-Land, weiter ins Rossmeer bis in die Amundsensee. Wenn im April die Temperatur stark abfiel und die Heftigkeit der Stürme zunahm, traten wir die Heimreise an.

Wir müssen ausgesehen haben wie Piraten, mit unseren Bärten und der verschmutzten Arbeitskleidung, als wir in Hamburg oder Cuxhaven festmachten. Ich hebe einen Artikel aus dem »Hamburger Abendblatt« auf, mit einem Foto, das zeigt, wie mich meine Frau und Kinder an der Gangway abholten. Ungefähr 15.000 D-Mark verdiente ich mit jeder Reise, damals ein kleines Vermögen. Wir kauften davon einen Volkswagen, einen neuen Käfer, mit dem wir ins Sauerland fuhren, sogar nach Italien, unter die Sonne der Adria. Ich meldete mich zur Seefahrtschule in Altona an, um das Kapitänspatent zu machen. 1956, nach fünf Reisen, hatte ich genug vom Walfang und musterte ab. Die Entscheidung war mein Glück, denn Onassis verkaufte seine Flotte im gleichen Jahr nach Japan. Die Geschichte des deutschen Walfangs war beendet, doch in meinem Leben begann ein neues Kapitel.

Kapitän Hermann Gerdau, 1913 in einem Dorf der Lüneburger Heide geboren, fuhr nach seiner Zeit als Walfänger bis zu seiner Pensionierung 1978 ausschließlich für die Reederei Christian F. Ahrenkiel. In der Hamburger Traditionsreederei gilt er als eine Legende. 2001 verstarb seine Frau Alwine, mit der er drei Jahre zuvor Diamanthochzeit gefeiert hatte. Gerdau lebt in Schleswig-Holstein.

AUF GRUND

Das andere Schiff ändert den Kurs und plötzlich wird der Rhein eine schmale Rinne. Es gibt ein hässliches Geräusch. Der Besatzung des Kiesfrachters gelingt es gerade noch rechtzeitig, sich in Sicherheit zu bringen. Doch was nun? SIEGFRIED BROCKMANN beweist, dass man untergehen kann, aber niemals aufgeben darf.

Innerhalb von vier Minuten verlor ich, wofür ich ein Vierteljahrhundert hart gearbeitet hatte. In 240 Sekunden sank meine Existenz auf den Grund des Rheins, ausgerechnet an jenem Tag, als ich mein Berufsjubiläum beging. Ich erinnere mich, dass ich noch am Morgen zu meiner Frau am Telefon gesagt hatte: »Heute feiern wir auch, dass uns noch nie etwas passiert ist.« Doch dann kam alles anders, auf Höhe von Rheinkilometer 795, zwischen Wesel und Orsoy.

Ich war auf unserem Schiff, der *St. Antonius*, randvoll beladen mit Kies, nach Holland unterwegs, wenige Tage vor Weihnachten 1975. Es war gegen neun Uhr, ein kalter schwarzer Abend über dem Fluss und wir fuhren mit der Strömung, kamen »zu Tal«, wie man das in der Sprache der Schiffer nennt. Neben mir im Steuerhaus saßen mein Bruder, der seinerzeit mein Kompagnon war, und meine Schwägerin; wir plauderten und tranken heißen Tee. Zu unseren Füßen lag ihr kleiner Pudel.

Am Rheinabschnitt, den wir nun passierten, hatte man den Rechtsverkehr eingeführt, was bedeutete, dass man einander Backbordseite an Backbordseite passierte. Ein großer Tanker kam uns entgegen, die *Intertank 4*, es konnte ein wenig eng werden, denn der Fluss macht an dieser Stelle eine leichte Kurve. Ich machte mir keine Sorgen, denn in eine solche Situation gerät ein Binnenschiffer jeden Tag. Ich weiß noch, dass ich dachte: ›Wo kommt der denn her?‹, als ich schemenhaft den kleinen Kiesfahrer sah, der unmittelbar hinter *Intertank 4* im Licht der Scheinwerfer auftauchte wie ein böser Schatten. Der Kiesfahrer gab Lichtzeichen, als wolle er an Steuerbord passieren. Was sollte das? Ich war verwirrt, musste aber sein Blinken erwidern. Der Schiffsführer der *Intertank 4* hat vermutlich das Überholmanöver nicht bemerkt und angenommen, dass mein Signal ihm galt. So kam es, dass der große Tanker und unsere *St. Antonius* leicht den Kurs änderten. Wir »wedelten« beide, wie man das unter Schiffern nennt, und kamen uns nahe. Wir kamen uns zu nahe.

Das Gefühl, als ich das Geräusch des Aufpralls hörte, ein Schnarren und ein Schleifen, als uns der Anker der *Intertank 4* die Seite von Laderaum eins aufschlitzte, werde ich nie vergessen. Das Schiff sackte sofort nach vorne weg und wir wussten, dass nicht viel Zeit blieb. »Ich mach das Rettungsboot klar!«, rief mein Bruder und stürmte mit der Schwägerin hinaus, während ich versuchte, das Schiff trotz der Schräglage gegen den Strom zu drehen und aus dem Fahrwasser herauszukommen. Es gelang mir noch, die Maschine zu stoppen, damit sie nicht mit Wasser volllief und explodierte. Ich hoffte, dass man sie möglicherweise bergen und reparieren konnte.

Mein Bruder schaffte es mit einiger Mühe, ein kleines Rettungsboot aus Kunststoff zu wassern. Wir brachten uns und auch den kleinen Pudel in Sicherheit. Hätte ich mich zum Zeitpunkt des Unglücks nicht im Steuerhaus, sondern in meiner Wohnung im vorderen Teil der *St. Antonius* aufgehalten, wäre ich nicht lebend aus dem Schiff herausgekommen. Dafür ging alles zu schnell. Das Zischen, als mein Schiff mit dem Bug voran im Strom versank, bereitete mir beinahe körperliche Schmerzen. Ich glaubte die ganze Zeit noch an einen bösen Traum, ich hoffte, gleich aufzuwachen.

Stattdessen trieben wir im Rettungsboot auf dem großen schwarzen Fluss, der still war, als sei nichts geschehen. Der Kapitän der *Intertank 4* hatte gestoppt und man nahm uns an Bord. Ich fühlte mich wie unter einer Betäubung. ›Alles war umsonst‹, war mein Gedanke, als das Adrenalin nachließ und ich wieder zu mir kam, in einem Büro der Wasserschutzpolizei von Duisburg. Der Verursacher des Unfalls, der Kiesfahrer, war davongefahren und nicht zu finden. Eine Suchaktion der Behörden blieb erfolglos und auch private Nachforschungen ergaben nichts. Es sah nicht gut aus.

Schon mein Großvater war Binnenschiffer gewesen und für mich, der zwischen Bauernhöfen in einem engen Dorf an der Weser aufwuchs, kam nichts anderes in Frage, als auf den Fluss zu gehen. Zusammen mit meiner Frau Katharina, die später ebenfalls ihr Steuermannspatent machte, arbeiteten wir Jahr für Jahr, ohne Urlaub, Monat für Monat, ohne Pause, Tag für Tag, ohne richtig Atem zu holen. Überall, wo in Mitteleuropa Wasser fließt, fuhren wir, schafften Briketts von Köln nach Basel, reisten über Mosel, Neckar, über sämtliche Kanäle und von Paris bis nach Brake. Mein Lieblingsfluss aber war der Main, obwohl er als schwierig gilt, auch wegen der zahlreichen Schleusen. Wer auf dem Main fahren kann, sagt eine Schifferweisheit, der findet sich überall zurecht.

Ein schönes Leben lebten wir, ein Vagabundenleben im Strom, aber es war nicht immer einfach. Die Geburt unseres Sohnes Klaus verlief zeitgleich mit der Werftzeit der *Maintank 3.* »Können wir ihn mit aufs Schiff nehmen?«, fragte ich die erstaunte Hebamme. Sie zögerte kurz und sagte dann: »Ja, eigentlich schon, alles ist ohne Komplikationen verlaufen.« Wir haben einen Tag gewartet, denn es war ein Freitag und an einem Freitag soll nach einem alten Aberglauben kein Schiff auslaufen und schon gar kein neues Schiff auf seine erste Reise gehen.

Unsere Kinder wuchsen in ihren ersten Jahren mit dem Hämmern des Schiffsdiesels auf; als sie in die Schule mussten, begann für sie eine harte Zeit. Sie lebten im Internat für Schifferkinder in Wörth, ihrer Heimatstadt, und meine Schwiegermutter kümmerte sich um sie. Wir sahen unsere Kinder manchmal wochenlang nicht und wenn überhaupt, dann nur an Sonntagen.

Schlimme Momente waren es, wenn wir wieder ablegen mussten und die Kinder weinend neben dem Schiff herliefen. Ich erinnere aber auch Stunden der Fröhlichkeit, wenn wir an warmen Sommerabenden mit der Familie auf der Mosel trieben, es vom Ufer her nach feuchtem Gras und nach Grillfeuern duftete und wir uns frei fühlten, frei wie niemand sonst.

1

2

3

1 Ein Leben im Fluss: Flussschiff *Gebro* war Arbeitsplatz, Wohnzimmer und Kinderstube zugleich. **2** Auch das Auto nahm man immer mit auf Reisen. **3** Die Kinder von Kapitän Brockmann verbrachten, bis sie zur Schule gehen mussten, ihre ersten Jahre auf den Strömen Europas. (Fotos: privat)

Das Geschäft auf dem Fluss war hart, zuverlässiges Personal schwierig zu finden und unser Gewinn oft karg, aber wir gaben nie auf und kämpften uns durch. Wir hatten Hoffnung und unser Plan war es, schon bald ein zweites Schiff zu kaufen, das mein Bruder als Kapitän übernehmen sollte. Bis der Unfall geschah und wir wieder von vorne beginnen mussten. Auf mehr als 300.000 Mark schätzte man den Schaden, nicht eingerechnet unsere Autos, zwei Ford Escort, die zum Zeitpunkt der Kollision an Deck standen.

Es gab Probleme mit unserer Versicherung, die zweifelte, wer den Unfall verursacht hatte; wer den Kiesfahrer befehligt hatte und wo er herkam, war nicht zu ermitteln. Entweder hatte der Schiffsführer nichts von der Kollision mitbekommen oder er hatte wegen seiner irreführenden Blinkzeichen kein Interesse daran, sich zu melden. Meine Frau und ich beschlossen, alles zu riskieren, und nahmen einen neuen, einen hohen Kredit für ein neues Schiff auf, das wir *Gebro 2* nannten. Es wurde zusammengebaut aus dem Bug des Havaristen, den man aus dem Rhein barg, und einem neuen Schiff.

Im März gingen wir wieder auf Fahrt. Die drei Monate, die seit dem Unglück vergangen waren, hatten mir zugesetzt, mehr, als ich es mir selbst eingestehen wollte. Ich fand schlecht in den Schlaf, wachte aus bösen Träumen auf und arbeitete noch mehr als sonst. Der Druck des hohen Kredits, die Furcht, es nicht zu schaffen, die Familie nicht versorgen zu können, durch den Unfall doch alles verloren zu haben, die quälenden Gedanken, dass der Unfall zu vermeiden gewesen wäre, all das belastete mich. Eines Tages – wir liefen gerade aus der Schleuse des Duisburger Hafens aus – spürte ich einen stechenden Schmerz in meiner Brust. Ich bekam keine Luft, dann wurde es schwarz. Dass wir noch in Nähe des Hafens waren, rettete mir vermutlich das Leben.

Vier Wochen verbrachte ich auf der Intensivstation eines Krankenhauses und in den ersten Tagen sah es überhaupt nicht gut aus. Ich war 44 und hatte einen Herzinfarkt erlitten. Meine Frau wartete mit vier kleinen Kindern und einem Schuldenberg daheim. Ich bin an jenem Tag kollabiert, als Möbel angeliefert wurden, die wir uns vom Restgeld, das nach dem Schiffsneubau übrig geblieben war, gekauft hatten. Unsere ersten Möbel. Anscheinend geschahen Unglücke an außergewöhnlichen Tagen und immer geschahen sie in der Nähe von Duisburg, der grauen Arbeiterstadt.

Ich kam langsam wieder zu Kräften und die nächste Herausforderung stand bevor: Wegen des Infarkts musste ich meine Tauglichkeitsprüfung erneuern, denn man möchte nicht, dass ein Kapitän auf der Brücke zusammenbricht und eine Katastrophe verursacht. Für den Ausdauertest trainierte ich hart und spürte, dass es in kleinen Schritten besser ging. Schließlich bestand ich die Prüfung, an der unsere Zukunft hing. »Glückwunsch, Sie dürfen wieder auf Ihr Schiff«, sagte der Arzt zu mir. An jenem Abend warf ich meine Tabletten in den Mülleimer und öffnete eine Flasche guten Wein.

Während der ersten Fahrten stiegen manchmal Erinnerungen an das Unglück in mir auf. Ich hörte dieses letzte Zischen meines Schiffes und es kam vor, dass ich an hektischen Tagen Angst bekam, mein Herz könnte aus dem Takt geraten. »Siegfried, das passiert nicht mehr«, beschwor ich mich dann selbst. Binnenschiffer sind zäh und müssen einiges aushalten können. Was mir half, waren meine Frau und meine Liebe zum Beruf: Das Dröhnen des Diesels empfand ich als Musik und ich mochte die Morgenstunden in Häfen wie Antwerpen oder Rotterdam. Ich fühlte mich wohl in unserer Welt, die immerzu in Bewegung war, in unserer schwimmenden Wohnung, die mit vier Zimmern geräumiger ausfiel als manches Zuhause an Land.

Wir schafften es: Wir meisterten gefährliche Hochwasser und durchschifften wirtschaftlich schwere Zeiten, wir kamen klar, wenn uns ein Matrose im Stich ließ. Wir ließen uns nie unterkriegen. Niemals. Manchmal war es auch nicht leicht, die eigene Frau mit an Bord zu wissen, denn es gibt auf einem Binnenschiff keine Möglichkeit, sich mal aus dem Weg zu gehen. Als wir *Gebro 2* schließlich verkauften, um in den Ruhestand zu gehen, zeichnete ich abends ein großes Fragezeichen in mein Tagebuch.

Ich habe mir als Pensionär einen Traum erfüllt und ein Motorrad gekauft. Wir fuhren zum ersten Mal in den Urlaub, nach Ägypten, für fünf Tage, ein Pauschalangebot. Wenn man die Zeit zurückdrehen könnte und mir die Wahl ließe, wäre es für mich keine Frage: Ich ginge immer wieder auf mein Schiff. Vom Wrack der *St. Antonius* habe ich noch einige Erinnerungen aufbewahrt, die man vor vielen Jahren vom Grund des Rheins holte. Der Mast steht heute in meinem Vorgarten und der Propeller lehnt an der Garagenwand. Auch das Steuerrad gibt es noch: als Tisch auf unserer Terrasse.

Kapitän Siegfried Brockmann, Jahrgang 1932, wuchs im Dorf Hajen an der Weser auf und lernte nach dem Krieg zunächst den Beruf eines Autoschlossers. Dann aber heuerte er bei einer Reederei in Bodenwerder an, machte 1957 sein Kapitänspatent und gründete fünf Jahre später eine Reederei. 1992 ging er in Rente. Brockmann hat vier Kinder (sein ältester Sohn arbeitet für eine Schiffsversicherung) und acht Enkel. Er lebt in Wörth am Main.

HURRIKAN

Die Wetteraussichten sind beängstigend: Hurrikan »Andrew« zieht auf Louisiana zu. Auf der Brücke des kleinen Containerfrachters, der es gerade noch auf den Mississippi geschafft hat, wartet IRENÄUS KRAENZ auf einen Wirbelsturm der schlimmsten Kategorie. Eine Nacht der Furcht beginnt.

Was von draußen hereindringt, klingt wie das Brüllen eines Tieres, ein lauter, konstanter Ton, der mit einem Male einsetzt, als habe man einen Hebel umgelegt. Die Fenster der Brücke: finsteres Schwarz. Wir können nichts sehen vom Mississippi und seinen Ufern und nur ahnen, wie der Regen an den Scheiben herunterläuft. Auch das Radargerät zeigt nichts mehr an. Ich überlege, ob die Antennen abgerissen sind. Der Hurrikan, den sie »Andrew« nennen, befindet sich nun direkt über uns.

Ich bin viele Jahre zur See gefahren und in manch brenzlige Situation geraten, aber einen Wirbelsturm dieser Größe, einen Sturm Kategorie fünf auf der Saffir-Simpson-Skala, habe ich aus solcher Nähe noch nicht erlebt. Ich bin froh, dass wir mit unserem Frachter *Unique* auf dem »Old Man River« liegen und nicht draußen im Golf von Mexiko.

Unser Frachter heißt *Unique*, ist aber keineswegs einzigartig, sondern ein gewöhnlicher kleiner Frachter von 1600 Bruttoregistertonnen mit elf Mann Besatzung, mit dem wir Container zwischen New Orleans, Port Everglades und Häfen in Venezuela und auf Trinidad hin und her fahren. Meine Frau Astrid, die mich auf manchen Reisen begleitet, befindet sich ebenfalls an Bord. Im Morgengrauen des 16. August, wir waren gerade aus Paramaribo in Surinam ausgelaufen, erreichte mich eine Wettermeldung der amerikanischen Coast Guard:

Aus einem Tief vor der Westküste Afrikas hatte sich eine »Deep Depression« gebildet, die Richtung Bahamas schob.

Für einen Kapitän bedeutet die Ankündigung eines Hurrikans noch keinen Grund zur Beunruhigung, aber Anlass für erhöhte Wachsamkeit. Es blieb noch Zeit, auszuweichen, obwohl die *Unique* gewiss nicht als das schnellste Schiff in die Geschichte der Seefahrt eingehen wird. Unser nächster Zielhafen sollte New Orleans am Mississippi sein. Ich studierte aufmerksam die Wetterberichte und hielt erst mal unseren geplanten Kurs bei, denn wir waren in Charter unterwegs und ich wollte nicht kostbare Tage verstreichen lassen.

Welchen Weg würde »Andrew« einschlagen? Wo traf er auf Land? Am 23. August liefen wir durch die Yucatán-Straße zwischen Mexiko und Kuba; zu diesem Zeitpunkt befand sich der Hurrikan noch östlich von Florida. Mir blieben also zwei Optionen: Auf Kurs bleiben und rechtzeitig den Mississippi erreichen, wo wir den Sturm abwettern konnten? Oder umdrehen und einige Tage weit zurück in die Karibik laufen, um die *Unique* südlich von Kuba unter Land zu legen?

Meine Berechnungen ergaben, dass wir noch anderthalb Tage bis ins Delta des Mississippi benötigen würden, was bedeutete, dass wir vor dem Wirbelsturm auf dem großen Fluss eintreffen sollten. Im flachen Wasser des Stroms konnte uns »Andrew« nicht viel anhaben. Meine Entscheidung stand fest: Volle Kraft voraus! Je näher wir der amerikanischen Küste kamen, desto unruhiger wurde ich, weil ich fürchten musste, dass die Lotsenstation bereits geschlossen sein könnte – und wir nicht in den sicheren Fluss hineinkonnten. Die Satellitenaufnahmen zeigten einen Sturm, der an ein monströses Spiegelei erinnerte: »Andrew« hatte seine maximale Stärke erreicht. Auf See konnte er selbst große Schiffe in Gefahr bringen. Am Abend des 24. August, an jenem Tag also, als »Andrew« in Florida Menschenleben forderte und Milliardenschäden verursachte, meldete ich *MS Unique* in Pilottown an, der Lotsenstation am Mississippi.

»Käpten, Sie wollen noch reinkommen?«, fragte mich der diensthabende Lotse über Funk. »Dann beeilen Sie sich! Wir schicken Ihnen einen Kollegen. Sie sind das letzte Schiff, das wir annehmen.

Nach New Orleans kommen Sie nicht mehr. Die Flusslotsen sind alle geflohen!«

Um 1.54 Uhr am Morgen des 25. August ankerten wir vor Pilottown, einer Ansiedlung von wenigen Häusern, einer Wetterstation und Tanks. Der Lotse beeilte sich, an Land zu kommen. Ich blieb auf der Brücke und schaltete den Fernseher ein: Bilder wie aus einer Kriegszone waren zu sehen. »Andrew« kam immer näher, was wir im Morgengrauen daran merkten, dass der Wind zunahm und sich der Himmel verfinsterte. Uns blieb nichts anderes übrig, als abzuwarten.

Neben mir sitzt Steuermann Vladimir aus Odessa, ein 30-jähriger Ukrainer, der früher auf U-Booten der Roten Flotte gedient hatte und der die Aura eines verschlafenen Stoikers verbreitete. Ihn kann wenig aus der Ruhe bringen, aber selbst er ist nervös. Um kurz nach halb eins trifft uns die erste Wand des Hurrikans, ein Wind wie eine Mauer, so kommt es mir vor. Es ist beängstigend. Absolute Finsternis draußen und dieses Brüllen, das wie das Röhren eines Hirsches klingt. Um nicht ans Ufer gedrückt zu werden, müssen wir die *Unique* nun frontal gegen den Wind halten, was nicht einfach ist, denn uns fehlt in der Dunkelheit die Orientierung und auch auf dem Schirm des Radargeräts ist nichts zu erkennen.

Mit meiner Erfahrung lege ich das Schiff gegen den Orkan. Nach 20 Minuten lässt der Sturm etwas nach, dreht aber um kurz vor halb zwei erneut auf. Dies ist die zweite Wand! Zumindest der Wellengang bereitet uns keine Schwierigkeiten, denn der Fluss ist an dieser Stelle nur wenige Meter tief. Etwa hundert Meter weit haben wir uns in der vergangenen Stunde gegen den Sturm bewegt und dies, obwohl die Maschine mit voller Kraft läuft und die Ankerkette hält. Eine kritische Situation steht uns bevor: Vor einer Stelle, wo sich der Mississippi gabelt, müssen wir die *Unique* wenden, um nicht aufs Ufer aufzulaufen.

»Alles klar?«, frage ich Vladimir.

»Alles klar«, antwortet er ganz ruhig.

Ich gebe Order, das Ruder hart steuerbord zu legen. Das Manöver gelingt, ohne dass wir Grund berühren oder vom Hurrikan an Land gedrückt werden, und ich reduziere die Fahrt. Nach etwa einer halben Stunde sind wir – nun mit dem Wind von achtern – wieder an unserem Ankerplatz angelangt: Wir müssen die *Unique* erneut drehen. Als auch dies gelingt, spüre ich, dass es mir leicht ums Herz wird. Das Schlimmste ist überstanden; gegen vier Uhr morgens flaut der Hurrikan ab und der Wind bläst nur noch mit Stärke acht. Als Vorsichtsmaßnahme lasse ich die Maschine weiterhin Stand-by laufen, um den Zug auf die Ankerkette zu reduzieren. Ich verabschiede mich von Vladimir auf der Brücke, um ein wenig Schlaf nachzuholen. Vor Müdigkeit kann ich kaum die Augen öffnen.

Ich schlafe unruhig, werde nach vier Stunden wieder wach und gehe zurück auf die Brücke. Am Ufer sehe ich eine Kuhherde, die auf der höchsten Stelle einer Wiese zusammengelaufen ist und dicht zusammensteht. Gespenstisch still ist es, denn kein Vogel krächzt. Sämtliche Bäume hat der Hurrikan entlaubt, kein Blatt, keine Äste mehr zu sehen, das gestern noch tiefgrüne Ufer des Mississippi ist nun kahl wie der Kopf eines alten Mannes. Dann wundern wir uns: Ein Mann mit einem Fahrrad fährt am Ufer vorbei und stoppt auf den Resten einer Holzpier. Er winkt und ruft: »Ich wollte sehen, ob ihr noch da seid!« Er scheint der Einzige zu sein, der es wagte, in Pilottown zu bleiben. Am nächsten Tag kommen die Lotsen zurück. Einer der Männer, etwa 40 Jahre alt, mit einem Gesicht, das die Sonne der Südstaaten geröstet hatte, lässt sich zu uns übersetzen. Ich frage ihn nach dem Mann auf dem Rad.

»Ach, das war der alte Al, der bleibt immer hier, egal, was passiert«, erklärt er mir im breiten Dialekt von Louisiana, was sich anhört, als lutsche jemand auf einer heißen Marone. Am 27. August erreichen wir um kurz vor halb zwölf die Davant-Reede vor New Orleans, löschen unsere Ladung und laufen zurück in den Golf von Mexiko, Kurs Port Everglades.

Die Küsten von Florida hat »Andrew« besonders hart getroffen. Ich gehe an Land, nehme ein Taxi und bin schockiert: Die meisten Bungalows sehen aus, als seien Panzer mitten durchs Wohnzimmer gefahren. Vor einigen Ruinen sitzen grimmige Männer auf Klappstühlen, mit Gewehren, schussbereit auf ihren Knien. Furcht vor Plünderern geht um. Selbst große Überlandbusse hat der Sturm umgekippt; in einem Flughafen hat er kleine Flugzeuge auf die Hangars geweht. Vom Tower, einer massiven Konstruktion aus Beton, ist eine Ruine übrig. Einige Yachten hat der Hurrikan auf das Ufer gelegt, wie vergessenes Kinderspielzeug.

★

Kapitän Irenäus Kraenz, 1935 im ehemals polnischen Lublin geboren, floh mit seiner Familie nach Kriegsende Richtung Westen und wuchs in Stendal auf. Im Alter von 14 Jahren brach er alleine in Richtung Westdeutschland auf, überquerte die Zonengrenze und kam im Jugenddorf von Delmenhorst bei Bremen unter. Seinen Traum, zur See zu fahren, konnte er sich erst mit 16 Jahren erfüllen, weil ihm vorher die Erlaubnis der Eltern fehlte. Kraenz machte 1969 sein A6-Patent und übernahm zwei Jahre später sein erstes Kommando. Er ist verheiratet und lebt in Bremen.

Hurrikan »Andrew« gilt als einer der stärksten Stürme des 20. Jahrhunderts und verursachte den bis dahin höchsten materiellen Schaden, von dem manche Experten schätzen, dass er jenseits der 40 Milliarden Dollar lag. Der Sturm, der mit Spitzengeschwindigkeiten von 240 Stundenkilometern wütete, tötete 26 Menschen und machte eine Viertelmillion Küstenbewohner am Golf von Mexiko obdachlos.

ELBSTURM

In einer ungemütlichen Nacht verlässt die *Rhine Ore*, ein Erzfrachter von gigantischen Maßen, den Hamburger Hafen Richtung Nordsee. Auf der Brücke ist höchste Konzentration gefordert, denn die Elbe wirkt aus der Perspektive des Kolosses wie ein schmales Flüsschen. Plötzlich gibt die Radarstation an Land Alarm: Ein anderer Frachter blockiert die Fahrrinne! Kann Lotse HENRY KELLER die Katastrophe verhindern?

Ausgerechnet in der Nacht, in der ich das größte Schiff meiner Laufbahn von Hamburg in die Deutsche Bucht lotse, zieht ein schweres Sturmtief über den Norden. Windstärke zehn aus Westen und heftigen Regen meldet der Wetterbericht im Radio, als ich mein Auto zum Hansa-Port lenke, dem Umschlagplatz für Massengut. Dort liegt die *Rhine Ore* an der Pier: ein Erzfrachter von 139.406 Bruttoregistertonnen, 315 Meter lang, 54 Meter breit und maximal 14,5 Meter tief. Es ist ein schwimmender Gigant, den ich sicher den Fluss herunterbringen soll.

Auf der Brücke begrüßt mich der Kapitän, ein kleiner, drahtiger Jugoslawe Anfang 40, der bedauerlicherweise auf eine Uniform verzichtet. Keiner der Offiziere trägt eine Uniform, was für mich kein gutes Zeichen ist; auf ordentlich geführten Schiffen, das zeigt meine Erfahrung, läuft die Schiffsleitung nicht so leger umher wie in einer Hafenkneipe. Seit einem Tag wartet der Kapitän darauf, dass der Sturm abzieht; nun hat er keine Geduld mehr und ist entschlossen, mit ablaufendem Wasser Hamburg zu verlassen.

Um 22.05 Uhr gibt er Befehl, die Leinen loszuwerfen. *Rhine Ore* ist Schiff Nummer 6584, das ich über die Elbe führe; insgesamt werde ich in 32 Jahren 7405 Schiffe lotsen. Mein erstes hieß *Ali-S*, ein rostiges Kümo ohne Radargerät; mein letztes wird ein Bulkcarrier namens *OOCL-Assurance* sein, dessen Kapitän, ein Ire mit einem weißen Bart, zu Ehren meiner letzten Dienstfahrt dreimal lang das Horn ertönen lässt. Jedes Detail trage ich ordentlich in zwei Bücher ein: Tiefgang, Radar, Flagge und was man sonst noch wissen muss.

Ich habe den englischen Flugzeugträger *Ark Royal* sicher in den Hafen gebracht, bin mit der *Gorch Fock* ohne Motorenkraft an Blankenese vorbeigesegelt, durfte ein atombetriebenes U-Boot manövrieren und spürte, wie seltsam nervös der Kapitän manches Kreuzfahrtschiffes agierte. Auf der Brücke eines britischen Frachters sah ich fassungslos zu, wie sich der Kapitän und sein Erster Offizier eine Schlägerei lieferten. Im schlimmsten Zustand präsentierten sich Schiffe aus Griechenland, rostige, stinkende Seelenverkäufer ohne Radargerät und Funkverbindung, auf denen man die Kakerlaken huschen sah und hoffte, nicht wegen eines belegten Liegeplatzes die Nacht an Bord verbringen zu müssen. Für diesen Fall hat man als Lotse eine kleine Tasche mit frischer Wäsche und Zahnbürste dabei.

Meine Arbeitsroutine: Kurz nach Ablegen übernehme ich das Schiff vom Hafenlotsen, der in Finkenwerder aussteigt, und manövriere bis Brunsbüttel, 36 Meilen weit, für die wir in der Regel drei Stunden benötigen; dort übernimmt der Seelotse das Kommando für den zweiten Teil der Elbe, der weitere 38 Meilen hinaus auf die offene Nordsee führt, bis zum Feuerschiff *Elbe 1*. Im Lotsenhaus von Brunsbüttel lege ich mich schlafen oder lese, während ich auf das nächste Schiff warte, mit dem ich zurück nach Hamburg fahre. Etwa 100 der insgesamt 300 Lotsen sind ständig im Einsatz und arbeiten in einem Kreislaufsystem. Ist ein Schiff zu groß, als dass es in Brunsbüttel gefahrlos beidrehen kann, um dem kleinen Boot einen Windschatten zu bieten, fahre ich die ganze Elbe abwärts mit, bis zur *Elbe 1*, die zwischen Cuxhaven und Helgoland in der Deutschen Bucht liegt. Ein Hubschrauber holt uns Lotsen dann von Bord.

Die Aussicht, in diesem Sturm über der Nordsee von einem Helikopter hochgezogen zu werden, behagt mir, damals schon 62 Jahre alt, wenig, als ich auf der Brücke der *Rhine Ore* stehe, denn es ist wegen der Schiffsgröße und der Wetterbedingungen klar, dass ich bis *Elbe 1* mitfahren werde. Ich verdränge den Gedanken, denn es gibt genügend Probleme: Der Sturm bläst weiterhin mit zehn Beaufort und das Schiff läuft leicht versetzt durchs Fahrwasser; wir halten zehn Grad vor, um nicht vom Kurs abzukommen, und fahren mit einer Geschwindigkeit von neun Knoten, damit der Riese steuerfähig bleibt. Ich bin erleichtert, als wir an Blankenese vorbei sind, wo das Fahrwasser kaum 200 Meter breit ist; an der engsten Stelle im Fluss wird es besonders kritisch, wenn sich zwei große Schiffe entgegenkommen. Hundert Meter Raum zum Ausweichen, das ist wenig Platz.

Die Ebbe zieht den Erzfrachter regelrecht den Fluss hinunter. Regen prasselt gegen die Brückenfenster, der Wind heult, es ist kurz nach Mitternacht. In der Dunkelheit gilt höchste Aufmerksamkeit: Überall liegen Schiffe, die wegen des schlechten Wetters vor Anker gegangen sind. Was den Kapitän nicht davon abhält, mit »dringenden Dokumenten« in seiner Kammer zu verschwinden; vermutlich war der Papierkram im Schlaf zu erledigen. Auf einem Schiff wie der *Rhine Ore* wird die Elbe an manchen Stellen zu einer schmalen Abflussrinne. In vier Meilen, also in knapp 30 Minuten, sollen wir Freiburg-Reede auf Höhe des Atommeilers Brokdorf passieren. Es ist der nächste heikle Abschnitt, denn der Fluss hat dort eine kleine Einbuchtung, in der, wie ich aus Erfahrung weiß, meist mehrere Schiffe ankern. Vorsorglich nehme ich Kontakt mit der Radarstation auf:

»Was ist los auf Freiburg-Reede?«, frage ich über Funk.

»Wir wollten uns gerade melden: Mehrere Schiffe schwojen!«, kommt es zurück. Schwojen bedeutet, dass die Schiffe vor Anker ihre Position verändern und im Strom drehen, wenn die Gezeiten wechseln. »Und Achtung, *Rhine Ore*«, meldet die Station, »eines der Schiffe blockiert die Fahrrinne!«

Ein Frachter, etwa 180 Meter lang, ist abgetrieben, vielleicht, weil man zu viel Ankerkette gesteckt hat. Es ist eine unangenehme Situation, vielleicht die unangenehmste in meinen Jahren als Lotse. Wenn der Frachter nicht schnell das Fahrwasser verlässt, haben wir kaum eine Chance, einer Katastrophe zu entgehen. Die *Rhine Ore* schiebt sich wie eine Lawine den Fluss hinunter und ist nicht zu stoppen. Für ein Wendemanöver ist sie zu lang und die Elbe zu schmal. Ausweichen in Dunkelheit und in diesem Wetter? Das ist, als steuere man einen Laster auf zwei Reifen durch eine Altstadtgasse.

Ich greife zum UKW-Gerät und versuche, das Schiff auf Kanal 16, den man auf allen Brücken hören soll, zu erreichen. Keine Antwort. Ich alarmiere die Radarstelle. Noch drei Meilen bis Freiburg-Reede. »Hoffentlich hat das andere Schiff die Maschine klar«, denke ich. Auf der Brücke der *Rhine Ore* herrscht eine seltsam entspannte Ruhe; entweder ist der Zweite Offizier, der Wache hat, ein Mann mit dem Gemüt eines Eisbergs oder er hat die Gefahr der Lage nicht verstanden. Ein junger Matrose steht am Ruder, ein anderer beobachtet als Ausguck den Fluss. Der Kapitän widmet sich weiterhin seinen dringenden Aufgaben.

Ich lasse ihn schlafen.

Eigentlich wollte ich nie Lotse werden. Ich bin Junggeselle aus Überzeugung und liebe die Seefahrt, als Kapitän in fünfter Generation. Mit 18, nach Kriegsende, rief ich auf der Schleuse von Kiel-Holtenau den Schiffen zu: »Sucht ihr einen Matrosen?« Vom Leichtmatrosen habe ich mich zum Kapitän hochgearbeitet und fuhr häufig im Liniendienst von Hamburg ins kanadische Montreal. Mein Vater, der sich 1925 vergeblich für die Aufnahme in der Lotsenbrüderschaft beworben hatte, riet mir immer wieder dazu, Lotse zu werden. »Warte nur ab: Irgendwann geht dir das Geschaukel auf dem Nordatlantik mächtig auf den Geist«, sagte er mir und aktivierte Kollegen, um mich zu überzeugen.

Ich willigte schließlich ein und schickte meine Bewerbung ab; man musste mindestens sechs Jahre lang als Kapitän auf großer Fahrt unterwegs gewesen sein, einen Fürsprecher haben und diverse Prüfungen bestehen. Die Bruderschaft auf der Elbe war lange Zeit ein sehr exklusiver Zirkel, der alten Kapitänen aus Blankenese, Glückstadt und Övelgönne vorbehalten war; fast immer blieb der Posten in der Familie: Entweder musste man Sohn eines Lotsen sein oder die Tochter eines Mitglieds heiraten, um dazuzugehören. Direkter Familienanschluss war zu meiner Zeit zwar nicht mehr nötig, aber es galt noch immer als schwierig, in die Brüderschaft aufgenommen zu werden. Als mich vor Indien ein Telegramm meines Vaters erreichte: »Glückwunsch, Junge!«, wusste ich nicht recht, ob ich mich freuen sollte. Dass ich die Stelle schließlich annahm, sollte ich nie bereuen. Ich bin selbstständig, habe keinen Chef und bin vom ersten Tage an allen Kollegen, also: Brüdern, gleichgestellt. Ein faires System regelt die Bezahlung: Je nach Größe des Schiffs vom Fischdampfer zum Supertanker fällt ein Lotsgeld an, das in einen Topf eingezahlt wird; daraus errechnet man das »Mittelschiff«, was die durchschnittliche Einnahme meint. Für jedes Schiff, das man lotst, bekommt man am Monatsende jeweils ein »Mittelschiff« ausbezahlt; wer mehr arbeitet, verdient mehr. Zuschläge für strapazierte Nerven sind nicht vorgesehen.

Unaufhaltsam schiebt die *Rhine Ore* auf Freiburg-Reede zu. Endlich, wir sind weniger als zwei Meilen von der kritischen Stelle entfernt, meldet die Radarstation: »*Rhine Ore*, Entwarnung: Der Frachter hat soeben die Fahrrinne verlassen. Sie können gefahrlos passieren!«

Ich fühle mich vor Erleichterung einen Moment lang ganz leicht, als könne ich schweben. Wenige Minuten später passieren wir in dichtem Abstand das andere, große Frachtschiff. Kurz nach 2.00 Uhr erreichen wir Brunsbüttel, wo mich ein Kollege auf der Brücke ablöst, der Seelotse Carsten Witt, der bis eben in der Lotsenkammer ruhte. Ich lege mich in die noch warme Koje, um ein wenig zu dösen.

Der Tag bricht an, als wir vor Helgoland durch stürmische See laufen und der Helikopter heranschwebt. Ich verabschiede mich von der Schiffsleitung, schlage die Kapuze meiner Jacke hoch und trete hinaus an Deck, wo ich auf eine Luke klettere, die mit einem großen »H« als Hubschrauberlandeplatz gekennzeichnet ist. Nicht leicht, sich im Sturm auf den Beinen zu halten. Ich kauere mich auf den Boden. Weil die *Rhine Ore* eine Ladung Eisenerz aus Brasilien nach Hamburg transportiert hat, ist das Schiff mit einer fingerdicken roten Staubkruste überzogen. Die erste See, die überkommt, erwischt mich sogar auf dem Lukendeckel – nun sehe ich aus, als hätte ich etwas rot angestrichen.

Aus dem Hubschrauber lässt man ein Seil herab, an dem eine Schlaufe hängt und eine Bleikugel, um die statische Energie zu entladen. Ich warte, dass die Bleikugel das Deck berührt, dann schlüpfe ich in die Schlaufe und mache mich fest; Routine, dank einer Spezialausbildung und Dutzenden Hubschrauberflügen in besserem Wetter. Mit erhobenem Arm und Daumen signalisiere ich, dass ich zum Abflug bereit bin. Man hievt mich hoch, etwa 20, 25 Meter. Der Sturm schüttelt den Helikopter und es will nicht gelingen, mich mit dem Rücken zur Einstiegsluke zu bringen, in eine Position, die es erlaubt, dass mich ein Besatzungsmitglied an Bord zieht. Fünf Minuten benötigen wir, die sich anfühlen wie fünf Stunden, turmhoch über der wütenden Nordsee. Als es gelingt, dreht der Hubschrauber ab.

»Was wird aus meinem Kollegen? Lotse Witt steht noch an Deck!«, rufe ich ins Mikrophon meines Helms. Unten auf Deck erkenne ich, wie er zusammengekrümmt auf dem »H« des Lukendeckels hockt. »Momentan zu viel Wind!«, antwortet der Pilot. Es dauert, bis wir zurück auf Position sind und über der *Rhine Ore* kreisen. Mein Kollege ist durchnässt, aber erleichtert, als man ihn ins Innere des Hubschraubers zieht. Nach einem unruhigen Flug, der in manchen Momenten die Qualität einer Achterbahnfahrt hat, landen wir am Rande der Gemeinde Sankt Michaelisdonn in Dithmarschen.

Mit einem Taxi fahren wir zurück nach Brunsbüttel, zum Haus der Lotsen auf Mole 1. Eine heiße Dusche noch, dann wartet das nächste Schiff.

Kapitän Henry Keller, Jahrgang 1928, spielte als Sohn einer Seefahrerdynastie schon als kleiner Junge mit Schiffen. Mit acht begleitete er seinen Vater erstmals auf See und kam mit 16 als Moses auf die Viermastbark *Padua*, auf der er den Krieg überlebte. Seine Karriere begann er als Leichtmatrose auf schwedischen Frachtern; 1954 machte er das Patent zum Kapitän auf großer Fahrt. Keller fuhr weltweit für die Reederei Poseidon, in den letzten Jahren hauptsächlich auf der Kanada-Linie von Hamburg nach Montreal, 1961 wurde er zum Elblotsen gewählt. 1993 ging er in Pension. Keller lebt in Blankenese an der Elbe.

HELD IN DER BRANDUNG

Die Lage ist todernst: 32 griechische Seeleute sitzen auf einem Wrack vor der Steilküste der Azoreninsel Flores fest. Schwere Brecher krachen gegen den Havaristen, der jeden Moment durchbrechen kann. NIELS HELD entschließt sich zu einem waghalsigen Manöver, das viele Leben rettet.

Im amerikanischen Luftwaffenstützpunkt »Lajes Field« auf den Azoren hatte man ein SOS aufgefangen. »Griechisches Turbinenschiff *Papadiamandis* in Seenot, Position: etwa zehn Meilen südlich der Insel Flores«, lautete der Notruf. Wir liefen ganz in der Nähe mit Frachter *Frank Leonhardt* auf einer Ballastfahrt von Europa an die Ostküste der USA. Der Kapitän ließ sofort den Kurs ändern, am Morgen des 22. Dezember 1965.

Nördlich von uns lag ein Schlechtwettergebiet, was wir an der enormen Dünung merkten. Die Wellen kamen aus Nordwest und waren gewaltig, etwa acht Meter hoch und 250 Meter lang. Ansonsten schien die Sonne aus einem tiefblauen Himmel und der Wind wehte lau, vielleicht mit vier Beaufort. Mit schnellstmöglicher Fahrt kämpfte sich die *Frank Leonhardt* durch den aufgewühlten Atlantik. Nach knapp zwei Stunden befanden wir uns vor Flores, der westlichsten Insel der Azoren, doch ein Schiff in Seenot war nicht zu sehen.

Stattdessen bemerkten wir zwei amerikanische Aufklärungsflugzeuge, die offenbar die Westküste des Eilands absuchten. Auf der Brücke überlegten wir – ich war Zweiter Offizier auf dieser Reise –, was nun zu tun war, und beschlossen, den Fliegern zu folgen. Durch die Ferngläser sahen wir eine etwa 100 Meter hohe, schroffe Felswand. Flores ist nicht besonders breit und wir hatten bereits die Hälfte der Küstenlinie abgefahren, als jemand rief: »Seht mal, was macht der denn?« Der Pilot im Aufklärungsflugzeug wackelte mit den Tragflächen, als wolle er uns auf etwas aufmerksam machen. Eine Funkverbindung zwischen Schiff und Flugzeug gab es nicht. Minuten später wussten wir, was der Flieger meinte: Die Umrisse eines Frachters waren vor den Felsen zu erkennen, ziemlich genau fünf Seemeilen südlich des Leuchtturms Farol do Albarnaz. Offenbar hatten die Griechen dessen Feuer mit dem einer Signalstelle an der Südspitze der Insel verwechselt – und waren mit voller Fahrt gegen die Klippen gelaufen. Jemand musste tief geschlafen haben auf der Brücke des Turbinenschiffs *Papadiamandis*.

Als wir näher kamen, wurde uns bewusst, wie bedrohlich die Situation für die Seeleute an Bord des Havaristen war: Der Bulkcarrier lag mit dem Steven hoch auf einem Felsen, etwa 300 Meter vor der Küste, inmitten einer gewaltigen Brandung, die gegen die Steilklippen schlug. Wir entschieden, ein Rettungsboot auszusetzen und die Männer zu bergen. 31 Seeleute harrten noch aus und niemand konnte wissen, ob das Wrack nicht auseinanderbrach.

Zwischen dem Ersten Offizier und mir kam es zu einem Disput: Wer durfte das Rettungsboot fahren? Er war zwar der ranghöhere Offizier, aber ich als Zweiter für alle Sicherheitsfragen an Bord zuständig. Ich ließ nicht locker, bis der Kapitän den Kopf schüttelte, seufzte und eine Münze warf, um den Streit zu entscheiden. »Kopf«, sagte ich. Die Münze fiel auf Kopf.

Warum ich unbedingt in einem Holzboot in die tosende Brandung wollte? Weil ich es als meine Pflicht empfand und außerdem dachte, die Aktion könne Spaß bringen. Meist verlief der Alltag an Bord eines Frachters nicht besonders aufregend. Vor dem Meer habe ich Respekt, jedoch keine Angst, denn ich wuchs auf der Nordseeinsel Föhr auf. Seit ich ein kleiner Junge bin, fahre ich hinaus. Ich wählte sechs Männer für die Rettungsaktion aus: fünf Matrosen und einen Ingenieur, die sich allesamt freiwillig gemeldet hatten. Zwei Männer mehr als eigentlich nötig, aber ich misstraute dem Motor des Bootes, der 40 PS schwach war. Für den Fall, dass wir rudern mussten, wollte ich frische Kräfte an Bord wissen. Das Boot an Backbord wurde klargemacht und der Kapitän legte die *Frank Leonhardt* so auf

Position, dass wir einigermaßen geschützt zu Wasser gelassen wurden. Weil ich fürchtete, dass der Motor, mit dem ich zuvor schon schlechte Erfahrungen gemacht hatte, heiß laufen könnte, gab ich Order, ihn erst dann anzuschießen, wenn wir auf dem Wasser waren. »Anschießen« ist keine Übertreibung: Mit einem Hammer musste man eine Patrone zerschlagen, um durch diese Explosion den Motor in Gang zu setzen.

Wir wurden an der Bordwand runtergefiert und bekamen gleich zu spüren, wie gewaltig die Dünung war. Die Wellen hoben uns mehrere Meter in die Höhe. Wir pickten die Haken aus und riefen »Boot ist los!«, worauf der Kapitän auf der Brücke »Voll voraus!« gab, weil die *Frank Leonhardt* in der Zwischenzeit bedrohlich nahe an die Küste herangetrieben worden war. Unser Ingenieur versuchte, den Motor des Rettungsbootes in Gang zu bekommen. Er schlug auf die Patrone, es machte »Peng!«, doch der Motor rührte sich nicht.

Das Boot rutschte entlang der Bordwand nach achtern. Irgendwie verkantete es achtern an einem Auge am Heck. Alle an Bord schwebten nun in Lebensgefahr. Wir konnten in jedem Moment vom Propeller erfasst und in Stücke geschlagen werden. Die nächste Welle hob uns an, das Boot klappte mit der Welle regelrecht an der Bordwand hoch. Zum Glück verlor niemand sein Gleichgewicht und fiel in die See und als die Welle ablief, kam das Boot wieder frei. Mit der nächsten Patrone gelang es, den Motor auf Touren zu bringen. Auf der *Frank Leonhardt* hatte man von den dramatischen Momenten gar nichts bemerkt.

Wir nahmen Kurs auf den Havaristen und je näher wir dem Wrack kamen, desto kürzer und steiler wurden die Wellen. Mit mächtigem Donnern brachen sie auf Höhe des Decks und die Gischt stieg meterhoch auf, wie in Fontänen. Auf dem Mittschiffshaus der *Papadiamandis* entdeckten wir die Schiffbrüchigen, die uns zuwinkten und wild gestikulierten. Im Tosen der Brandung waren ihre Rufe nicht zu hören. Wie bekamen wir die Männer von Bord? Am Rumpf der *Papadiamandis* anzulegen war wegen des enormen Seegangs viel zu riskant. Ich begann damit, die Wellen zu studieren, und stellte eine gewisse Regelmäßigkeit fest: Drei mächtig großen Brechern folgten meist drei kleinere Wellen, und eine kurze Atempause dazwischen, die etwa zwei Minuten lang war, schien unsere Chance zu sein: Die Seeleute mussten einzeln ins Wasser springen, bevor wir hinfuhren und sie an Bord ziehen konnten. Wir versuchten, diese Idee mit Handzeichen zu erklären, was nicht gerade leicht war. Vielleicht wollte man uns zuerst auch nicht verstehen, denn wer springt schon gerne, ohne seinen Retter zu kennen?

Wir sahen, dass sich der erste griechische Matrose eine Leine umband. Ich wartete die nächste Wellenpause ab und gab ihm ein Handzeichen. Der Mann sprang ins Wasser. So schnell es ging, fuhren wir zu ihm hin, ließen uns etwa 15 Meter vor der Bordwand treiben und zogen ihn in unser Rettungsboot. Der erste Seemann war also gerettet oder sagen wir: zumindest auf unserem Boot. Nun hieß es, schnell wieder vom Wrack wegzukommen, bevor uns die nächste große Welle erfasste und gegen die Bordwand oder einen der Felsen warf, die aus dem Wasser ragten.

Nach der fünften Bergung bekamen wir Übung und wir trauten uns immer näher an das Wrack heran. Manchmal sogar bis auf fünf Meter. Auch einige der Geretteten wagten mehr und verzichteten auf Überlebenswesten, die einen mehr behinderten, als sie wirklich nutzten. Dass die amerikanischen Jets ständig im Tiefflug über uns hinwegdonnerten, um Schlauchboote abzuwerfen, geschah bestimmt mit besten Absichten, war aber wenig hilfreich. Der Lärm störte enorm.

Nach etwa einer Stunde hockten 15 Männer frierend und durchnässt im Boot. Gerettete und Retter waren schmutzig, denn ausgelaufenes Schweröl trieb auf dem Meer. Das Boot war derart überfüllt, dass es schon etwas Wasser nahm. Es wurde Zeit, zur *Frank Leonhardt* zurückzufahren, um die ersten Schiffbrüchigen in Sicherheit zu bringen.

An Bord des Frachters hatte man Netze außenbords gehängt, an denen sich die Schiffbrüchigen festhielten. Sie wurden mit einer Winsch an Deck gehievt, bekamen trockene Kleidung und warme Getränke. Wir fuhren zurück zur *Papadiamandis*, um den Rest der Besatzung zu bergen. Inzwischen war auch ein Dampfer von »Gottes eigener Reederei« eingetroffen, wie wir die Kollegen der Hapag nennen. Sie hatten ebenfalls ein Boot ausgesetzt und schaukelten in der Dünung, hielten aber vorsichtige Distanz, weil sie nicht recht wagten, durch die Wellen zum Havaristen zu steuern.

Nach der erprobten Methode begannen wir erneut, in den Pausen zwischen großen Brechern die Leute aufzufischen, was nicht leichter wurde, denn nun waren noch die Ängstlichen an Bord. Einige weigerten sich, ins Wasser zu springen, einige reagierten panisch und schlugen um sich. Die Seefahrer aus Hamburg sahen genau zu, wie wir das machten, und holten ebenfalls drei Leute von Bord. Als Letzten nahmen wir den Kapitän auf, einen kleinen dunkelhaarigen Mann. Wir waren gerade aus der Brandung herausmanövriert und knapp einer großen Welle entwischt, als er auf die Bordwand zeigte und schrie:

»Meine Aktentasche! Da vorne, an der Leine. Können wir die holen?«

Ich glaubte, nicht richtig zu hören.

»Wegen Ihrer Papiere fahre ich da bestimmt nicht hin und riskiere Menschenleben!«, schnauzte ich ihn an. Ich war wütend.

Es war dunkel geworden und wir fuhren zur *Frank Leonhardt* zurück. Als wir am Rettungsboot der Hapag-Kollegen vorbeikamen, rief ich ihnen im Scherz zu: »Wenn ihr dem Kapitän einen Gefallen tun wollt, holt noch seine Aktentasche! Die hängt noch an einem Tau an der Bordwand!« Das konnte nicht ernst gemeint sein, denn die Dünung war in der Zwischenzeit noch stärker geworden, so stark, dass ich sehen konnte, wie die Schraube unseres Frachters in der Luft drehte. Einige Männer auf den Rettungsbooten übergaben sich.

An der *Frank Leonhardt* angekommen, gingen die Männer in die Netze und wurden an Deck gezogen; ein besonders tüchtiger Matrose, der Ingenieur und ich blieben auf dem Rettungsboot, das wir nun irgendwie zurück an Bord bekommen mussten. Um es kurz zu machen: Beim ersten Versuch, wir hatten das Boot gerade eingepickt, erwischte uns eine gewaltige Welle und verbog die Davits, wie die Hebevorrichtungen aus Stahl genannt werden. Erst mit einem unorthodoxen Manöver, für das wir einen Ladebaum an Luke vier benutzten, gelang es uns, das fünf Tonnen schwere Boot zurück auf den

Frachter zu hieven. Zehn lange Stunden waren seit Beginn der Rettungsaktion vergangen.

Unser Kapitän entschied, den kleinen Hafen der Inselhauptstadt Santa Cruz das Flores anzusteuern. Die meisten der Geretteten wirkten apathisch und verstört; einige bedankten sich müde, als sie mich sahen. Ich war zwar erschöpft, aber innerlich aufgewühlt, ging in meine Kabine, duschte heiß und wechselte die Kleidung. Die Klamotten, die ich während der Rettungsstunden getragen hatte, waren dermaßen ölverschmiert, dass ich sie über Bord warf. Kurz vor Mitternacht schifften wir die Griechen aus.

Im Büro unserer Reederei begann nun die Suche nach der Reederei der *Papadiamandis*, deren Versicherung man die Rechnung für die verbogenen Davits schicken wollte. Rasch stellte man fest, dass das Schiff einer Briefkastenfirma in London gehörte. Dubios erschien auch der Inhalt der Aktentasche, die der Kapitän verloren hatte. Die Kollegen der Hapag hatten meinen Scherz missverstanden und waren trotz des hohen Risikos noch einmal zum Wrack gefahren: Die Tasche war randvoll mit Dollarnoten.

Von der Deutschen Gesellschaft zur Rettung Schiffbrüchiger erhielt ich für meinen Einsatz eine schöne Urkunde und die »Goldene Medaille am Bande«, die höchste Auszeichnung, die von den Seenotrettern verliehen wird. Von den Griechen aber haben wir nie wieder etwas gehört: kein Brief, keine Postkarten, nicht das kleinste Dankeschön. Ich hege keinen Groll. Auf See ist es selbstverständlich, dass man anderen in Not hilft.

Kapitän Niels Held, Jahrgang 1941, stammt aus einer traditionsreichen Seefahrerfamilie der Insel Föhr. Sein Großonkel war Kapitän des legendären Fünfmastrahseglers *Preußen*; drei seiner vier Onkel fuhren als Kapitäne zur See. Held startete seine Laufbahn als 15-jähriger Moses auf der *Anton Wilhelm* aus Brake und machte bereits acht Jahre später das A6-Patent. 1975 wurde er Lotse im Hamburger Hafen und brachte die *Queen Mary 2* vor Hunderttausenden Zuschauern sicher an die Pier. Seit seiner Pensionierung lebt der zweifache Großvater mit seiner Frau in Wrixum, einem Dorf seiner Heimatinsel Föhr.

A

A6-Patent
Bezeichnung für Kapitänspatent, das zur Führung von Schiffen aller Größen der Handelsmarine in allen Seegebieten berechtigt

abfieren
etwas an einem Tau herablassen, etwa ein Rettungsboot

achtern
hinten auf einem Schiff

Agent
Schiffsmakler (siehe → Makler)

akustisches Torpedo
Unterwasserwaffe, die vor allem von U-Booten eingesetzt wird und sich nach dem Abschuss selbst steuert: Das akustische Torpedo folgt den Schraubengeräuschen des angegriffenen Schiffs

Ankerspill
Winde zum Auf- und Abrollen der Ankerkette

Ansteuerungstonne
Seezeichen am seewärtigen Anfang oder in der Mitte eines Fahrwassers (etwa in der Außenelbe oder am Eingang zur Kieler Bucht)

Arbeitsdeck
oberstes, offenes Deck vor und hinter den Aufbauten eines Schiffes, auf dem Luken, Winschen und Kräne bedient werden, auch → Oberdeck genannt

Aufbauten
alles, was in voller Schiffsbreite über das Hauptdeck eines Schiffs hinausragt

aufbringen
Staatliche Organe zwingen ein Schiff auf See zum Anhalten

aufklaren
auf einem Schiff aufräumen

Ausflaggung
Wechsel in das Schiffsregister eines anderen Staates, um Kosten zu sparen. In sogenannten Billigflaggen-Staaten (wie Panama, Liberia, Bahamas oder auch Kambodscha) sind Steuern niedriger und Betriebskosten günstiger, weil Sicherheitsbestimmungen weniger strikt sind. Die Löhne für die Besatzungen und vor allem die Anforderungen an die Qualifikation der Crew sind niedriger

Ausguck
ein diensthabendes Besatzungsmitglied, das den See- und Luftraum beobachtet und besondere Vorkommnisse meldet

ausklarieren
Abfertigung durch die Zoll- und Hafenbehörden vor der Ausfahrt eines Schiffs (siehe auch → einklarieren)

außenbords
außerhalb eines Schiffs

B

Back
1. Esstisch auf einem Schiff;
2. Aufbau auf dem Vorschiff

Backbord
in Fahrtrichtung links (siehe auch → Steuerbord)

Ballasttank
Tanks für Seewasser, die geflutet werden, wenn ein Frachter in Leerfahrt ist, um dem Schiff mehr Stabilität zu verleihen

Beaufort, Bft
Maß für die Windgeschwindigkeit

0 Bft: Wind <1 km/h
Windstille, spiegelglatte See
1 Bft: 1-5 km/h
leiser Zug, leichte Kräuselwellen
2 Bft: 6-11 km/h
leichte Brise, schwach bewegte See
3 Bft: 12-19 km/h
schwache Brise, Schaumbildung beginnt
4 Bft: 20-28 km/h
mäßige Brise, leicht bewegte See
5 Bft: 29-38 km/h
frische Brise, mäßig bewegte See, Wind deutlich hörbar
6 Bft: 39-49 km/h
starker Wind, grobe See
7 Bft: 50-61 km/h
steifer Wind, sehr grobe See
8 Bft: 62-74 km/h
stürmischer Wind, hohe See
9 Bft: 75-88 km/h
Sturm, hohe See, Brecher beginnen sich zu bilden
10 Bft: 89-102 km/h
schwerer Sturm, sehr hohe See, schwere Brecher
11 Bft: 103-117 km/h
orkanartiger Sturm, außergewöhnlich schwere, brüllende See
12 Bft: >118 km/h
Orkan, außergewöhnlich schwere, völlig weiße See, wegen Schaum und Gischt keinerlei Sicht

Bestmann
erfahrener Seemann, der auf kleineren Küstenschiffen den Schiffsführer vertritt

Bilgen
tiefste Stelle im Kiel des Schiffs, in der sich Leck- und Schmutzwasser sammelt

Boje
Schwimmkörper, der zur Bezeichnung einer bestimmten Position verankert wird – etwa als Warnung über einem Wrack, einem Anker oder einem Fischernetz

Bootsmann
Dienstgrad bei der Marine (entspricht dem Feldwebel); Rang auf Handelsschiffen, der dem Meister an Land entspricht

Brücke
Fahrstand des Schiffs, von dem aus der Kapitän das Schiff führt

Bruttoregistertonne BRT
Maßeinheit für das Volumen eines Schiffes, entspricht 100 Kubikfuß = 2,8316846592 Kubikmeter

Bug
vorderes Schiffsende

Buhnen
im rechten Winkel zur Richtung eines Strandes oder Flusses gebaute Hindernisse, um die Kraft der Brandung oder Strömung zu brechen und die Erosion von Sand zu verhindern

Bulkcarrier
Frachtschiff für Massengut (zum Beispiel Erz, Kohle, Getreide)

Bulleye
rundes Fenster im Schiff

C

Charterer
Mieter eines Schiffs

Chief
leitender Ingenieur

Container
Normbehälter für Frachtgüter

Crew
Mannschaft an Bord eines Schiffs

Cruise Director
der auf einem Kreuzfahrtschiff für die Unterbringung und Bewirtung zuständige »Hotelmanager«

D

Dau
traditionelles Segelschiff aus Ostafrika

Deck
horizontaler Abschluss eines Schiffsrumpfs – und die »Stockwerke« innerhalb des Schiffs vom Maschinendeck über die Zwischendecks zum Oberdeck und schließlich zum Peildeck über der Brücke

Decksmann
Matrose, der für die Arbeiten an Deck eingeteilt ist. Wird auch als Synonym für einen ungelernten Matrosen verwendet

Docker
Hafenarbeiter

Dünung
Wellen, die der Wind angeschoben hat

E

einklarieren
Abfertigung durch Hafenbehörde und Zoll bei Ankunft eines Schiffs (siehe auch → ausklarieren)

F

Fächersonar
Flächenpeilsystem zur Erkundung des Meeresbodens (siehe auch → Seitensonar)

Fahrwasser
mit Tonnen bezeichneter Verkehrsweg für die Schifffahrt in flachen Gewässern

Fanggeschirr
gesamte Ausrüstung, die ein Fischtrawler braucht: Netz, Winschen, Kurrleinen, Scherbretter etc.

Feindfahrt
Einsatz eines Marineschiffs im Seekrieg

Feuerschiff
bemanntes Schiff, das an einer festen Position – etwa vor einer Flussmündung – liegt und ein Leuchtzeichen trägt

fieren
Kette oder Leine kontrolliert auslaufen lassen

Fischereigrenze
seewärtige Begrenzung der 200-Meilen-Zone, in der eine Nation das exklusive Recht hat, Fischfang zu betreiben

Fischereilicht
zusätzliche Topplichter für Fischereifahrzeug – grün über weiß

Flensmesser
Messer der Walfänger zum Schneiden des Walspecks

Frachter
Schiff zur Beförderung von Ladung

G

Gangway
Steg, der Schiff und Land verbindet

Gasöl
Treibstoff, Vorprodukt von Diesel und Heizöl

Generalalarm
Warnung an alle und die Aufforderung, sich auf ein Verlassen des Schiffs vorzubereiten

Golfstrom
Meeresströmung, die warmes Wasser aus der Karibik entlang der amerikanischen Ostküste und dann quer über den Atlantik nach Europa und weiter nach Norden bis nach Grönland bringt

Grundschleppnetz
Fischernetz, das dicht über den Meeresgrund gezogen wird, um Grundfischarten zu fangen

H

Harpune
mit Widerhaken versehener Spieß, der bei der Jagd auf Fische und vor allem Wale verwendet wird. Auf modernen Walfängern werden die Harpunen von Kanonen abgefeuert. Die Geschosse tragen eine Sprengladung, die gezündet wird, wenn das Tier getroffen ist

Heuer
Lohn eines Seemanns

Hoheitsgewässer
Gewässer, die zum Hoheitsgebiet eines Küstenstaats gehören. Sie enden zwölf Meilen seewärts von der Küste. In der 200-Meilen-Zone vor der Küste besitzt eine Nation exklusive Wirtschafts-, aber keine Hoheitsrechte

Hol
in der Hochseefischerei der gesamte Arbeitsgang vom Aussetzen bis zum Einholen des Netzes

Hurrikan
tropischer Wirbelsturm im Atlantik mit einer Stärke von zwölf Beaufort und mehr (siehe auch → Taifun)

I

in den Wind drehen
Schiff mit dem Bug in den Wind steuern, sodass es minimale Angriffsfläche bietet und nicht quer zu den Wellen liegt

K

Kabelgatt
Lager für Taue und Farben auf dem Schiff

Kadett
Marineoffizier in der Ausbildung

Kajüte
Wohn- und Schlafraum an Bord

katabatische Fallwinde
ablandige Fallwinde, die entstehen, wenn Wind etwa über eine Gletscherfläche streicht und stark abkühlt. Dabei nimmt die Dichte der Luft stark ab, was die Geschwindigkeit der Luftströmung weiter verstärkt. Die katabatischen Fallwinde der Antarktis zählen zu den stärksten Winden der Welt und erreichen Geschwindigkeiten von bis zu 300 Kilometer pro Stunde

Kettenkasten
Stauraum für die Ankerkette

Klüvernetz
Netz unter dem Klüverbaum eines Großseglers, das die Crew bei der Arbeit an den Vorsegeln schützen soll

Knoten
Einheit für die Geschwindigkeit in der Seefahrt (1 Knoten = 1 Seemeile in der Stunde = 1,852 Kilometer pro Stunde)

Koje
Bett auf einem Schiff

Kollisionskurs
Kurs zweier Schiffe, der zum Zusammenstoß führen wird, wenn keine Ausweichmanöver gefahren werden

Kombüse
Schiffsküche

Kreuzfahrtschiff
komfortabel ausgestattetes Passagierschiff, das in seetouristisch interessanten Regionen »kreuzt« – und nicht im direkten Liniendienst zwischen zwei bestimmten Häfen eingesetzt ist

Kreuzsee
raue oder sogar chaotische See, die entsteht, wenn Wellen aus verschiedenen Richtungen zusammentreffen

Kurs
Richtung eines Schiffs, wie sie der Kompass vorgibt

L

Ladebaum
Kranarm zum Heben von Lasten auf Frachtern

Landgang
Einzelne Besatzungsmitglieder oder die komplette Besatzung verlassen das Schiff während der Liegezeit im Hafen

längsseits
parallel zur Schiffsrichtung

laschen
bewegliche Gegenstände an Bord festzurren

Lebervorratsbunker
Tank auf einem Trawler für den aus Fischleber gewonnenen Tran

leck schlagen
Wassereinbruch nach Kollision oder Grundberührung

Leichter
schwimmender Großbehälter ohne Motorantrieb, der in Schub- oder Schleppverbänden bewegt wird

lenzen
das Schiff mit Schöpfgefäßen leer pumpen (siehe auch → pützen)

Lenzpumpen
Aggregat zum Leerpumpen (»Lenzen«) von Tanks oder der Bilge in einem Schiff, etwa bei einem Wassereinbruch

Leuchtfloß
schwimmendes Seezeichen, das nachts ein Lichtzeichen für die Schifffahrt zeigt

Leuchtspurmunition
mit pyrotechnischem Material versehene Munition, die es einem Schützen erlaubt, die Flugbahn eines Geschosses zu verfolgen

löschen
ein Schiff entladen

Lotse
Nautiker mit detaillierter Ortskenntnis, der auf schwierig zu befahrenden Gewässern als Berater des Kapitäns an Bord kommt

Luke
jede verschließbare Öffnung im Deck eines Schiffs. Niedergangsluken verschließen kleinere Öffnungen über Treppen und Leitern zwischen den Decks. Ladeluken die Frachträume

M

Makler
Manager, der alle Geschäftsbeziehungen zwischen Kapitän, Reederei, Spediteuren und Behörden abwickelt

Manila-Leine
Tauwerk, das aus den groben Fasern des Bananenbaums hergestellt wird; auch Manila-Hanf genannt

Manntau
Seil, das in regelmäßigen Abständen mit Knoten versehen ist, damit man daran besser auf und ab klettern kann

Marlspieker
Stahldorn, der beim Spleißen von Trossen oder Tauen verwendet wird, um den Zwischenraum zwischen den einzelnen Kardeelen (= Strängen) zu weiten

Massengut
lose gestautes Transportgut wie Kohle, Erz, Getreide, Zement

Matrose
Arbeiter auf einem Schiff; bei der Bundesmarine bezeichnet Matrose den untersten Mannschaftsdienstgrad

Messe
Kantine auf einem Schiff

Moses
jüngstes Crewmitglied an Bord, Schiffsjunge

N

Nautischer Offizier
Seemann, der die Nautik beherrscht, also die Wissenschaft der Schiffsführung. Gemeint sind die Offiziere auf der Brücke, die für Navigation und Schiffsmanagement verantwortlich sind

Navigationstonnen
festverankerte, schwimmende Seezeichen, die Schiffen den Weg weisen. Es gibt: Markierungstonnen (die ein bestimmtes Gebiet definieren, etwa eine Reede oder ein Übungsgebiet der Marine), Ansteuerungstonnen (die den Beginn oder die Mitte eines Fahrwassers markieren), Fahrwassertonnen (die in flachen Gewässern die Verkehrswege der Schifffahrt bezeichnen) und Untiefentonnen (die vor Untiefen oder Wracks warnen)

Netzmacher
stellt Fischernetze her und flickt sie

Nock
äußerste Spitze einer Rah

O

Oberdeck
oberstes, vom Bug bis zum Heck durchgehendes Deck auf einem Schiff (siehe auch → Arbeitsdeck)

P

peilen
Position oder Richtung eines Schiffs bestimmen; Wassertiefe messen

Persenning
wasserdichte Abdeckplane, Schutztuch

Pier
Anleger für Schiffe

Positionslampe
Lichter, die nachts Auskunft über die Fahrtrichtung eines Schiffs geben. An Steuerbord (rechts) wird ein grünes Licht gezeigt, an Backbord (links) ein rotes, achtern (hinten) ein weißes Hecklicht, nach vorn ein weißes Topplicht (oder bei Schiffen ab 50 Meter Länge zwei weiße Topplichter)

pützen
von Pütz »Eimer«; mit einem Eimer leer schöpfen (siehe auch → lenzen)

R

Rahen
am Mast waagerecht angebrachter Querträger, eine Spiere aus Holz oder Metall, an dem die trapezförmigen Rahsegel befestigt werden

Reede
Ankerplatz außerhalb des Hafens

Regelbunker
Treibstofftank eines U-Boots, in dem verbrauchter Treibstoff automatisch mit Seewasser aufgefüllt wird, damit zum einen die Behälter dem Druck in der

Tiefe standhalten können und sich zum Zweiten das Bootsgewicht nicht gravierend verändert

Rettungsinsel
aufblasbares Floß zur Rettung Schiffbrüchiger

Revierfahrt
Fahrt durch ein fest definiertes Gebiet – etwa auf einem Fluss, durch eine Meeresenge

Rigg
moderner Begriff für → Takelage (Takelung); Masten und die gesamte Takelung eines Schiffes

Rückschlagklappe
einfaches Ventil, das verhindern soll, dass Wasser durch ein Rohr oder die → Speigatten in die falsche Richtung zurückströmen kann

Ruder
Bezeichnung für die unter der Wasserlinie liegende, meist blattförmige Steuereinrichtung, mit der ein Schiff gedreht wird

Rudergänger
Seemann, der die Wache am Ruder geht; er steuert den Kurs, den ihm der Wachhabende angibt

Ruderhaus
geschützter Steuerstand auf kleineren Schiffen, etwa auf Fischerbooten oder Yachten

Rütergat
schmale Durchfahrt im nordfriesischen Wattenmeer zwischen Japsand/Hallig Hooge und Kniepsand/Amrum

S

Schäkel
U-förmiger Haken, der mit einem Bolzen verschlossen wird und dazu dient, Ketten oder Taue miteinander zu verbinden

schäkeln
Ketten oder Taue mit einem → Schäkel verbinden

Schalkkeil
Keil zur Sicherung eines Lukendeckels

Schlagseite
Schräglage des Schiffs

Schlepper
starkes, wendiges Schiff, das zum Schleppen und Bugsieren großer Frachter eingesetzt wird

Schubboot
Spezialschlepper zum Bugsieren von Leichtern

Schwell
Wellen

Schwergutschiff
Frachter für außergewöhnlich schwere oder sperrige Ladung wie etwa Lokomotiven, Bauteile für Kraftwerke oder Bohrinseln

schwojen
die Bewegung eines Schiffs, das sich vor Anker mit Wind und Strömung dreht

Seeamtsverhandlung
Prozess vor dem Seeamt, der in Deutschland zuständigen Behörde für Unfälle auf See in der Handelsschifffahrt

Seemannsheim
Hotel oder Herberge für Seeleute, die gerade keine Heuer haben und nicht auf ihrem Schiff wohnen

Seemeile
internationales Längenmaß in der Seefahrt (1 sm = 1,852 Meter)

Seeschlag
durch Seegang – besonders durch an Deck krachende Brecher – hervorgerufene Kräfte, die Schiff oder Ladung beschädigen und zerstören können

Seewache
Arbeitsschicht auf einem Schiff, in der Regel vier Stunden lang. Das System beginnt mit der Wache von Mitternacht bis vier Uhr morgens, die unbeliebteste Wache, die auch »Hundewache« genannt wird, weil der Seemann, der dazu eingeteilt wird, als armer Hund gilt

Segelmacher/-in
Handwerker, der Segel schneidert oder repariert

Seitenlaterne
grüne (rechts) und rote (links) Positionslichter eines Schiffs

Seitensonar
auch Seitensichtsonar oder → Fächersonar; Schallmesstechnik, bei der in einem breiten Winkel Impulse auf den Grund ausgesandt werden; wird vor allem in der Bathymetrie verwendet, der topographischen Vermessung des Meeresbodens

shanghaien
Seeleute gegen ihren Willen oder unter Vorspiegelung falscher Tatsachen auf ein Schiff bringen, um die Crew zu verstärken

Sliphaken
(Kran-)Haken, der mit einer Sicherung versehen ist, damit die Last nicht herausrutschen kann

Spanten
Bauteil zur Verstärkung der Schiffsaußenwand

Speigatte
Öffnung im Schanzkleid (die feste Schutzwand rund um das Oberdeck), durch die überkommendes Wasser ablaufen kann

spleißen
Tauenden miteinander verflechten

stampfen
Auf- und Abbewegung eines Schiffs im Seegang, Bewegung um die Querachse

Stander
Wimpel einer Reederei oder eines Segelvereins

Stauhölzer
Holzstücke, die zum Verkeilen und Sichern von Stückgut im Laderaum verwendet werden

Steuerbord
in Fahrtrichtung rechts (siehe auch → Backbord)

Steven
vordere und hintere nach oben gezogene Verlängerung des Schiffkiels, Bestandteile des Schiffsrumpfs

Steward
Kellner an Bord eines Schiffs; Betreuungspersonal an Bord

Stückgutfrachter
Frachter, der nicht Massengut oder Container, sondern Ladung befördert, die als Einzelstücke abgefertigt wird, also etwa Ballen, Fässer, in Kisten verpackte Maschinenteile etc.

Suchkurs
Kurs, der zur Suche nach einem Havaristen oder Schiffbrüchigen gefahren wird – auf dem letzten bekannten Kurs des Havaristen, auf parallelen Kursen dazu oder nach einem vorgegebenen Raster in einem Suchgebiet

T

Taifun
tropischer Wirbelsturm im westlichen Pazifik mit einer Stärke von zwölf Beaufort und mehr (siehe auch → Hurrikan)

Takelage
Masten, Segel und Tauwerk eines Segelschiffs

Takler
Handwerker, der für Bau und Wartung der Takelage auf einem Segelschiff zuständig ist

Taljen
Flaschenzüge

Tampen
Tauende

Tauchzelle
Tank auf einem U-Boot, der mit Seewasser geflutet wird, um den Auftrieb des Bootes zu verringern, wenn das Boot tauchen soll

Tide
Gezeiten; der regelmäßige Wechsel von Ebbe und Flut

Tiefenruder
Ruder, mit dem ein U-Boot unter Wasser gesteuert wird; in der Funktion vergleichbar mit Höhen- und Seitenrudern eines Flugzeugs

Trawler
Schleppnetzfischer; Schiffstyp für den Fischfang

trimmen
ein Schiff durch Verteilung der Ladung oder Flutung von Ballasttanks in die optimale Schwimmlage bringen

Trockendock
Hafenbecken, das sich durch ein Tor verschließen und komplett leer pumpen lässt, um beispielsweise Reparaturen am Rumpf, Propeller oder Ruder eines Schiffs vorzunehmen

Trossen
dickes, schweres Seil zum Festmachen oder Schleppen

Trossschiff
Versorgungsschiff der Marine

Tsunami
von Seebeben ausgelöste Welle, die sich mit hoher Geschwindigkeit ausbreitet, in flachem Wasser zu riesigen Brechern aufbaut und für große Schäden sorgen kann

U

Überholen
starkes Krängen eines Schiffs in schwerer See

überkommende See
Welle, die über das Schanzkleid eines Schiffs auf Deck schlägt

Überlebensanzug
wasserdichter Anzug, der die Überlebenschancen bei einem Sturz ins kalte Wasser verbessert, indem er für zusätzlichen Auftrieb sorgt und durch seine Isolierung die Auskühlung verlangsamt. Beispielsweise auf Helikopterflügen zu den Bohrinseln in der Nordsee obligatorisch für alle Passagiere

Untertriebszellen
Tanks in einem U-Boot, die bei einem Alarmtauchen schnell geflutet werden können, um das Gewicht des Bootes so schnell wie möglich zu vergrößern

V

Verband
Konvoi von Schiffen

verholen
Schiff von einer Position (im Hafen, auf Reede) an eine andere verlegen

Verschanzung
der feste Teil der Reling

Viermastbark
Großsegler mit vier Masten, der an den vorderen drei Masten Rahsegel trägt (die an Spieren quer zur Schiffsrichtung gesetzt werden) und am hinteren Besanmast Schratsegel fährt (Segel, die in Längsrichtung des Schiffs gesetzt werden – wie Gaffel- und Stagsegel). Das deutsche Segelschulschiff *Gorch Fock* ist eine Dreimastbark

Voll zurück
Fahrstufe der Maschine, kurz für: »rückwärts mit voller Kraft«

Vorleine
vorderes Tau zum Festmachen eines Schiffs

W

Wache
Schicht im Arbeitsablauf auf einem Schiff (siehe auch → Seewache)

Wachsteuermann
Matrose, der für den aktuellen Dienst im Schichtsystem eines Schiffs als → Rudergänger eingeteilt ist

Wanten
Taue zur seitlichen Abstützung der Masten

Werft
Betrieb zum Neubau oder zur Reparatur von Schiffen

Winde
Gerät zum Aufspulen von Trossen oder Ketten

Windsee
vom Wind angeschobene Wellen

Winsch
Winde zum Einholen von Ketten oder Tauwerk

Z

Zwangsweg
Weg durch ein Seegebiet, der für Schiffe obligatorisch ist, weil die Gewässer außerhalb dieses Fahrwassers wegen bestimmter Gefahren (etwa Minen) nicht befahrbar sind